Le Monde diplomatique **Manière de voir**

극우의
새로운
얼굴들

일러두기

1. 이 책의 기본 텍스트는 국제시사월간지 〈르몽드 디플로마티크〉가 격월간으로 출간하는 〈마니에르 드 부아Manière de voir〉 134호의 〈극우의 새로운 얼굴들Nouveaux visages des extrêmes droites〉(2014, 4-5월)이며, 추가적인 텍스트는 〈르몽드 디플로마티크〉의 최근 글에서 발췌했다.

2. 외래어의 인명과 지명 표기는 국립국어원의 외래어 표기법 원칙에 따랐다.

3. 이 책의 5부에선 한국의 우파정치에 대한 이해를 돕기 위해 한국어판 원고를 추가하여 실었다.

MONDE *diplomatique* **Manière de voir**

마니에르 드 부아 시리즈
003

세르주 알리미 외 지음

극우의
새로운
얼굴들

Le Monde +

| 목차 |

| 7 | **| 서문 1 |** 왜 극우인가? | —성일권 |
| 11 | **| 서문 2 |** 유대, 관용, 평등의 기치를 들자! | —마르틴 뷜라르 |

1부 ― 출발은 증오였다!

19	· 헝가리, 신우파의 실험실	—지. 엠. 타마스
29	· 통념 깬 우퇴위아섬 대학살, 노르웨이 테러 그후	—레미 닐센
38	· 이스라엘 우파는 어디로?	—요시 구르비츠
47	· 극우 슈펭글러의 화려한 귀환	—도미니크 비달
57	· 황금새벽당과 위기의 그리스	—코리나 바실로풀루
61	· 이슬람 파시즘은 존재하는가	—스테판 뒤랑
71	· 자료1: 피노체트, 고통도 없이 영광도 없이	—루이스 세풀베다

2부 ― 극우는 무엇을 노리는가?

81	· 불붙는 플랑드르 민족주의	—세르주 고바에르트
90	· 극우에 오염된 오스트리아의 악취	—피에르 돔
100	· 새 옷으로 갈아입은 이탈리아 우파	—라파엘레 라우다니
106	· 프랑키즘의 악취가 나는 스페인	—로랑 보넬리
110	· 힌두 민족주의와 하이테크 포퓰리즘	—크리스토프 자프를로
119	· 자료2: 매력적인 모델이 되고 싶었던 툴롱	—질베르 로쉬 외

3부 ― 극우가 귀환했다!

135	· 극우파 마린 르펜의 화려한 '변신'	—에릭 뒤팽
144	· 국민전선 지지자들, 혼란, 그리고 마법사들	—에블린 피에예
152	· 신화를 만든 극우 국민전선의 약진	—실뱅 크레퐁 외

160	· '대안'없는 좌파의 폐허 위에서	―크리스티앙 드 브리
167	· 다시 정치의 회복을 위해	―세르주 알리미
171	· 자료3: 프랑스 언론의 반민주적 여론몰이	―에드가 로스키

4부 ― 문화를 파고드는 극우

183	· 축구 경기장에서 벌어지는 인종차별과 폭력 사태	―파트리크 미뇽
192	· 인종차별을 노래하는 독일 락뮤직	―브리기트 파촐트
199	· 거대한 세계적 음모의 기원들	―리처드 호프스태터
207	· 전쟁범죄를 부정하는 일본 만화	―필립 퐁스
216	· 텔레비전과 광고로 정신을 사다	―아르망 마틀라르
224	· 극우 우생학 논리에 동원되는 노벨의학상	―파트릭 토르

5부 ― 한국 극우는 어디로?

235	· 넷 우익, 극우담론 확산의 징후?	―김민하
243	· 일베가 능욕당한 국가를 구한다?	―김수진 외
251	· 한국에서 빨갱이는 어떻게 만들어졌나?	―김득중
258	· 대한민국역사박물관을 비판한다	―이동기
267	· 극우기독교는 왜 동성애 반대에 목매나	―김진호
273	· 한국에 보수다운 보수가 없는 이유	―서해성
282	· 진화하는 한국의 보수주의	―이택광

296	**│출처│**
298	**│부록 1│** 유럽 내의 극우정당 지지도
303	**│부록 2│** 국민전선의 지지도

| 서문 1 |

왜 극우인가?

성일권 | 〈르몽드 디플로마티크〉 한국판 발행인

 '평화헌법'으로 불리는 '일본 헌법9조'가 2014년 노벨평화상의 강력한 후보로 떠올랐지만, 아쉽게도 최종심에서 탈락했다. '일본 헌법9조'는 오슬로 국제평화연구소가 공표한 수상 예측 리스트에서 줄곧 1위에 올랐었다. 세계평화주의자들이 '일본 헌법9조'의 수상을 기대한 것은 아베 신조 일본 총리의 극우 노선에 대해 우려를 하고 경고를 하기 위해서였다. 헌법 9조 개정을 공약으로 내건 아베가 집권 뒤에 '전쟁도 가능하다'는 집단적 자위권 행사를 공식 발표하자, 이에 반대하는 일본 시민들은 '헌법9조 노벨평화상 수상운동'을 전개했다. 총리 관전 앞의 반대 시위에선 나치 독일의 아돌프 히틀러 총통에 빗대 아베의 얼굴에 콧수염을 붙인 사진이 내걸리기도 했다. 만일에 '일본 헌법9조'가 수상자로 예측대로 결정됐다면, 아베는 자신의 의지에 반하는 시상식에 참석하는 아이러니를 연출했을 것이다.

 헌법 9조에는 평화를 지키려는 의지뿐 아니라 지난날의 과오를 인정하고 자성하는 뜻이 담겨있다. 그러나 아베는 줄곧 "일본이 국가적으로 여성을 성노예로 삼았다는 근거없는 중상모략이 세계에서 이뤄지고 있다"며 일본군 위안부의 진실을 왜곡했다.

아베 정권은 역사 왜곡과 침략전쟁 및 범죄의 부정에 그치지 않고 극우세력의 혐한嫌韓을 노골적으로 부추긴다.

한국의 극우세력은 이같은 일본의 극우행태를 비난하지만, 이 두 세력 사이에는 본질적으로 다를 게 없다. 최근 급부상한 극우단체인 '서북청년단 재건준비위원회'를 보면 마치 시계를 60여년 전 이승만 정부 시절로 되돌려 놓은 듯하다. 이들은 서울광장에 있는 세월호 희생자 추모용 노란리본을 철거하려 한 것은 물론 "안두희씨가 김일성의 꼭두각시 김구를 처단한 것은 의거"라는 망언까지 퍼부었다. 또 다른 극우세력인 일베일간베스트저장소회원들은 광화문 광장에서 단식투쟁을 벌이는 세월호 가족들 앞에서 태연스레 '폭식행사'를 벌였다.

양심적 지식인들과 시민단체에서 이같은 극우세력의 일탈을 지적하면, 오히려 '종북' 딱지를 붙이는 기이한 풍조가 위험수위에 이르렀다.

정부의 각종 정책이 극우성향을 띠면서 현실정치 역시 회색풍의 모노톤으로 바뀌고 있다. 반세기 우리 정치사를 뒤돌아보면, 1990년대까지의 권력투쟁은 쿠데타로 정권을 잡은 군부·자본 세력과 민주화를 요구하는 노동·학생 세력이 대척점을 이뤘다. 이후 제도적 민주화와 여야 간 정권 교체가 이뤄지면서 진보세력의 여러 갈래들이 나름의 방식으로 현실정치에 합류했다. 그들 중 상당수가 의회 진출에도 성공했다. 사회주의 이념 노선을 고수한 이른바 '과학적 사회

변혁운동' 그룹도 합법 정당민주노동당을 만들어 국회에 들어왔다. 노무현 집권 때는 이른바 386세대로 불리는 '신진 정치세력'이 전면에 등장했다. 이로 인해 정치권력 내부의 투쟁과 잡음은 상대적으로 더 격렬하고 냉혹해졌지만, 국민의 처지에서 보면 정치는 한결 더 국민의 삶 쪽에 가까이 다가왔다. '종북주의자' 이석기의 의회 진출은 1990년대 들어 본격화된 이념적 학생운동 출신들의 마지막 정계 진입 과정이라고 할 수 있다. 4·19혁명 이후 혁신그룹의 사회주의적 성향, 1970년대 민주화운동권의 자유주의적 경향, 386세대의 통일 또는 노동 지상주의적 경향 등이 차례로 정치권에 들어왔다. 386 속엔 민족해방NL 계열도 있고, 민중민주PD 계열도 있다. 주사파도 있다. 주사는 당시에도 시대착오란 소리를 들었지만, 문제는 주사가 유입될 수 있던 1980년대 정치 자체가 더 시대착오적이었다는 지적도 있다.

과거의 군사권력에 의지한 '빨갱이론'은 저급한 극우 매카시즘의 아류일 뿐이다. 오히려 우리 현실정치를 이나마 발전시켜온 것은 매카시즘이 아니라, 진보와 변혁의 정치가 아니었던가? 또한 우리에겐 진보·보수의 치열한 상호감시 체계가 있고, '전가의 보도'인 국가보안법도 있지 않은가?

극우세력의 발호에 때맞춰, 국가 권력이 합법적 공간에서 법의 규율 아래 사상과 표현의 자유를 실천하는 이들을 억지로 가로막고 빨갱이 딱지를 붙여 다시 지하로 내몬다면, 우리에겐 미래가 없다. 아베의 일본과 다를 게 없다!

위험수위에 다다른 국내정치의 우경화에 대한 심각한 우려에서 기획된 이 책은 〈르몽드 디플로마티크〉 프랑스판이 발행하는 격월간지 〈마니에르 드 부아 Manière de voir〉 134호의 〈극우의 새로운 얼굴들 Nouveaux visages des extrêmes droites〉 2014년 4-5월호를 기본 텍스트로 삼았으며, 이 주제와 관련한 한국 학자들의 글을 추가하여 문맥의 상관성을 살리려 했다.

저명한 외국 필진 26명과 국내 필진 9명의 글, 총 35편을 담은 이 책은 국제사회에서의 극우정치의 기원과 전략, 귀환 및 확산을 진단하고, 한국 극우정치의 현실과 과제를 짚어본다.

1부 '출발은 증오였다!'에서는 각 국가들에서 발호하는 극우 발발의 원인을 살펴본다. 헝가리 등 동유럽 국가를 비롯해, 노르웨이, 이스라엘, 그리스, 이탈리아 등 서유럽국가, 그리고 이슬람 국가들에서 발생하는 극우세력의 증오 범죄를 분석한다.

2부 '극우는 무엇을 노리는가?'에서는 극렬 민족주의와 근본주의적 종교가 결합된 형태의 극우 세력의 일탈을 살펴본다.

3부 '극우가 귀환했다!'에선 현실정치에서 극우세력의 화려한 귀환을, 4부 '문화를 파고드는 극우'에서는 다양한 형태로 스며드는 극우의 행태를 각각 분석한다.

마지막 5부에서는 신자유주의적인 숭미와 과거 회귀적인 친일 사상, 그리고 기독교 근본주의에 포획된 한국 극우정치의 현주소를 진단한다. 내용의 구성면에서 정교한 통일성을 견지하는 대신에 필자들의 깊은 통찰력과 참신한 시각을 그대로 담아내고자 필자 각자의 개성적인 문체를 최대한 존중했다.

| 서문 2 |

유대, 관용, 평등의 기치를 들자!

마르틴 뷜라르 | 〈르몽드 디플로마티크〉 기자
〈뤼마니테 디망슈L'Humanit Dimanche〉 편집장을 지냈고 프랑스 공산당PCF
에서 중책을 맡기도 했다. 주요 저서로 〈중국 – 인도, 용과 코끼리의 경우〉
(2008) 등이 있고 공저로 〈서구에서의 병든 서구〉 (2009)가 있다.

    지난 30년 동안 인종차별 반대시위를 하고 분노에 차서 탄원서를 돌리고 살기 번뜩이는 비방문을 쓰고 소리 높여 도덕성 회복을 외쳤지만 소용이 없었다. 극우세력은 꼼짝하지 않았다. 특히 유럽에서 그들의 기세는 등등했다. 헝가리, 그리스, 스위스의 극우세력은 격렬했고 프랑스와 이탈리아에서는 좀 더 세련됐지만 항상 적극적으로 내부에서 적을 찾았다(희생자는 종종 유대인 그리고 대개는 무슬림이었다!).

    지난 30년 동안 우리는 도덕적 자세를 견지하며 많은 사람들을 비난했다. 높이 쳐들었던 주먹을 내리고 그 손으로 외국인들에게 손가락질하는 노동자, 자신이 무슨 일을 하는지도 모르는 '더러운 가난뱅이', 언저리의 삶도시의 언저리, 문화의 언저리, 여가활동의 언저리으로 추락한 채 복수를 벼르는 '찌질한 백인', 세계화라는 말만 들어도 벌벌 떠는 노인이 우리의 경멸 대상이었다. 그 와중에 희생양들도 생겨났다. 곧 '우리와 다르게 사는' 롬족같은 소수민족 집시들과 '우리의 위대한 유대-그리스도 문명'을 위협하는 무슬림이 대표적이다.

사회통합에 실패한 지난 30년에 대한 정확한 진단을 내릴 필요가 있다. 가능하다면 처방전도 고민해야 한다. 이렇게 서민들은 언제나 무조건 비난을 받았지만 사회지도층은 자신들은 관련이 없다고 생각했다. 그들은 자신들에게 필요할 때만 목소리를 높였다가 집에 들어와서는 우파 정책이든 좌파 정책이든 소외를 가속화하는 정책을 찬양했다.

모두들 극우화를 경제위기 때문이라고 말한다. 그래서 자연스러운 현상이고 안타깝지만 피할 수 없는 것이라고 생각한다. 금융규제 완화, 사회권social rights의 붕괴, 중산층 구매력 하락, 봉급자들의 극한경쟁이 각국 정부와 국제사회의 회합 등에서 결정된 신자유주의적 정책에서 비롯된 것이 아니라 운명 때문이라고 생각한다.

EU의 여러 정책은 심사숙고 끝에 나왔지만 경제성장의 정체, 불안정 확산, 빈익빈 부익부의 심화전 세계 인구의 1%가 전 세계 부의 50%를 차지하고 있다 현상을 낳았다. 제2차 세계 대전 이래 가장 심각한 양상을 보이는 부의 불평등은 실질적인 대안이 없는 상태에서 극우파가 득세하는 자양분 역할을 했다.

이러한 사회 변화는 금기를 깨려는 노력을 거부한 정치인과 지식인의 사상적 파산으로 설명될 수 있다. 자본주의와 결별하자는 제안은 역사의 휴지통으로 던져졌고 유로존 탈퇴는 퇴행으로 치부 당했고 가진 자들의 위협에 맞서 여러 유럽국가들과 공동전선을 펴자는 제안은 철저하게 무시당했다.

프랑스 우파정부에서 장관을 지냈고 현재 유럽집행위원인 미셸 바르니에는 전통적인 고유업무를 하는 소매은행과 투자은행을 분리해야 한다고 감히 언급했다는 이유로 '무책임'하다는 비난을 받아야 했다.

정치 민주화는 어떠한가? 국민을 대표하는 의회에서는 (노동자와 각 민족을 대표하는 선출자가 포함된)[01] 지방선거에서 비유럽인 이민자에게 투표권을 부여하겠다는 공약이 선거가 끝나면 공염불이 되어 연기처럼 사라져 버린다. 이러니 약속을 지키지 못하는 국회의원들을 어떻게 믿을 수 있겠는가!

하지만 이에 대한 공개적 논의는 거의 이루어지지 않고 있다. 대안을 제시하면 무조건 비판을 받는다. 그 결과 민족개념을 바탕에 두고 이슬람에 대한 혐오감으로 표출되는 차별적 이상을 가진 극우세력이 활개를 치게 됐다. 30년대처럼 극우세력을 '파시스트'라고 비난하며 도덕이라는 구실을 내세우거나 정치권이 일시적인 '공화주의' 공동전선을 세우는 것으로 극우세력을 약화시킬 수 있다고 생각하는 것은 환상이다.

사회적, 정치적 용기가 사회 흐름을 바꿀 수 있다. 미래에 대한 불안을 해소하기 위해서는 용기를 내서 지난 30년 동안의 자유주의 정책과 결별해야 한다. 타인에 대한 두려움을 없애기 위해서는 용기를 내서

---

01 프랑스 의회에서 노동자 출신 의원은 0.2%이다. 반면 경제활동인구에서 차지하는 노동자의 비율은 21.3%이다. 의회에서 민족적 다양성은 말할 것도 없이 거의 존재하지 않는다.

사회의 기초가 되는 유대, 관용, 평등의 가치를 지켜야 한다. 그리고 투표뿐 아니라 자신과 관련된 일에 용기를 가지고 직접 참여해서, 특히 회사운영에 참여해 빼앗긴 권력을 되찾아야 한다. 그렇기 때문에 더 이상 기다리지 말고 투쟁을 해야 하는 것이다. 사상적 변절은 정치적 실패로 이어지기 때문이다.

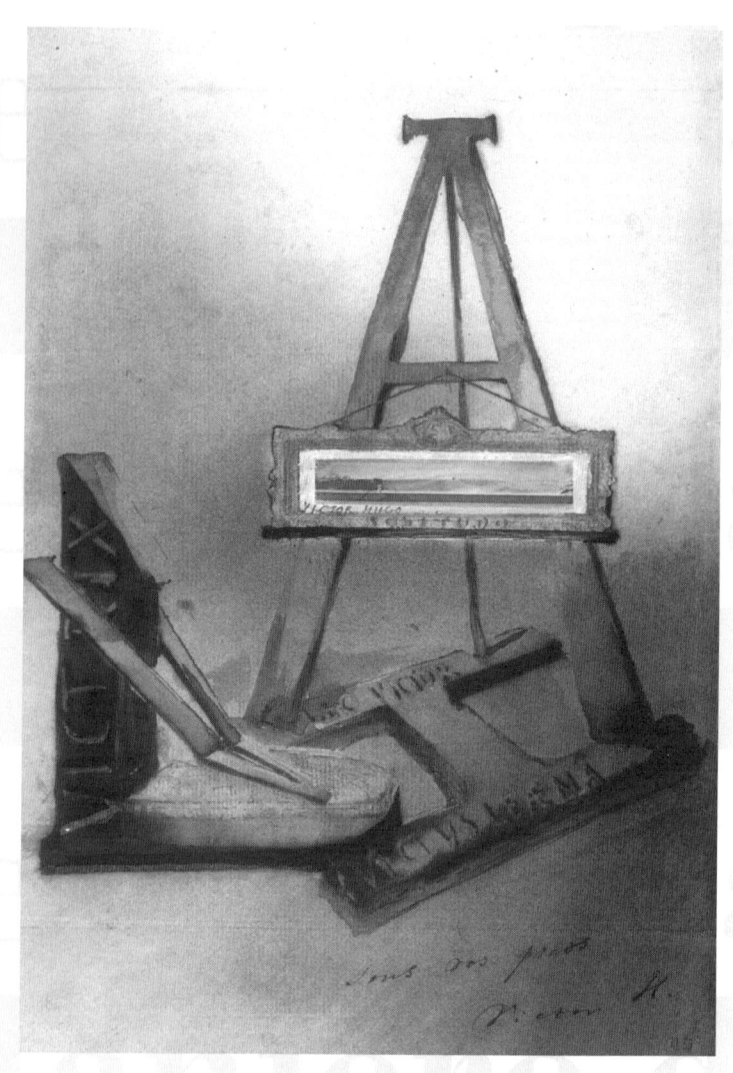

〈레오니 도네를 위한 수수께끼〉, 1858-빅토르 위고

| 1부 |

출발은 증오였다!

　수많은 사람들이 나치에 공포심을 갖고 파시즘이 초래한 재앙을 잘 알고 있음에도 불구하고, 어떤 조직들은 나치의 이데올로기를 자신들 조직의 근본 이념으로 삼고 있다. 이러한 움직임의 예로, 최근 들어 (1980년대 초반부터 눈에 띄기 시작한) 반유대주의와 더불어 무슬림들에 대한 혐오감이 번져나가고 있다. 특히 어떤 국가들에선 가난한 사람들이 인간 이하의 존재로 간주되면서, 이에 대한 빈곤층의 증오심이 다른 민족, 예를 들면 집시족에 대한 증오심으로 바뀌곤 한다.

헝가리,
신우파의 실험실

'노동, 집, 가족, 국가, 젊음, 건강, 질서'. 헝가리의 총리 빅토르 오르반이 주창하는 슬로건이다. 이로써 그는 근면하고 '건강한' 중산층의 지지를 기대한다. 헝가리 주재 외교관들조차 자유주의적이고 전제주의적인 오르반 정부의 정책에 반대하지만, 국수적 우파 정부는 이를 더욱 주지시키려고 결의를 다지는 것처럼 보인다. 지금으로서는 유럽의 경고조차 오히려 오르반의 의지를 강화하는 것으로 보인다.

지. 엠. 타마스 | 철학자
루마니아에서 태어나 헝가리에서 활동하는 마르크스주의 철학자이며, 유럽 통합 이후의 상황과 현 정부에 비판적이다. 〈가디언〉을 비롯한 여러 매체에 정치와 관련된 글을 기고하고 있다.

헝가리 국민이 느끼는 불안함과 비참함은 오르반 정부의 실정과 경제위기 때문만은 아니다. 민주주의공화국과 자유시장 경제체제가 조금 더 공정한 사회질서를 구축하지 못한 데서 비롯된 바가 크다.

공산주의 체제가 몰락하기 이전의 상황과 비교해보아도 결과가 놀라울 뿐이다. 공산주의 체제는 억압적이긴 했지만 효과적인 사회안정망, 완전고용, 효율적인 국민의료 정책, 저렴하거나 비용이 안 드는 여가생활, 물질적으로 더 나은 삶의 환경을 제공했다. 물론 이것들은 위선과 검열, 소비자들의 선택권 부재, 노예근성의 순응주의를 대가로 했고 '사회주의적', '공산주의적'이라는 평가를 받았다. 그런데 실제로는 윤리적·문화적 차원에서 보수적인 복지국가였다. 시대에 뒤떨어진 삶을 영위하던 벽지에까지 문맹 퇴치 교육을 하고 상하수도를 보급하는 일 등을 통해 현대적 삶의 기준을 마련했고, 이로써 민중을 구체제의 귀족지배로부터 해방시켰다. 구체제의 귀족지배는 군부와 권위주의적인 국가관료 권력으로 대체됐다. 이른바 '사회주의적 리얼리즘'이 종교적·국수적 신비주의를 과학과 기술을 중시하는 실증주의 철학으로 대체한 것이다.

사회적 약자들을 죄인 취급

현재 동유럽 국가에 민주주의의 전통이 없는 이유를 동유럽 국민이 이른바 천성적으로 지녔다고 하는 노예근성에서 찾는 서방의 선입견은 황당하기 그지없다. 이 국가들에서 자유주의에 대해 광범위하게 퍼져 있는 불신감은 불합리한 대의적 민주정치와 불평등한 시장경제 사회에서 비롯된 것이지, 가정이나 성적 혹은 엄격한 교육적 규범에서 비롯됐다고 보기 어렵다. 그러나 동유럽 국민이 불평등한 사회 현실에 저항한다 해도 소용없을 것이다. 이들의 사회 모델이 서구식 시장경제로 이행하는 게 불가피해 보이기 때문이다. 그런데 헝가리만 보더라도 소비에트 블록이 해체된 이후 2년 동안 일자리의 절반이 사라졌다. 헝가리는 다시 일어서지 못했다.

복지국가의 가능성이 해체된 것이다. 복지국가에선 노동자들의 노동운동 덕분에 자본과 노동 사이의 균형과 공정한 질서가 이뤄지지만, 헝가리에선 불가능해졌다. 자본에 대한 감세와 국제무역의 자유화, 신기술의 발전과 함께 실질임금과 일자리는 현기증이 날 만큼 감소해버렸다. 국가는 실업자·이민자·노약자·어린이 같이 스스로 생활을 감당하기 어려운 계층에게 관심을 기울였으나, 지금은 유감스럽게도 그렇지 못하다.

반대로 일자리를 찾지 못한 개인들은 열등한 계층으로 간주됐다. 이들에 대한 모든 사회적 지원은 게으른 이민자, 편모, 실업자, 은퇴자, 장애인, 심지어 공무원과 학생, 기타 지적 활동가들을 돕는 것만큼이나 낭비적인 일이다.

국가는 이민자들을 추방하는 한편, 체제에서 축출된 계층에 대해선 근본적으로, 인종차별적으로 대하는 것은 아니라 해도 (표현을 가다듬어 지적하자면) 이방인이나 윤리적 죄인으로 취급했다.

공공서비스 분야의 일자리가 점점 줄어가고 그것을 차지하려는 힘겨운 다툼이 본격화되자, 공권력은 경쟁이라는 게임을 내세워 훌륭한 윤리와 생물학적 능력, 우수한 지능을 갖추도록 요구했다. 오직 젊고 근면하고 유연성을 갖춘 개인만이 고려 대상이 됐다. 이런 기준을 거부하는 것은 곧 세상의 자연스러운 질서를 거부하는 것으로 간주됐다. 경쟁을 거부하거나 경쟁에 뛰어들 능력이 없는 자는 국가로부터 억압을 받거나 심지어 경찰의 박해를 감수해야 했다. 이런 정책에 반대하는 자들은 이상주의자, 전제주의자, 혹은 시대에 뒤떨어진 남녀라는 굴레를 씌워, 어렵게 획득한 자유를 원망하는 자들이라고 매도해버렸다. 이런 상황에서 새로운 우파 다수당이 자리잡은 것이다. 그들은 국회 의석의 3분의 2를 차지해 헌법을 바꿀 수 있는 권한까지 갖게 됐다. 이 다수당의 대표 오르반은 인기도 없고 부패하고 무능력하기까지 했던 이전 자유-사회주의 정부의 정책을 열성적으로, 그리고 효과적으로 선전한 대리인이었다. 그는 헝가리 전국노조가 주장해 실시한, (특정 계층을 대상으로 한) 대학 입학 권리의 법제화와 보험료 인상을 반대하는 국민투표가 압도적으로 승리를 거두자 이를 지지했다. 하지만 그 뒤 그는 국민의 최소한의 반대 의견도 듣지 않고 이 법안들을 차례로 도입했다. 2010년 선거운동 당시에는 공약다운 공약을 아무것도 제시하지 못했다. 그리고 이후 채택한 정책들 대부분은 비밀리에 집행되다시피 했다.

법안들은 의식하기도 힘들 만큼 재빠르게 통과됐다. 의회 회기가 마감되기 하루 전인 2011년 12월 23일, 다수당은 단번에 기존 307개의 법안을 뜯어고치도록 하는 법안 1개를 통과시켰다. 같은 12월, 단 하루 만에 16개 법안을 통과시키기도 했다. 입법부의 이런 맹렬한 행태는 목적이 뻔하다. 우선 임기 9년 혹은 12년의 국가 고위 공무원을 임명해 권력을 영속시키는 것이며, 다음으로는 선출직 자리를 우파와 그의 우군인 사용자 쪽을 위해 봉사할 인물들로 교체하려는 것이다. 지방 의회의 93%가 이미 우파에 의해 좌지우지되고 있음에도 의회의 대부분을 정부 관료에 의해 통제되도록 하거나, 적어도 의회 권한을 대폭 축소하려는 것이다. 다양한 수단을 통해 사법부, 국가평가위원회, 공공미디어, 대학, 문화 관련 기구 등을 우파 인물들로 채울 것이다. 교묘한 선거구 분할로 다수당이 25%만 득표해도 의석의 3분의 2를 장악할 수 있게 할 것이다. 그리고 오르반의 개인 경호대가 국가 주요 정보기관을 장악하고 있다. 새로운 법안으로 파업과 투표는 거의 불가능해진다. '정당한 노동에 대한 정당한 임금'이라고 명시한 조항은 헌법에서 삭제됐다.

오르반 정권, 영구 집권 노린 법 개정

여기에는 향후 개혁을 어렵게 하는 조처들이 포함돼 있다. 소득에 단일세율이 적용되는 16% 일률과세Flat Tax가 한 예다. 유럽연합EU과 서방 자유주의 언론은 헝가리 중앙은행의 자율권 축소에 반대하지만, 억압적인 노동법에 반대한 유럽노동연맹의 항의에 대해선 조용히 지나갈 뿐이다. 공산당과 그 후속 정당, 즉 두 개의 주요 사회주의 야당인 헝가리사회당MSZP과 민주연합은 새로운 헌법에 의해 '범죄 집단'이라는 꼬리표가 붙게 된다. 공교육은 (주로 중상류층 자녀를 대상으로 사립학교를 운영하는) 가톨릭 교단의 부추김을 등에 업고 과도한 경쟁 체제가 도입된다.

또한 파시즘에 희생당한 인물들이라든가 심지어 (파시즘으로부터의 자유를 외친) 미국의 루스벨트 전 대통령의 이름을 딴 거리 이름을 바꾸고, 또 한편으로는 (신자유주의의 전령사인) 로널드 레이건의 영광스런 동상을 세우기도 한다.

우파 정부의 인기영합식 조처, 곧 사립연기금의 국유화라든가 몇몇 외국계 은행과 테스코Tesco 같은 대형 유통업체에 부과한 특별세 혹은 외국 화폐로 표시된 부동산 부채의 일부를 헝가리 화폐 포린트Forint로 일부 전환한 것은 서구 금융계의 분노를 불러일으켰다. 그런데 이런 조처들은 소수의 상위 중산층 계층에게만 도움이 될 뿐이다.

오르반이 꿈꾸는 것은 국가의 부흥이다. 단지 위대한 국가를 다시 일으켜 세우는 게 아니라 경제적 부흥을 일으키고 아무도 존중하지 않는 비효율적 국가를 복원시키려는 것이다. 그는 강하고 진취적이고 용감하고 교육을 잘 받은 중산층이 중추적 역할을 할 것으로 기대하고 있다. 모든 종류의 세제 개혁과 보조금 지원은 자신과 친구들이 속한 이 사회계층, 특히 젊은층을 대상으로 집중적으로 실행되고 있다. 그가 생각하는 이상적 인물들은 기업가, 자유직업 종사자, 애국자, 충성심이 있고 경건한 신앙인, 전통과 당국을 존중하는 자들이다. 국가는 이들이 개인 주택을 구입하도록 돕고 있는데, 이것이 헝가리의 부채를 가중하는 원인 중 하나가 되고 있다.

우파 미디어, 집시들을 게으른 자들로 매도

다른 동유럽 보수주의자들이 그러하듯이, 헝가리 우파도 한편으로는 다국적기업, 은행권, 금융자본, 다른 한편으로는 프롤레타리아, 극빈자, 공산당을 중산층의 적으로 간주하고 있다. 물론 도저히 계발이 불가능한 '인간 이하'의 계층은 여기에 포함되어 있지도 않다. 구시대 못지않게 인종차별적이다. 헝가리 우파는 우선 극빈층에 대한 지원과 떠돌이 집시와 동일시되는 실업자에 대한 지원을 반대한다. 이들은 이른바 '비경제활동' 계층으로, 사회가 지원할 필요 없는 '비생산적' 요소라는 것이다. 여기에는 은퇴자에 대한 지원도 포함된다.

이 새로운 질서를 관철하기 위해 예산 절감을 감행한다. 예술과 고

고학, 박물관, 출판, 연구 등의 예산 삭감 내지는 삭제가 불가피하다. 이렇게 해서 그야말로 지나가는 길에 거추장스러운 중도 좌파적 인텔리겐치아를 치워버린다. 대중교통이나 환경, 병원, 대학, 초등학교, 맹인, 농아, 장애인, 환자들에 대한 보조금 같은 것이 끊긴다. 반대로 경쟁심을 자극하는 스포츠, 팀워크, 충성심, 개인의 규율, 용맹성 등을 불러일으키는 것으로 간주되는 분야에는 보조금이 넘쳐난다.

보수적 지식인들이 늘어놓는 비판을 한번 생각해보자. 놀랄 일은 아니다. 보수주의자, 특히 보수적 지식인들은 그다지 오래전의 일도 아니지만, 프랑스혁명의 주도자들이 사교인 프리메이슨의 영향을 받았다고 보고 (그 후예라 할) 비판적 지식인들을 증오했다.

'노동에 근거한 사회'라는 주장을 하는 오르반은 복지국가에 사실상 공식적인 조종을 울렸다. 이 점에서 오르반은 대다수 서방 지도자들과 별반 다르지 않는데, 서방 지도자들은 이렇게 오르반과 비교된다는 사실을 안다면 강한 비명을 지를 것이다. 그러나 헝가리 총리가 조금 더 솔직하고 오히려 일관성 있다. 그는 형식주의와 과시 없이, 나아가 전통을 덜 의식하면서 '근본적 개혁 조처'들을 시행할 수 있는 인물이다. 한 예가 실업수당을 그에 합당한 노동의 대가로 지급하겠다는 것이다. 당국의 지시 아래, 내무부의 통제를 받아 실업수당을 최저생계비보다 훨씬 낮은 금액으로 지급하겠다는 것이다. 대부분이 집시인 '공공사업' 종사자들은 이제 우파 미디어가 게으른 자로 자신들을 매도하는 와중에 엄격한 경찰의 감시를 받아야 한다. 그리고 끝없는 학대와 모욕을 받으며 온갖 잡일을 도맡아 해치워야 한다.

복지국가에 조종이 울리다

EU와 미국 정부는 오르반의 의견에 전반적으로는 동의하면서도, 그의 국수주의적 주장과 금융자본에 대한 비난에는 격렬하게 반대하고 있다. 헝가리 정부는 이를 맘껏 이용해, 자신들이 국제 좌파의 공격 목표가 되고 있지는 않는가라고 주장한다. 중유럽의 우파 근본주의자들은 현대적이거나 전통적이거나, 코스모폴리턴적이거나 공화주의적이거나 간에, 금융자본과 공산주의는 모두 한통속이라고 비난한다.

국제기구의 헝가리 정부 비판은 이미 묘한 방향으로 뒤틀리고 있다. 네오 나치 성향의 의원들이 EU 깃발을 불태우기도 한다. 국민은 자국 정부가 비판받을 만하지만 외국의 절대적인 공적이 되는 것은 달가워하지 않는다. 국수주의에서 유발된 국민들의 분노에 편승한 헝가리 우파에게는 국내에서 사회적·민주적 요구와 항의를 억압할 위험성이 상존한다. 결국 유럽의 헝가리 비판은 어쨌거나 민주적 선거에 의해 출발한 오르반 정부를 도와주는 셈이 될 것이다.

'민주주의'를 부패하게 만드는 데는 여러 가지 방법이 있다. 국제사회가 한 국가의 정치 정세를 바꾸기 위해 그 국가에 대한 지원금을 폐지하는 것은 일종의 협박이 될 수 있다. 그러나 아무리 자유롭고 정직한 의도에서 나왔다 할지라도 지원금 폐지는 비난받아 마땅할 것이다. 이것이 바로 헝가리의 민주 야당이 정부가 취하는 정책과 국제통화기금IMF이나 EU 산하 여러 기구들의 압박에 동시에 반발하는 이유다.

급부상한 극우정당 '조빅'의 캐스팅보트

헝가리 극우정당 조빅 Jobbik, 더 나은 헝가리를 위한 운동은 2004년 헝가리가 유럽연합의 회원국이 되기 전까지만 해도 존재감이 거의 없는 정당이었지만 지금은 헝가리의 3대 정당으로 자리했다. 외국인 혐오와 반유대주의를 내세우는 조빅당은 헝가리의 모든 문제를 소수 민족인 롬족과 집시 탓으로 돌리며 이들을 탄압하는 것으로 유명하다. 뿐만 아니라 '위대한 헝가리' 시대에 대한 향수도 가지고 있어 헝가리 출신 루마니아인들의 대변자를 자처하며 루마니아와의 갈등도 불사하겠다고 공공연하게 말하고 있다. 조빅당의 대표 가보르 보나는 "우리는 우리 국민, 우리 민족, 우리 가치, 우리 권리를 지키는 것뿐"이라고 열변을 토한다. 이러한 그의 주장은 헝가리 국민으로부터 호응을 얻고 있다.

2006년 총선에서 조빅당은 민족주의 성향의 다른 정당들과 연대했지만 2.2%밖에 득표하지 못했다. 하지만 4년 후 선거에서는 16.7%를 득표하고 의석 47석을 차지했다.

2013년 11월에는 여당인 피데스당이 15년 이상의 선고를 받은 전과가 있는 사람을 기간 제한 없이 임시로 구류할 수 있는 법안을 통과시켰다. 이는 조빅당의 도움이 없었다면 불가능한 일이었다.

사진으로 저항하다

국제적인 분쟁 현장을 누볐던 사진기자 디르크-얀 비세르와 얀-요세프 스토크가 또 다른 전쟁에 카메라의 초점을 맞추었다. 좀 더 조용하고 고향에서 가까운 곳에서 일어나고 있는 전쟁이다. 두 사람은 점점 더 확산되어가고 있는 유럽 포퓰리즘의 맨 얼굴을 보여주기로 한 것이다.

이 두 사진가는 자신들의 생각을 더 잘 표현하기 위해 네덜란드에 소재한 다큐멘터리·사진 에이전시인 포토독을 비롯 유럽의 여러 사진작가들과 협업할 수 있는 단체를 결성했다. 예술가들은 각자 자신만의 표현 수단 사진이나 웹 다큐멘터리을 통해 각 나라의 특징적인 현상, 이를테면 영국의 극우단체 영국수호연맹, 독일의 소셜 미디어, 그리스의 경제위기, 러시아의 반대파 탄압, 노르웨이 우퇴위아 섬 테러, 벨기에의 이슬람 혐오, 프랑스의 국민전선, 이탈리아 유권자들의 초상, 네덜란드의 '유토피아 농장'의 일상을 보여주고 있다.

이 작업에는 니코 바움카르텐독일, 안드레아 제스트방노르웨이, 라미 하나피핀란드, 웬디 마리니셴벨기에, 더 프리즘그리스, 얀-요세프 스토크네덜란드, 프랑스, 에드 톰슨영국, 디르크-얀 비세르네덜란드가 참여했다.

'유럽 포퓰리즘의 확산' 프로젝트는 2014년 4월 2일부터 5월 4일까지 암스테르담에 있는 멜크웨그 갤러리에서 전시된 바 있다.

2012년 '유럽 포퓰리즘의 발호'라는 야외 전시회에 전시된 작품. (www.fotodok.org)

통념 깬 우퇴위아섬 대학살
- 노르웨이 테러 그후

노르웨이에선 극우 젊은이 브레이비크가 정치적인 이유로 시민 69명을 살해한 지 수년이 지났지만, 여전히 그 상흔이 남아있다. 부유하고 평화롭기로 유명한 노르웨이에서 이같은 끔찍한 테러가 발생한 이유는 무엇일까? 브레이비크의 극우적 행각은 현재 유럽 전역으로 확산되는 뒤틀린 세계관을 반영하고 있다. 대중매체는 이런 경향을 무비판적으로 다루며 대중의 가치관을 오염시키고 있다.

레미 닐센 | 〈르몽드 디플로마티크〉 기자
현재 〈로몽드 디플로마티크〉 노르웨이판 편집장으로 활동하고 있다.

2011년 7월 22일 금요일, 정부 부처와 행정기관이 밀집한 노르웨이 오슬로의 중심가에서 폭탄테러가 발생했을 때, 전문가들은 즉시 이슬람 국제 테러조직의 소행이라고 생각했다. 거리에서는 이민자들이 폭행을 당하기도 했다.[01] 곧이어 약 50km 떨어진 우퇴위아섬에서 총기 난사 사건이 발생했다. 사람들은 혼란에 빠졌

---

01 〈Dagsavisen〉, 오슬로, 2011년 7월 25일.

다. 이슬람 국제 테러조직이 노동당 청년동맹AUF의 여름캠프 참가자들에게 총기를 난사한 이유는 무엇일까? 그러나 같은 날 경찰에 체포된 범인 아네르스 베링 브레이비크는 푸른 눈과 금발의 백인이었다. 한때 극우 성향의 포퓰리스트 정당인 진보당FrP에서 활동한 적 있는 오슬로의 부유한 지역 출신 젊은이였다. 노르웨이는 충격에 휩싸였다.

냉정하게 아이들을 향해 총질을 해댈 수 있는 사람은 기본적으로 사이코패스로 정의된다. 브레이비크가 '문화적 마르크스주의자들'(다시 말해, 모든 좌파)이 유럽을 무슬림들의 손에 넘겨주고 있다는 정치적 주장을 내세우지 않았다면, 단독 범행으로 알려진 그의 테러 행위는 충격적인 사건으로 사회면 기사를 장식하는 데 그쳤을 것이다. 그가 인터넷에 올린 1,500페이지가 넘는 선언문을 읽어본 사람들은, 그 속에 노르웨이 사회의 정치적 논쟁에서 드물지 않게 접할 수 있는 다양한 주제가 담겨 있음을 발견할 수 있었을 것이다.

문화적 보수주의, 기독교 가치 수호, 지나치게 관대한 이민정책으로 인한 유럽의 문화와 정체성 상실 우려, 종교적 인권을 앞세운 이슬람 확산에 대한 혐오 등 그의 생각은 상당 부분 진보당의 입장과 겹친다. 가령 2004년 진보당 대표 카를 하이엔은 "무슬림들은 히틀러가 그랬듯이 이미 오래전부터 자신들의 장기적인 목표가 세계 정복임을 선언해왔다"고 말했다. 진보당은 2009년 총선에서

'적록연합'[02]에 패했지만 22.9%의 득표율로 노르웨이 제2당으로 부상했다.[03] 선거 유세 과정에서 당시 진보당 대표 시브 옌센은 노르웨이의 '은밀한 이슬람화' 음모론을 주장했다. 2010년 8월 진보당 내에서 급부상 중이던 크리스티안 튀브링예데는 노동당이 "비열한 방식으로 노르웨이의 문화를 파괴하고 있다"고 비난했다. 당의 이민정책 책임자는 트위터에 "새로운 십자군 전쟁이 필요하게 될지 모른다"는 메시지를 올리기도 했다.

극우주의에 끌려드는 중·하위 지식층

이런 유의 주장을 전파하는 주요 인터넷 사이트 3곳 중 하나인 'Right.no'는 노르웨이 외교부의 지원금까지 받는다. 이슬람에 대한 비판적 입장을 공식적으로 표명하는 이들은 반유대주의를 단호하게 비난하면서 친이스라엘 성향을 숨기지 않는다. 한때 브레이비크가 추종했다는 '피오르드맨Fjordman'이라는 닉네임의 블로거도 이 사이트들에 많은 글을 올렸다. 오랫동안 익명으로 활동한 그는 테러범과 한통속으로 취급받지 않기 위해 자신의 실명을 공개했다.

본명은 페데르 옌센이고 아랍어를 전공한 그는 현재 정신지체

---

02 노동당, 좌파사회당1970년대 친미 성향의 노동당에 대항해 창당, 중도당.

03 2011년 9월 선거에서는 11.5% 득표에 그쳤다.

장애아 시설에서 간호보조사로 일하고 있다. 2002년 친팔레스타인 인권단체 옵서버로 헤브론에 다녀온 뒤 친이스라엘로 돌아섰다. 그는 이집트 출신 영국 이슬람 학자 밧 예올본명 Gisele Littaman Orebi이 저서 〈유라비아Eurabia〉04에서 제시한 음모론을 지지한다. 유럽의 지도자들이 석유 공급원을 확보하기 위해 무슬림들과 계획하고 자국의 백인들을 배신했다는 식의 이야기다. 이 음모론의 기원은 1973년 석유파동까지 거슬러 올라간다.05 출산율이 상당히 높은 것으로 알려진 무슬림들의 '대량' 이민 유입이 이 비밀스러운 공모의 증거로 제시된다. 그는 유럽이 이미 전쟁 상황에 돌입했다고 주장한다. 피오르드맨과 그의 추종자들이 '적극적인 저항'을 촉구하는 배경에는 이런 이데올로기가 자리잡고 있다. 그들은 노르웨이가 나치에 점령당했던 시대를 언급하기도 한다. 다문화주의를 연구하는 사회인류학자 토마스 힐란 에릭센은 그들이 "길거리에서 무슬림들을 폭행하는 전통적인 네오나치와 명백히 구분된다"고 설명한다. "그들은 공장 폐쇄로 쫓겨난 남성 실업자들이 아니다. 상당히 편향적이긴 해도 독서량이 많은 중·하위층 사람들이다."06

노르웨이에 정말로 '이민 문제'라는 게 있을까? 노르웨이는 1975년부터 외국인 노동자를 받아들이지 않고 있다. 당시까지 노

---

04 Bat Ye'or, 〈유라비아: 유로 - 아랍 축〉 Editions Jean - Cyrille Godefroy, 파리, 2006.
05 Andreas Malm, 〈Hatet mot muslimer무슬림에 대한 증오〉, Atlas, 스톡홀름, 2011.
06 〈Aftenposten〉, 오슬로, 2011년 8월 1일.

르웨이 노동시장에 진입한 외국인은 파키스탄 출신이 대부분이었다. 오늘날 이들 1세대와 2세대가 비유럽 출신 이민자의 대부분을 차지하고, 전체 9만 명에 달하는 무슬림 사회에서도 다수를 점하고 있다. 참고로, 노르웨이는 종교국가로 500만 인구의 86%가 루터교 신자다. 1975년 이후에 들어온 이민자들은 대부분 노르웨이 기업에 취직되어 들어온 사람들로 유럽연합(스웨덴, 폴란드, 프랑스, 독일 등)출신이다. 그 이외에 난민과 망명 신청자들이 있는데, 이들은 엄격한 규칙을 적용받는다.

이민자들은 실업률이 상대적으로 높긴 하지만(국내 평균 3.3%보다 높은 7.7%, 2세대는 전체 청년 실업률보다 1% 정도 높을 뿐이다)[07] 노르웨이 사회에 잘 적응하고 있다. 2010년의 한 조사에 따르면, 노르웨이인의 70%가 "이민자들의 문화를 좋아하고 그들의 경제 참여를 긍정적으로 평가한다. 또한 스칸디나비아 이외 지역 출신 이민자들이 노르웨이 경제에 긍정적으로 기여하고 있다고 생각한다."[08]

양극화, 이슬람 혐오주의의 뿌리

노르웨이는 사회 통합에 큰 어려움을 겪지 않는 다문화사회를

---

07 노르웨이 국립통계청 자료, www.ssb.no
08 '2010년 이민과 이민자', 노르웨이 국립통계청.

성공적으로 건설한 듯하다. 그렇다면 갈수록 이슬람 혐오가 정치적 논쟁의 중요한 주제로 부각되는 이유는 무엇일까? 더욱이 노르웨이는 석유, 특히 해양자원 덕분에 부유한 나라가 됐고, 금융위기와 부채위기에도 거의 영향을 받지 않았다. 경제활동인구 비율이 매우 높고(70%), 복지국가 모델을 잘 지켜나가고 있다. (조직 정비 차원에서 몇몇 기관이 문을 닫았지만) 공공지출을 급격히 삭감하지도 않고, 세계에서 가장 관대한 사회정책을 유지하고 있다. 지난 몇 년간 노르웨이는 유엔이 '삶의 질이 높은 나라'로 손꼽던 곳이다. 그러나 신자유주의의 영향이 없었던 것은 아니다. 그 중심에 노동당이 있었다. 지난 20년간 노르웨이의 사회적 불평등과 임금 격차는 급격히 증가했다. '좌파의 아이디어 뱅크' 마니페스트Manifest의 한 보고서에 따르면, "1990년 이후 노르웨이의 상위 1% 수입과 평균임금의 격차가 영국이나 미국보다 더 빠른 속도로 벌어졌다."[09] 1984-2008년 전체 금융자산은행예금, 주식 등 중 중산층 보유 비율이 절반으로 감소했다. 최상위층의 수입은 급격히 증가한 반면, 부가가치 중 임금 비율분배율은 감소했다.

이런 맥락에서 이민이 중요한 정치적 문제로 부상한 것이다. 경영자단체의 지원을 받는 아이디어 뱅크 시비타Civita의 영향을 받은 신자유주의자들은 북유럽의 복지국가 모델이 더 이상 유효하지 않음을 증명하려 했다. 조세제도와 생산성 향상이 현 체제를 지탱

---

09 '새로운 노르웨이: 1990년 이후의 경제권력 집중', 〈Manifest〉, 오슬로, 2011.

해나가는 힘이라는 사실을 일상적인 현실에서 확인할 수 있음에도 말이다. 진보당과 우파당Hoyre은 복지국가 모델과 이민자들을 비난하기 시작했다. 2011년 봄 국가 경제활동에서 이민자들이 차지하는 역할에 대한 정부 보고서가 발간되자, 우파는 '비서구 이민자 수용은 명백한 손실'이라고 주장했다. 보고서의 실제 내용이 그들의 주장과 일치하는지 여부를 떠나서 '적록연합' 정부가 그런 보고서를 발간하려 했다는 것 자체가 큰 변화다.

노르웨이의 국내총생산GDP은 1998년부터 지금까지 꾸준히 증가해왔다(2009년은 예외). 현재 1인당 국민소득은 유럽에서 세 번째로 높다.[10] 사회적 불평등 심화 문제가 부각되지 않은 것도 그 덕분이었다. 그 틈을 타서 우파 포퓰리스트들은 소외감을 느끼는 유권자층(특히 1990년대 초부터 부유층에 대해 열등감을 갖게 된 중산층)의 지지를 얻는 데 성공했다. 마니페스트에서 활동하는 전 스웨덴 좌파청년당 대표 알리 에스바티는 "사회체제 개혁을 위한 정치적 토론, 노동시장에서의 역관계 혹은 경제정책 결정을 위한 논의 등이 실제 정치에서 중요한 주제로 부각되지 못하면 문화적 충돌 따위의 주제가 논쟁의 중심을 차지하게 된다"고 지적했다.

에릭센은 이렇게 말했다. "우파 포퓰리스트들이 부상하는 것과 경기침체는 별 관계가 없다. 그러나 이슬람을 혐오하는 노르웨이 극우파는 자신이 사회적으로 낙오됐다고 믿는다. 그들은 삶의 질

---

10 1위 리히텐슈타인, 2위 룩셈부르크.

이 별로 나아지지 않았고 자신이 사회에서 주변화되고 배제됐다고 느낀다. 7월 22일 사건 이후, 많은 이들이 사회가 자신의 목소리를 들어주지 않는다며 소리 높여 비판하고 있다. 그들은 자신이 국가를 이끌어가는 원동력이라고 믿지만 더 이상 국가 속에서 자신의 정체성을 찾지 못한다. 새로운 국가공동체 개념, 즉 민족·국가적 소속보다 시민권을 강조하는 조금 더 세계주의적이고 평등한 개념을 강요받고 있기 때문이다."

전 유럽에 드리운 암운

우파 포퓰리스트는 '인민의 의지' 구현을 목표로 제시한다. 에스바티는 이렇게 표현했다. "엘리트 집단에 속하는 몇몇 이들은 자신이 경멸하는 사람들이 사회 내에서 가시적인 자리를 차지하는 것을 못 견뎌한다. 그들은 노동운동조직, 여성운동단체, 새로운 사회적 질서를 상상하는 문화계와 학계 인사들을 증오한다." 노르웨이 국제문제연구소(NUPI)에서 '테러리즘 전문가'로 활동하는 헬예 루로스가 러시아 텔레비전 방송〈Russia Today〉 7월 22일에서 한 말이 이 사실을 확인해준다. "다문화주의자들에게 이번 테러 발생의 책임이 있다. 그들의 이민정책이 인민의 의지를 억눌러왔기 때문이다."

그러나 노르웨이에서 심각한 테러 사건이 발생했다고 해서 우경화 현상을 스칸디나비아에 국한해 바라볼 필요는 없다. 에스바티는 반대로 우경화의 근본 원인을 오히려 스칸디나비아라는 지역적 맥락 외부에서 찾아야 한다고 주장한다. "지난 수십 년간 서구사회

전역에서 체계적으로 조직된 자본가 세력은 경기침체에 맞서기 위해 착취 강도를 높이고 과거 노동운동 세력의 보루인 지역들을 접수했다. 그 과정에서 그들은 연금제도, 공공보건 서비스, 노동권을 공격했다. 이런 상황은 일반 유권자들의 공포심을 자극하고, 민족적·종교적인 사회 환경의 분열과 대립을 부추기는 '절호'의 기회가 됐다. 특정 국가를 초월해 이미 반복적으로 등장해온 주제다."

이스라엘
우파는 어디로?

이스라엘에 거주하는 아프리카 이민자들은 탄압과 차별로 고통 받고 있다. 하지만 극우파의 '유대인 우월주의'를 지지하는 이스라엘 정부는 이를 묵과하고 있다.

요시 구르비츠 | 언론인
텔 아비브에 거주하며 사진작가이자 블로그 운영자로 활동하고 있다.
〈나나 뉴스Nana News〉의 부편집장을 지냈고, 주로 이스라엘 정치·경제와 관련된 글들을 쓰고 있다.

2011년 2월 8일, 이스라엘 국회에서 팔레스타인 남성과 결혼한 유대인 여성의 '동화 문제'라는 조금 이상한 주제의 토론회가 열렸다. 주최자는 국회 여성인권위원회 의장인 치피 호토벨리 의원으로 토론회 개최 이유에 대해 이렇게 설명했다. "유대인의 정체성을 지키는 것이 여성인권위원회의 중요 목표 중 하나다. 그런데 '안타깝게도' 많은 유대인 여성이 무슬림 남성과 결혼을 하고 있다."

극우단체인 레하바'성스러운 땅에서 동화 예방'를 이끌고 있는 벤지 곱스타인도 토론회에 참가했다. 레하바는 팔레스타인인과 아프리카 이민자에 대한 증오와 폭력을 선동하는 것으로 유명한 단체다. 곱스타인은 한 팔레스타인 남성이 유대인 여성을 유혹하려고 했다고 칼로 살해한 유대인 남성의 행동을 두둔해 논란을 일으킨 바 있다.

2012년 6월, 문제의 남성이 살인죄로 18년 형을 선고받은 다음 날 곱스타인은 "시몬과 레비[01]처럼 이스라엘 여성의 명예를 지키려고 했던 유대인 남성을 감옥에 넣는 것은 한탄스러운 일이다. 정상적인 유대 국가였다면 훈장을 주었을 것이다. 이 남성은 범죄자가 아니라 영웅이다"[02]라고 말했다.

2012년 당시 교육부의 국장이었던 츠비 차메레트 박사도 "학생들에게 가족의 가치를 가르치면서 유대인의 정체성에 대한 수업을 강화하려고 한다"고 밝혔다. 그가 국장으로 있는 동안 교육부는 학교에서 세계인권선언을 가르치는 것을 금지시켰다. 이유는 다른 종교로 개종하고 다른 나라로 이주할 수 있는 개인의 권리를 규정하고 있는 인권선언이 이스라엘 교육당국이 추구하는 가치에 반하기 때문이었다.

호토벨리 의원이 극우당 소속이 아니라 30년 전부터 이스라엘을 책임지고 있는 거대 여당 리쿠드당 소속이라는 것이 놀랍다. 더 놀라운 것은 토론회 개최 후 호토벨리 의원은 비난은커녕 오히려 인기가 올라가서 2013년 예비선거에서 당으로부터 적극적인 지원을 받았다는 사실이다. 차메레트 박사도 이스라엘 베이테누당 같은 극우정당에 속해서 그런 정책을 쓴 것이 아니라 당시 상관이었

---

01 성경에서 시몬과 레비 형제는 누이 디나가 겁탈당한 것을 복수하기 위해 시켐 주민들을 살해한다.

02 2012년 6월 27일. www.hakolhayehudi.co.il

던 기데온 사아르 교육부 장관의 지시를 따른 것뿐이었다. 리쿠드당의 주류인 사아르는 현 내무부장관으로 난민신청자들을 재판 없이 적극적으로 잡아들이고 있다.

베냐민 네타냐후 총리도 다를 바 없다. 군대에 입대하고 싶지만 아랍계 주민들의 반대에 부딪힌 수많은 이스라엘 기독교 청년들로 구성된 청중 앞에서 이렇게 말해버리고 말았다. "우리는 법에 따라 여러분들이 군에 입대해서 유대국가 발전에 기여하는 것을 방해하려는 자들을 끝까지 쫓을 것이다."03 하지만 청중이 누구인지 바로 깨닫고 '우리의 국가와 사회'라고 고쳐 말했다. 네타냐후 총리는 이미 1997년에 카발라교의 랍비인 카두리에게 "좌파는 유대인의 정체성을 잊었다"라고 귓속말을 해 곤욕을 치렀다.04

유대인의 '명예'에 관한 집착과 그것을 망각한 사람에 대한 증오는 어제오늘의 일이 아니다. 리쿠드당 자체가 이스라엘 독립 이전의 수정주의적 시오니즘 운동시오니즘은 고대 유대인들의 고국 팔레스타인에 유대민족국가를 건설할 것을 목표로 하는 민족주의 운동이다. 현대에 와서 수정주의적 시오니즘의 창안자인 블라디미르 자보틴스키는 팔레스타인의 통치자 방어를 확립하기 위해서는 무력이 필수라는 매우 강경한 입장을 내세웠다. 수정주의적 시오니즘에서는 테러가 합법적인 투쟁의 수단으로서 용인되는 것이다. - 역주을 사상적 기반으로 한 헤루트당Herut, '자유'의 직계 후손이다. 당시에는 총리가 유대인이면 부총리는 아랍인이고 총리

---

03 2013년 12월 22일.
04 1997년 10월 말. 이스라엘 채널 2 방송.

가 아랍인이면 부총리가 유대인이 되는 국가를 상상하는 사람들이 있었다.

리쿠드당 내 극우파에게 국민의 평등은 상상할 수 없는 것이다. 이들의 생각은 당 전체를 오염시키고 있다.

리쿠드당에도 진보주의자들이 많이 있다. 크네세트Knesset, 이스라엘 국회의 의장을 역임했으며 영원한 대선후보인 레우벤 리블린이 대표적인 진보인사다2014년 6월 대선에서 대통령으로 당선됐다 - 역주. 하지만 당에는 당 전체를 오염시키는 소수의 극우파들도 존재한다. 네타냐후 총리 반대파의 기수인 다니 다논이 대표적인 인물로 유대인과 아랍인에게 동일한 권리를 부여하는 것은 그에게는 상상할 수 없는 일이다. 그는 "당 내부에 아랍 협력자가 있어 민족주의 법안에 반대했다"고 목소리를 높이기도 했다.[05] 그는 현재 국방부차관이다.

프랑스 공화주의 전통에서 자란 사람들에게 이스라엘 우파의 사상과 행동은 이해하기 힘든 것일 수 있다. 하지만 잊지 말아야 할 것은 이스라엘 우파는 공화주의자들이 아니라는 것이다.

그래서 우파혹은 중도파 정치인은 정적政敵을 궁지에 몰아넣고 싶을 때 정적이 '모든 시민을 위한 국가'를 지지한다고 비난하면 만

---

05 http://news.walla.co.il/?w=/9/1878883

사형통이다. 모든 시민을 위한 국가는 모든 사람에게 평등한 권리를 부여한다는 의미로 이스라엘 국민이 가장 혐오하는 표현이다. 우파와 중도파에게 이스라엘은 유대인 우월주의를 수호하는 '유대국가'를 말한다. 2013년 12월 말, 이스라엘 군 대변인을 지낸 리쿠드당의 미리 레게브 의원이 '국가의 유대적 성격을 부정하는' 단체 결성을 금지하는 법안을 발의했다. 이 법안이 통과될 가능성은 거의 없지만(최근 유사한 법안이 정부에 의해 부결됐다) 일반시민들이 어떤 생각을 하고 있는지 잘 보여주는 법안이다.

이스라엘 우파는 인종차별적인 랍비들의 열렬한 지지를 받고 있다. 대부분 국가 공무원인 이들 중 300명이 사페드 시市의 랍비인 슈무엘 엘리야후가 시의 재산을 비유대인에게 빌려주거나 매매하는 것을 금지하는 종교적 결정을 지지했다. 이스라엘 검찰은 기소할 생각조차 하지 않았다. 여러 명의 랍비가 공저한 율법서에는 '이민족의 아이들이 언젠가 우리에게 해를 입힐 소지가 있다면 고의로 아이들을 죽여도 된다'[06]라고 적혀있다. 이번에도 검찰은 기소하지 않았다.

공화주의적인 가치를 부정하는 것은 이데올로기에 그치지 않고 실생활에도 영향을 미친다. 2010년 1월, 아랍계 이스라엘 국회의원 아메드 티비 의원이 국가의 땅은 유대인이든 아랍인이든 모든 시민에게 공평하게 분배되어야 한다는 내용을 골자로 한 법안을

---

06 Torah Institute of the Od Ypseph Khai Yeshiva, 2009년.

제출했지만 부결됐다. 이스라엘에 있는 대부분의 팔레스타인 땅은 1948년 독립전쟁 후 팔레스타인인들에게서 몰수한 것이다. 하지만 실제로는, 전쟁 후 오랜 시간에 걸쳐 '서류상' 이스라엘인이 팔레스타인인들로부터 압류한 것이다. 여기서 서류상이라는 말은 매우 중요하다. 1966년 12월까지 이스라엘에 거주하고 있는 팔레스타인인들은 군사행정부의 통제 하에 살았고 투표권과 피선거권을 가지고 있었지만 시민권은 크게 제한받았다.

권력에서 배제된 팔레스타인인은
경제적·사회적 권리를 누리지 못하고 있다.

법으로 보장된 평등이 한 번도 권력의 공유로 실현된 적이 없다. 어떤 팔레스타인 정당도 연립정부에 참여한 적이 없다. 이스라엘 좌파 시오니즘의 순교자로 추앙받는 이차크 라빈 전 총리조차 팔레스타인 정당을 연립정부에 참여시키지 않고 정부 밖에서 지원하도록 요구했다. 연립정부에서 배제된다는 것은 공공재의 분배에 어떠한 영향력도 발휘할 수 없다는 것을 의미한다. 실제로 팔레스타인 거주지역은 다른 지역보다 정부의 지원을 받지 못하고 있고 이스라엘에 거주하고 있는 팔레스타인인은 병역의무를 하는 유대인에게 주어지는 사회적 특혜를 누리지 못하고 있다. 이 지역 내 53%에 달하는 팔레스타인인이 빈곤 속에 살고 있는 것이 전혀 놀랍지 않다.

이스라엘 문제를 말할 때 가장 먼저 떠오르는 것은 요르단강 서안이다. 이스라엘이 요르단강 서안 전체를 합병하려는 것은 물론 심각한 문제지만 유대인 우월주의의 일환에 불과하다.

이스라엘은 에리트레아와 수단에서 오는 난민 문제로 골머리를 앓았다. 우파는 분노했다. 네타냐후 총리는 55,000명의 망명신청자를 '국가적 위협'으로 간주하고 이집트 국경을 따라 벽을 세우고 재판 없이 최장 3년 동안 난민을 수용소에 구금할 수 있는 법을 통과시켰다. 이스라엘 대법원은 불법이라고 판결했지만 이스라엘 정부는 구금기간을 최대 1년으로 줄이는 것으로 반응했을 뿐이다.

"이스라엘인은 패배했고 유대인은 승리했다." -시몬 페레스, 1996년

인종차별을 부추기는 발언이나 행위는 일반적으로 극우파들의 몫이었다. 랍비 메이어 카하네가 창설한 카흐당Kach이 대표적인 극우당으로, 카하네는 국회의원으로 선출됐지만 얼마 안 있어 인종차별 문제로 의원자격을 박탈당했고 1990년 뉴욕에서 암살당했다. 카흐당은 1988년에 총선 출마 금지조치를 당해 크게 타격을 받았고 1994년에 발생한 헤브론 이슬람사원 학살 사건 후에는 테러단체로 규정됐다. 카흐당 소속 바루슈 골드스타인이 이슬람 사원에서 기도를 하던 29명의 팔레스타인에게 무자비하게 총격을 가한 것이다. 그 후 수많은 카하네의 추종자들이 선거에 출마했지만 성공하지 못하고 있다.

카흐당이 실패한 데는 이스라엘 정치에서 극우가 더 이상 필요하지 않기 때문이라는 설명이 지배적이다. 카하네는 "모든 유대인

들의 마음 속에는 작은 카하네가 살고 있다"라고 입버릇처럼 말했는데 틀린 말이 아니다. 호토벨리 의원이나 다논 의원이 카흐당 소속이라고 말해도 이상하게 생각할 사람이 없고 현 외무부장관이며 극우 이스라엘 베이테누당 소속인 아비그도르 리버만은 과거 카흐당원이었다는 폭로에 대해 부정하지 않았다. 크네세트의 부의장인 리쿠드당 소속 모쉐 페이글린 의원은 카하네의 생각과 유사한 새로운 헌법안을 발의했다. 과거에 금지됐던 카하네의 사상은 이제 이스라엘에서는 특별한 것이 아니다.

이러한 상황을 보면 시민의 안전을 무엇보다도 우선한다는 우파의 주장은 명백한 거짓이다. 진짜로 우파가 염려하는 것은 이스라엘에 존재하는 비유대인들이다. 2012년 5월 레게브와 다논 의원은 아프리카 이민자들이 대거 거주하고 있는 텔아비브 시의 남쪽에서 난민신청자들을 반대하는 시위에 참여했다. 흥분한 시위자들은 아프리카인들을 공격하고 아프리카인들의 노점을 약탈하고 불태우며 시위는 곧 폭동으로 변했다. 레게브 의원은 아프리카 난민을 '암적인 존재'[07]라고 말하며 시위자들을 흥분시켰는데 이 말을 취소한답시고 "나는 한 번도 이 침입자들을 인간에 비교한 적이 없다"고 말해 오히려 그의 속마음을 드러내고 말았다. 정부는 아무런 조치를 취하지 않았다.

---

07 Conal Urquhart, 'African asylum seekers injured in Tel-Aviv race riots', 〈The Guardian〉 London, 2012년 5월 24일.

대다수 우파에게 이스라엘 시민이란 말은 껍데기에 불과하다. 유대인인지 아닌지만 중요할 뿐이다. '이스라엘인'이라는 것은 인종과 상관없이 모든 국민을 포함한다는 의미이기 때문에 이 용어를 사용하는 것은 좌파와 관련이 있다는 것을 의미한다. 오늘날 '이스라엘인'이라는 것은 유대인뿐 아니라 모든 이스라엘 국민은 같은 국민이라는 것을 인정하는 것이다. 시몬 페레스 전 대통령이 1996년 선거에서 패배한 후에 "이스라엘은 패배했고 유대인은 승리했다."[08]라고 말하지 않았던가?

페레스 대통령이 자신이 한 말을 잊은 것이 안타까울 뿐이다. 공식적으로 '이스라엘인'은 존재하지 않는다. 이스라엘 정부는 이스라엘인을 인정하지 않는다. 이스라엘 국민이 유대인이나 아랍인이 아니고 같은 공화국의 국민인 이스라엘인이라면 정부는 국민 모두를 평등하게 대해야 하지 않을까? 하지만 이스라엘은 그렇지 못하다. 국방의 의무를 다하는 사람들 즉 유대인들에게만 많은 권리를 부여한다. 사법부도 이를 승인하고 있다. 2013년 대법원은 '이스라엘 국적의 존재는 확실하게 확립되지 않았다'는 판결을 내렸다. 사법부의 지지를 등에 업고 정부가 나서서 이스라엘을 공화국으로 인정하기를 거부하면 이스라엘 우파가 주장하는 유대인 우월주의는 승리에 승리를 거듭할 것이다.

---

08 Daniel Ben Simon, 〈Erets Akheret〉, Nir Modan, Tel-Aviv. 1996에서 인용.

극우 슈펭글러의
화려한 귀환

프랑스에서 2013년 말과 2014년 초는 디외도네가 방송에서 반유대주의적인 발언을 한 것 때문에 모든 미디어들이 일제히 격앙된 반응을 나타낸 시기로 특징지을 수 있다. 그래도 극우 조직들은 국가의 현실에 맞춰 잘 적응하고 있다. 이 극우 조직들에는 동일한 강박관념이 있다. '순수한' 국가를 건설하는 것이 그것이다.

도미니크 비달 | 〈르몽드 디플로마티크〉 국제전문기자
중동 전문기자 출신으로, 베르트랑 바디와 〈2011년의 세계, 단일 세계의 종말〉(2010)을 공동 기획했다.

단적으로 말해, 현재의 극우파는 더 이상 예전의 극우파가 아니다. 여성이 국민전선FN 대표직에 오르는 형국에 '강한 남성'에 대한 마초적인 숭배를 말할 수 있을까? 프랑스 국민전선 창립자의 딸이 대표 자리를 물려받는다. 정말이다. 국민전선은 극단적 보수주의자들의 소굴이지 않았던가? 오랫동안 기독교 윤리로 지탱되던 단체들이 동성애자의 권리 수호에 나서고 동성애자가 그 단체들의 대표가 되고 있다. 그들은 반유대주의에 대해 전통적으로 순응적인 태도를 취하지 않았던가? 그런데 이들은 지금 서구 사회의 전위를 자임하는 이스라엘 현 정부에 지지를 보내고 있다.

이렇게 된 이유는 무엇일까? 세계화·민족국가·유럽·보호주의·복지국가·공공서비스·대미관계 등과 관련해 다양한 입장 차를 보이는 극우파 단체들을 하나로 묶어주는 공통분모가 있으니, '이슬람의 침입을 막아야 한다'는 당위다. 그렇다면 이제 '유럽의 신극우파'라는 명칭이 성립할 수 있을까? 가장 좋은 대답은 다음과 같은 질문을 던지는 것이다. "앞에 열거한 각각의 항목에는 일종의 함정이 있는 것이 아닐까?"

'새로운' 극우파가 등장한 걸까? 볼로냐대 정치학 교수 피에로 이그나치[01]는 "네덜란드의 헤르트 빌더스가 이끄는 자유당PVV을 제외한다면 다른 정당들은 모두 과거의 극우파에 가깝다"고 설명한다. "규모가 커져서 제도정치에 편입한 조직들에 자신의 과거 네오파시스트적 행적은 부담으로 작용한다." 변한 것이 있다면 현 시기를 지배하는 패러다임뿐이다. 공산주의라는 적이 사라진 자리를 9·11 이후 이슬람주의자 혹은 무슬림이 대신 차지한 것이다.

극우에 영감 준 슈펭글러의 후손들

마치 독일 철학자 오스발트 슈펭글러가 귀환한 듯하다. 1918년과 1922년에 출간된 그의 저서 〈서구의 몰락〉[02]은 바이마르공화국에 반

---

01 주요 저서: 〈La Fattoria degli Italiani. I rischi della seduzione popolista artiti politici in Italia〉, Rizzoli, 밀라노, 2009. 〈L'Estrema destra in Europe〉, Il Mulino, 볼로냐, 2000.

02 1948년 프랑스 갈리마르 출판사에서 개역판(총 2권)이 나왔다.

대하고 독재를 추종하는 이들에게 지적 영감을 주었다. 그러나 이들의 먼 후손인 현재의 극우파들은 선거에서 운 좋게 높은 득표율을 얻어 유럽 정치 무대 오른편의 한 자리를 차지했을 뿐이다. 이는 어떤 대안 세력도 세계화된 금융자본의 헤게모니 위기를 제대로 활용하지 못하는 상황과 맞물려 있다.

국제외교전략연구소IRIS의 객원 연구원 장이브 카뮈[03]는 이들에게 '극우파'라는 딱지를 붙이는 게 적절치 않다고 본다. 대신 '급진주의자', '외국인 혐오자', '포퓰리스트' 같은 명칭을 제안한다. 그러나 현재 '포퓰리즘'이라는 말은 귀에 걸면 귀고리, 코에 걸면 코걸이 식으로 쓰이고 있지 않은가? 그는 포퓰리즘이라는 말의 의미를 "자연스럽게 타락할 수밖에 없는 엘리트들에 대해 언제나 '민중의 상식'이 승리한다는 믿음 아래 대의민주주의를 직접민주주의로 대체하려는 경향"에 국한시킨다.

장이브 카뮈는 어딘가에서 갑자기 등장한 이 극우파 지도자들을 'UFO'에 비유한다. 핌 포르투완본명 Wilhelmus Simon Petrus Fortuijn이 한 예다. 한때 사회주의자이자 커밍아웃한 동성애자인 그는 이슬람을 혐오했다. 그는 중동 국가들에 실제로 존재하던 억압 조치들을 언급하며 다른 이들처럼 여성과 동성애자 인권 침해를 비판했다. 핌 포르투완은 2002년 5월 6일 선거를 13일 앞두고 암살된다. 그의 당은 이 선거에서 17%의 높은 득표율을 기록했다. 스위스의 중도민주연합UDC 대표 크리스토

---

03 〈극우파 사전〉(파리 · 2007)의 공저자.

프 블로허도 빼놓을 수 없다. 급진화한 이 농본農本주의 정당은 2007년 선거에서 29%의 지지를 얻었다. 마지막으로, '진정한 핀란드당'이라는 특이한 정당이 있다. 이민을 반대하는 반체제적 정치세력이 새로운 얼굴로 거듭난 경우다.

네오파시스트인가 UFO인가

유럽의 극우파 세력을 묘사할 때 단수와 복수 중 어느 쪽을 사용해야 할까? 이그나치와 카뮈는 이들을 '하이브리드 운동세력'으로 봐야 한다는 데 의견이 일치한다. 국가와 전통, 정치적 상황에 따라 각 정당들이 다른 성격을 띤다는 것이다. 그렇다면 이들을 '유럽'이라는 공통분모로 묶는 것은 역설일 수도 있다. 더욱이 민족주의적 극우파들은 지금으로부터 60여 년 전 로베르 쉬망과 장 모네가 추진한 유럽연합 건설에 항상 알레르기 반응을 보이지 않았던가.

사정이 이렇다 보니 유럽 각지에서 발견할 수 있는 단편들을 조합해 유럽 극우파의 전체적인 윤곽을 그려보는 수밖에 없다. 이때 다음의 세 유형을 참조할 필요가 있다.

첫 번째 유형은 그 선배들이 '유대-볼셰비즘'과 맞서 싸웠으며 검은(혹은 갈색) 셔츠단이나 나치 친위대SS의 기억에서 벗어나려 안간힘을 쓰는 네오파시스트 군소정당들이다. 독일 공화당Republikaner, 스페인의 팔랑헤당프랑코의 파시스트당 -역주, 이탈리아 사회운동-삼색의 불꽃MS-FT 등이 그 예로, 가장 상징적인 단체들이지만 현재는 거의 '멸종' 위기에 처해 있다.

'반이슬람' 깃발 아래 모였지만

두 번째는 1990년대부터 기존 정치 질서에 반발해 이른바 공화주의 우파들이 쳐놓은 '방역선Cordon Sanitaire,연정을 통해 극우 혹은 극좌 정당의 정부 참여를 막는 방법'을 극복하고 양지에 입지를 구축하려 애쓰는 세력이다.

마지막으로는 두 번째 세력이 '기존 체제에 편입한' 뒤 남겨진 빈 공간에 출몰한 'UFO'들이다. 첫 번째 유형의 정당들은 영향력이 미미한 편이다득표율 0.1-7%. 반면 두 번째와 세 번째 유형은 2009년 유럽의회 선거와 최근 그밖의 선거에서 10%가 넘는 지지를 획득했다(부록 1의 도표 참조). 가령, 오스트리아의 '자유당'과 '미래연합', 벨기에의 '민족전선', 덴마크의 '민중당', 핀란드의 '진정한 핀란드당', 프랑스의 '국민전선', 헝가리의 '조빅', 이탈리아의 '북부연합', 노르웨이의 '진보당', 네덜란드의 'PVV', 러시아의 '민주자유당', 스위스의 'UDC', 터키의 '민족주의적 행동을 위한 당'이 그렇다. 이 목록에서 이탈리아 국민연합을 뺀 이유는 이 정당만이 유일하게 과거 극우파 전통과 과감히 단절했기 때문이다.

이그나치는 "극우파 정당이 제도정치 밖에 머물며 시스템의 전복을 도모하는지, 아니면 안으로부터의 개혁을 위해 제도 안에 진입하려 하는지가 중요한 변별점"이라고 말한다. 물론 후자는 "온건우파가 극우파 세력을 더 이상 게토화하지 않는다는 전제"에서 가능한 것이다. 프랑스는 아직까지 이 경우는 아니다. "극우 정당이 '급진화'하는 것은 우파 정당들의 고립 전략에 대한 반발과 다름없다. 반대로 일부 극우파는 우파에 배척당하지 않으려 물타기 전략을 구사함으로써 급진세력을 고립시킨다."

오스트리아의 외르크 하이더로 말할 것 같으면, 그는 이탈리아 국민연합과 같은 전략을 구사했지만 자신의 정체성을 포기하지는 않았다. 1986년부터 오스트리아 자유당FPÖ 대표를 맡고 있던 하이더는 정부의 고용정책이 (히틀러의) 제3제국 시절보다 못하다고 비난을 퍼부었다. 1999년 선거에서 자유당은 27%를 득표해 국민당을 제치고 사민당과 어깨를 나란히 하게 됐다. (자유당 - 국민당의) 연립정부 총리직에 오른 국민당 대표 볼프강 쉬셀은 자유당에 몇 개의 장관 자리를 제공했다. 하이더는 자신의 지역구 케른텐의 주지사로 남았다. 그러나 '반골기질'은 어쩔 수 없었던 걸까. 그는 2005년 자유당을 나와 네오파시스트 성향이 짙은 오스트리아 미래연합BZÖ을 창당했다. 이로써 오스트리아 극우세력은 고립을 택한 군소정당BZÖ과 국민당과 연합해 제도정치에 진입한 거대정당FPÖ으로 양분됐다. 그럼에도 두 당은 기세를 올릴 수가 있었다. 2013년 총선에서 두 당은 24% 이상의 득표율을 올렸다. 이는 억만장자 프랑크 스트로나크가 이끄는 반유럽주의 성향의 당보다 거의 6%가 높은 것이었다.

제도권 진입 시도가 대세

아버지 장마리 르펜의 후계자를 꿈꾸는 마린 르펜 역시 하이더처럼 정치적 성공을 거두길 원하면서도 자신의 신념을 고수하려 애쓴다. 당명 개칭까지 가지 않고서도 국민전선에 찍힌 낙인을 제거할 수 있는지가 문제로 남는다. 또한 과거 비시 괴뢰정부와 '헐값에 넘어가버린' 식민제국에 대한 향수에 젖은 이들의 반발을 어떻게 무마할지도 과제로 남아 있다. 마린 르펜과 후계 자리를 다투는 브뤼노 골니시가스실의 존재를 부정한 역사학자는 유리한 고지에 몸을 숨긴 채 경쟁자를 비판한다. 그는 인위적으로 부풀려진 무슬림의 '침입'에 대한 우려가 "필요한 것이긴 해도 국민전선의 '낙인 지우기' 전략의 한계를 보여주는 것"이라고 주장한다. "제도 정치와 언론은 이 정도의 증거로 만족하지 않을 것이다. 그들은 항상 더 확실한 증거를 원한다. 그들은 우리가 머리를 숙이고 다음은 허리를 굽히고 마지막으로 무릎까지 꿇기를 원한다."04

옛 파시즘과의 거리…신자유주의 비판

마린 르펜은 오스트리아의 동료 하이더가 처한 운명에서 교훈을 얻었다. 그녀는 하이더처럼 나치 무장친위대Waffen-SS를 "우리가 경의를 표해야 하는 독일의 군대"라고 칭송하는 따위의 발언은 하지 않는다.05 마린 르펜은 유대인을 학살한 가스실을 '역사의 사소한 일화'쯤으로 취급하는 아버지 르펜의 태도에 거리를 유지하며 제2차 세계대전에 대한 논쟁을 마감하고 싶어한다.

더 중요한 것은 노동자의 환심을 사는 것이다. 그녀는 실제로 노동

---

04 2010년 12월 12일 성명.
05 〈르 푸앙Le Point〉, 2008년 8월 11일.

자들의 표를 흡수하고 있다. 2012년 대선 때의 출구조사에서 33%를 득표한 것이다. 아버지 르펜은 2010년 5월 1일 노동절에 사회보장제도와 연금제도를 옹호하고 구매력 강화를 외쳤는데, 한때 로널드 레이건을 신봉하는 급진적 자유주의자였다는 사실이 무색할 정도였다. 그는 "소비 진작이 성장을 촉진할 것이며, 오직 소비만이 프랑스의 모든 남성과 여성에게 일자리를 가져다줄 것"이라고 역설했다. 아버지의 결론은 딸의 정책 프로그램이 됐다. 마린 르펜은 "10여 년 전부터 소득분배가 금융자본의 배를 불려주는 쪽으로 변화했다. 여기에 덧붙여, 의료보험 급여액 축소에 따른 환자부담금 인상과 연금제도 개혁은 프랑스인들의 전통과 희망에 반하는 극단적 자유주의"라고 주장한다.

이그나치는 "무책임한 정당들이 '내일부터는 모든 게 공짜다. 세금도 더 이상 낼 필요가 없다'는 식의 약속으로 사람들을 현혹한다"고 말한다. 물론 이런 약속은 사회보장이 자국민 중심으로 작동한다는 조건 하에 이뤄진다. 갈수록 빈곤해지는 남유럽과 동유럽뿐 아니라 아직은 건재한 북유럽도 이에 속한다. 일반적으로 만연한 혼동이 근본적 논점을 흐릴 때 이런 약속이 먹힐 수 있다. 가령 극우파는 주로 초국적 자본에 대항해 '국가의 수호자'임을 자처해왔지만, 이탈리아의 북부연합과 벨기에의 블람스 벨랑당이 각각 파다니아와 플레미시 분리독립을 외치는 상황은 어떻게 보아야 할까? 지역 정체성에 대한 추구 경향이 기존 국가 정체성을 대체하게 될까?

'적의 적'인 이스라엘에 대한 지지

그럼에도 이들 사이에 공통분모들이 없는 건 아니다. 그 공통분모들 중 하나가 이스라엘이다. 2010년 12월 초, 30여 명의 극우파 지도자들—네덜란드의 헤르트 빌더스, 벨기에의 필리프 드윈터, 외르크 하이더의 후계자 하인츠크리스티안 슈트라헤 포함—이 이스라엘을 방문했다. 이들은 이스라엘 정부로부터 국빈에 준하는 예우를 받았다. 유유상종이라고나 할까. 이스라엘 부총리 겸 외무장관 아비그도르 리에베르만_{팔레스타인 사람들을 모두 몰아내고 유대인만의 국가를 세우기 원하는 인물}은 코란 금지를 주장하는 헤르트 빌더스와 만나 열정적으로 대화를 나누었고, 대화의 명분은 "유럽의 이슬람화"에 대항해 투쟁을 한다는 것이었다.

무슬림 2,500만 명이 5억 인구의 유럽에 샤리아_{이슬람 율법}를 강요할 수 있다는 우려를 단지 어처구니없는 상상으로 치부할 수도 있다. 그러나 '문명의 충돌'이라는 환상이 힘을 얻는 상황을 목도하는 지금, 대중의 의식 조작 가능성을 간과해서는 안 된다. 이슬람주의자들이 아랍세계가 겪는 모욕과 소외를 이용하고 있다면, 신보수파들은 이따금 폭력적 양상을 띠지만 이데올로기적으로 이미 약화된 반유대주의를 비난하면서 이슬람 혐오를 정치적으로 활용하고 있다.

국민전선과 그 '형제들'은 각기 다양한 성격에도 불구하고 공통적으로 4가지 주장을 내세우고 있다. 그들은 이 주장들을 한데 뒤섞어 민주주의에 치명적인 것으로 만들고 있다. 우선은 반자본주의와 관련된 주장이 있는데, 그들에 따르면 이 주장은 노동자피고용자수공업자상인들, 요컨대 '프티 부르주아들'을 위한 것이다. 다음은 세계화와 유럽연합 체제에 적대적인 민족주의와 관련된 주장이 있다. 이어서는 동유럽의 유대인과 집시들 그리고 서유럽의 이슬람인들을 겨냥한 인종주의와 관련된 주장이 있다. 끝으로는 앵글로-색슨계 용어의 의미로 쓰이는 자유주의와 관련된 주장이 있다. 이 주장은 여러 가지 측면에서 여성과 소수민족과 동성애자들의 권리를 고려하는 것이다.

이러한 모든 주장들 덕에 마리 르펜은 '얼간이들의 모임'이라고 부를 만한 것을 실현할 수 있을까? 그러니까 미테랑주의, 시라크주의, 죠스팽주의, 사르코지주의 주창자들 사이에 끼지 못하면서도 그 주의主義들을 모두 주장할 수 있을까?(올랑드주의는 이미 주장하고 있지 않은가?) 각국의 극우정당은 마리 르펜의 행태를 자국의 환경에 맞춰 따라하고 있다.

확실히 제2차 세계대전 이후의 수 십년간은 1920년대와 1930년대와는 거의 공통점이 없다. 그럼에도 위험이 다른 방식으로 발현하고 있기 때문에 불안감을 준다. 파시즘의 계승자들이 갑자기 권력을 쟁취했기 때문이 아니라, 그들이 시민사회 내에서 차츰차츰 헤게모니를 장악하고 있기 때문이다.

황금 새벽당과
위기의 그리스

그리스의 네오나치당 황금새벽은 경제위기 이전에는 일회적인 현상으로 치부됐지만 이제는 의회에 진출했고 다음 선거에서는 더욱 세력이 강화될 것으로 예상된다. 반유대주의와 반이슬람주의를 내걸고 있는 황금새벽당은 폭력조차 서슴지 않고 있다.

코리나 바실로풀루 | 아테네 주재 프리랜서 기자
주요 저서로 《경제위기. 그리스와 유럽의 미래La Grande Régression. La Grèce et l'avenir de l'Europe》(2014) 등이 있다.

2012년 5월 6일, 그리스 전체 아니 유럽 전체가 충격에 빠졌다. 소수정당이던 황금새벽당이 조기총선에서 6.97%를 획득하며 의회에 진출한 것이다. 내각구성이 이루어지지 않아 한 달 후에 다시 실시된 선거에서도 6.92%의 표를 획득하고 총300석 중에 18석을 차지하며 그리스 정치무대에 확실하게 자리를 잡았다는 것을 증명했다.

2013년 9월 18일, 노동자이며 반파쇼 래퍼인 34세의 파블로스 피사스가 과격 황금새벽 당원의 칼에 목숨을 잃는 사건이 일어났다. 그리스는 또 한번 충격에 빠졌다. 하지만 나라 전체를 뒤흔든 이 사건이 황금새벽 당원들이 저지른 첫 살인 사건은 아니다. 2012년 1월에서 2013년 4월까지, 16개월 동안 281건의 외국인에 대한 폭력사건이 발생했고

400명이 부상을 당하고 4명이 사망했다.[01]

황금새벽당은 니코스 미카롤리아코스의 주도로 1980년 결성됐다. 히틀러와 그리스 독재자 요르요스 파파도풀로스를 숭배하는 마칼롤리아코스는 현재 범죄조직을 결성했다는 죄목으로 수감 중에 있다. 황금새벽당은 극우파 시위에 참여하거나 좌파 활동가, 무정부주의자 특히 이민자들에게 폭력을 행사하는 것으로 1990년대부터 눈에 띄기 시작했는데, '외국인을 쫓아내자'로 요약할 수 있는 그들의 이데올로기는 이민자들이 많이 살고 있는 아테네의 서민지역에서 급속하게 퍼져가기 시작했다.

덕분에 2009년 총선에서는 0.29%의 표밖에 얻지 못했지만 1년 후에는 아테네 시의회에서 1석을 차지했고 2012년에는 국회로 진출하는 데 성공했다.

기자인 레오니다스 사클라바니스는 나치당인 황금새벽의 높은 인기가 여러 가지 이유로 설명될 수 있다고 말한다.[02] "민족주의 성향의 라오스당이 은행가인 루카스 파다데모스의 관료내각2011년 11월-2012년 5월에 참여했지만 유권자들은 실망했다. 진정한 이민자 정책의 부재, 언론의 끊임없는 외국인 혐오발언, 특히 그리스의 경제위기가 이유였다. 이런 상황에서 사람들은 황금새벽당에게서 부패한 의회제도에 저항하는 힘을 보았다."

---

01 일간지 〈I Avgi〉, Athens, 2012년 4월 21일.
02 〈O dromos this aristeras〉, Athens, 2012년 4월 21일.

저항하는 힘? 틀린 말이다. 황금새벽당은 좌파 정당들이 발의한 부자들과 관련한 어떤 법안에도 찬성표를 던지지 않았고 기업인들을 찬양하고 노조를 공격하고 있다. 선주船主들이 포함된 불법 자금조달 조직이 외국 언론에 의해 밝혀지기도 했다.[03] 그래서 황금새벽당은 폭력적인 이미지를 순화하기 위해 언론에 대대적인 세탁 작업을 진행 중에 있다.

황금새벽당의 권력층과 경찰과의 유착관계는 잘 알려진 사실이다.[04] 당원들은 오랫동안 거의 아무런 처벌도 받지 않고 폭력을 행사하고 있는데 경찰 고위층이 뒤를 봐주고 있기 때문이다. 2012년 총선에서 특수경찰단MAT의 40%가 황금새벽당을 지지했다.

여당인 보수성향의 신민주당과 사회당인 파소크당에 대한 지지도가 급격히 떨어지면서 몇몇 우파 의원은 '최악의 경우' 나치당과의 연합 가능성을 배제할 수 없다고 공공연하게 말하고 있다. 일부 기자들에게는 더 이상 금기시되는 주제도 아니다. "황금새벽당이 보수연립정부에 참여하지 말라는 법은 없다"고 신자유주의 기자인 바비스 파파디미트리우가 2013년 9월 스카이 티비에서 말했다.

---

03 Helena Smith, 'Greece's neo-Nazi Golden Dawn goes global with political ambitions', 〈The Guardian〉, London, 2013년 4월 1일.

04 Aris Chatzistefanou, 'Golden Dawn has infiltrated Greek police, claims officer' 〈The Guardian〉, 2012년 10월 26일.

그리스 제3당이 된 네오나치당

그리스 정부는 그리스인 희생자가 나오자 그때서야 조치를 취하기 시작했다. 6명의 국회의원과 미칼로리아콜스를 비롯 20여명의 황금새벽당원이 체포됐다. 하지만 전문가들이 황금새벽당을 해산시켜야 하는지 말아야 하는지 열띤 토론을 벌이는 동안 황금새벽당은 10-12%의 투표 의향률을 기록하며 그리스 제3당으로 떠올랐다.

그리스 극우주의 전문가이며 기자이고 작가인 디미트리스 프사라스는 이렇게 말한다.[05] "범죄조직이 선거에 출마하는 것은 말도 안 된다. 불법을 저지른 현 지도부를 고립시키는 것이 해결책이다. 그렇다고 하루아침에 황금새벽당의 인기가 사라지는 것은 아니지만 사법부가 결단을 내려 나치당의 손아귀에서 사람들이 벗어날 수 있도록 해주기를 바랄뿐이다."

---

05 〈황금새벽당, 그리스 파시스트 나치당을 비판하다Aube dorée, le livre noir sur le parti nazi fasciste grec〉, Sylepse, Paris의 저자. 2014년 출간.

이슬람 파시즘은
존재하는가

20세기 끝 무렵, '이슬람 파시즘'이라는 말이 유행했다. 이란 정권을 비롯한 권위적인 아랍 정권, 아프간의 탈레반 등 여러 테러단체들을 가리키는 말이다. 지금은 아주 일상적으로 쓰이고 있는 이 용어는 언제 어디서 시작된 것일까?

스테판 뒤랑 | 연구원
'파시즘'과 '이슬람'을 주제로 여러 매체에 글을 기고하고 있다.

"그들의 담론은 거창하다. 법, 권력, 지도자, 세계, 반역, 믿음… 거창하지만 비어있다. 그들은 기괴한 이종교배와 법과 반항, 권력과 천사 같은 피상적인 이원화를 일삼는다. 그리고 이들은 저속한 이원론적 개념에서 벗어나기 위해 매우 섬세하고 차별화된 이론을 구축하는 작업을 파괴한다." 1977년 질 들뢰즈는 '신新철학자'들의 사상이 '형편없다'고 이렇게 비난했다.

그 후 수십 년이 흘렀지만 여전히 형편없고, 더 이상 새롭지 않고, 아직도 철학자가 되지 못한 사상가들이 '이슬람 파시즘'이라는 '기괴한 이종교배'에 기반한 실체 없는 개념을 만들어 프랑스에 앞장서서 전파하고 있다.

조지 부시 미국 대통령의 2006년 8월 7일 연설과 다른 여러 공식 연설에서 이슬람 파시즘이라는 표현이 사용되지 않았다면 우리는 아마 금방 다른 개념으로 관심을 옮겼을 것이다. 부시 대통령은 알카에다, 무슬림형제단, 하마스, 헤즈볼라 등 서로 상이한 조직을 한꺼번에 '나치즘과 공산주의의 후계자'라고 지칭하며 '테러와의 전쟁'을 '이슬람 파시즘과의 전쟁'으로 재정의했다. 이슬람 근본주의 운동을 20세기의 전체주의와 아무런 구별 없이 같은 계보로 취급한 것은 다분히 의도적이었다. 용어 혼용과 오래된 처방전인 공포감 조성을 통해 주전론자들의 입지를 다시 한 번 굳히려 했던 것이다.

네오콘 성향의 주간지 '위클리 스탠다드'의 기자이며 '프론트페이지 매거진'이라는 논란이 많은 데이비드 호로위츠의 인터넷 사이트에도 글을 쓰고 있는 스티븐 슈워츠[01]가 자신이 '이슬람 파시즘'이라는 신조어를 만들었다고 주장했다. 하지만 그가 처음에 이 용어를 쓴 것은 2001년이기 때문에 그가 만들었다고는 할 수 없다. '이슬람 파시즘'은 역사학자 말리스 루스벤이 1990년에 영국 일간지 〈인디펜던트〉에 기고한 글[02]에 처음 사용됐고, 이 용어를 미국에 유행시킨 사람은 재기 넘치는 크리스토퍼 히친스영국출신 작가이며 기자. 2011년 작고 였다. 한때 좌파였던 히친스는 이라크 전쟁 당시 부시 대통령을 옹호

---

01 Cf. 2006년 8월 17일자 기사 'What is islamofascism?'

02 1990년 9월 8일, '모로코에서 파키스탄까지 '이슬람 파시즘'이라는 용어 대신 '전체주의'라는 용어를 사용하는 것이 일반적인 규칙이지 예외가 아니다
L'autoritarisme gouvernemental, pour ne pas dire l'islamofascisme, est la règle plutôt que l'exception du Maroc au Pakistan.'

한 바 있다. 하지만 '이슬람 파시즘'이라는 용어가 미국 대통령의 연설에까지 등장하게 된 것은 대통령 자문 위원이었던 동양학 학자 버나드 루이스[03] 덕분이었다. 참고로 슈워츠는 자신을 루이스의 충실한 제자로 소개하고 있다.

한나 아렌트, 렌초 데 펠리체, 스탠리 페인, 로버트 팩스턴 등 파시즘 연구 권위자들이 말하는 전통적인 정의에 따른다면 부시 대통령이 언급한 이슬람 단체 중 어떤 단체도 기준에 맞는 곳이 없다. 종교와 파시즘이 양립할 수 없기 때문에 그런 것은 아니다. 스탠리 페인은 파시즘은 세력을 넓히기 위해서는 세속의 공간이 필요하다고 주장했는데[04], 이에 팩스턴을 비롯한 다른 권위자들은 그것은 유럽의 경우에만 해당한다고 반박했다. 실제로 기독교 파시즘, 힌두 파시즘, 유대교 파시즘이 가능한 것처럼 이슬람 파시즘도 가능하다.

그런데 당시 부시 행정부가 지목했던 단체는 이 범주에 속하지 않는다. 이슬람주의는 우리시대의 새롭고 특이한 현상으로 이해되어야 한다. 물론 이슬람 근본주의 단체에서 전통적인 파시즘의 요소를 찾을 수 없는 것은 아니다. 무장조직, 모멸감, 강력한 지도자 숭배 상대적인 것이다. 무솔리니나 히틀러와는 비교할 만큼 강력하지 않다가 존재한다. 하지만 파시즘의 근본적인 요소인 민족주의, 팽창주의, 기업주의, 관료주의, 신체숭배 등

---

03 읽어보기. Alain Gresh, '베르나르 루이와 이슬람 유전자 Bernard Lewis et le gène de l'islam', 〈르몽드 디플로마티크〉 프랑스판 2005년 8월.
04 스탠리 페인은 '종교적 파시즘은 성직자라는 견제세력과 전통적으로 내려오는 종교의 계율과 가치 때문에 필연적으로 지도부의 힘을 제한한다'고 보았다.

은 일반적으로 취약하다.

이슬람 단체는 대부분 범국가적인 단체로 1930년대의 유럽 파시즘의 특징인 '통합적 민족주의'와는 거리가 멀다. 파시즘은 태생적으로 제국주의적이고 팽창주의적인데 알카에다의 세포조직은 여러 나라에서 활동하고 있고 몇몇 단체가 안달루시아나 시칠리아의 정복이나 칼리프 통치국 재건을 꿈꾸고 있다. 하지만 하마스나 헤즈볼라 같은 단체는 무력행사민간인에 대한 테러와 영토침략에 반대하고 있다.

아프카니스탄의 탈레반 정권의 경우는 제1차 세계대전 후 산업국가에서 나타난 파쇼정권보다도 종교적 절대주의로 인해 중세식 반계몽 교권정치를 더욱 닮았다.

파시즘의 속성 중 하나인 국가, 기업, 상공인이 한 몸이 되는 기업주의는 이슬람에서는 찾기가 쉽지 않다(이란 정권과 바자르 상인들이 밀접한 관계를 유지하고 있지만 군산복합체와 비교할 수 있는 성질의 것은 아니다). 게다가 이슬람 단체는 어떤 군산복합체의 후원도 받고 있지 않다. 이란에서는 교권정권과 강력한 군산업이 혼합되어 있다고 말할 수 있겠지만 이는 이를테면 미국, 프랑스, 일본 같은 '파쇼' 국가라고 규정할 수 없는 나라에도 존재하고 있다.

'당파적인 국가'는 파쇼적 성격을 가지고 있는 권력의 필요조건이다. 그런데 이슬람파쇼라고 규정된 이슬람 단체는 대부분 국가조직이 없을 뿐 아니라 권력의 변방에 있고, 더 나아가 국가로부터 박해를 받고 있다. 뿐만 아니라 역설적이게도 종교를 기반으로 조직된 사상운동치고 대부분의 이슬람 단체는 사상적 측면은 부차적인 것으로 취급하고 있다. 그런데 레이몽 아롱에 따르면 모든 전체주의 체재는 '사상의

우월성' 위에서 세워지기 때문에 전체주의 체재에서 사상은 '절대적인 위치'를 점하고 있다.[05]

이슬람 단체도 종교를 도구화해서 이데올로기화하려고 시도하지만 유럽에서 그랬던 것처럼 '새로운 인간'을 창조하려고 하지는 않는다. 이슬람단체의 이데올로기는 포괄적이고 일관성 있는 이데올로기라기보다는 시대에 뒤떨어진 종교적, 사회적 유산에 불과하다. 게다가 이슬람 단체에 대한 사람들의 호응은 이데올로기가 아닌 다른 요인에 기인하는 경우가 많다. 예를 들어, 팔레스타인 사람들이 하마스에 표를 던졌다고 해도 그것이 하마스의 종교적 이데올로기를 지지해서가 아니라 부패한 팔레스타인 민족해방운동Fatah에 대한 징벌적인 성격이 더 강하다. 리비아에서도 헤즈볼라가 내세우는 이슬람주의에 동의하지 않지만 헤즈볼라를 지지하는 사람들이 많다. 그리고 지식인들도 이슬람 단체가 표방하는 이데올로기에도 불구하고 지지하고 있는데 이슬람주의에 동의해서 그러는 것이 아니다. 반면 파시즘과 나치즘의 이데올로기는 수많은 지식인들을 매혹시켰다. 그중에는 세계적인 석학도 있었다. 그런데 알카에다는 지식인들의 지지를 기대할 수 없는 상황이고 그들의 정치적 입장은 유럽의 파쇼정권보다는 종교 광신자들을 떠오르게 한다.

---

05 Raymond Aron, 〈민주주의와 전체주의Démocratie et totalitarisme〉, Gallimard, Paris, 1965.

아랍국가와 무슬림국가의 독재정권

파시즘과 나치즘은 군중의 정치화와 합의에 기반을 둔 대중운동이다. 반면 이슬람단체는 경제위기와 일반화된 모욕감과 같은 적절한 조건에도 불구하고 대부분의 무슬림국가에서는 자유를 중요하게 생각하는 민간 사회와 충돌하고 있다. 북아프리카의 이슬람 근본주의 단체를 지지하는 사람들의 수는 유럽에서 극우파를 지지하는 사람들의 수보다 많지 않고, 알카에다의 주장은 매우 제한된 수의 무슬림에게만 호응을 얻고 있다. 미국의 영향력 하에 있는 대부분의 무슬림 독재체제 내부에는 독재에 반대하며 역동적이고 광신적이지 않는 시민사회가 꿈틀거리고 있다. 뿐만 아니라 팩스턴에 따르면 "알카에다나 탈레반 같은 이슬람 근본주의 조직을 파쇼라고 이름 붙일 수 없는 것은 이 조직들이 제대로 작동되지 않은 민주주의에 대한 반응으로 나타난 조직이 아니기 때문이다. 또 에밀 뒤르켐의 유명한 구분에 비추어 보면 [06] 이들의 조직단위는 기계적이라기보다는 유기적이고 무엇보다도 이들은 '자유체제를 포기할 수 없다.' 자유체제가 존재하지 않기 때문이다."[07] 이외에도 파시즘과의 유사성을 반박하는 요소들은 많다. 정보독점도 없고(종교권력이 철저하게 통제하고 있는 이란이나 사우디아라

---

06   간단히 설명하면, 뒤르켐은 유사성과 강한 집단의식이 특징인 '기계적 유대관계'와 차이와 느슨한 집단의식이 특징인 '유기적 유대관계'를 대비했다.
07   Robert O. Paxton, 〈살아나는 파시즘Le Fascisme en action〉, Seuil, Paris, 2004.

비아에서조차도 틈이 있어 자유의 바람이 미약하게나마 불고 있다) 사회진화론[08]도 없고 계획경제도 없고 계획산업정책도 없고 무기독점도 없다.

그러나 '이슬람 파시즘'이라는 용어가 부절적하지만 이슬람주의에 파쇼적인 성격이 전혀 없는 것은 아니다. 먼저 아랍과 무슬림국가는 대부분 파쇼라 부를 수 있는 독재와 전제정권이고 많은 수가 '테러와의 전쟁'에서 미국 편에 섰다. 아제르바이잔, 우즈베키스탄, 카자흐스탄, 투르크메니스탄 등 4개의 무슬림 국가는 파쇼적 성격이 다분함에도 불구하고 이상하게도 미국의 비판 대상에서 빠져 있다. 그리고 사우디 왕가는 근본주의, 종교적 몽매주의, 급진 이슬람조직 지원, 과도한 정책에도 불구하고 미국의 눈에는 여전히 신성하다. 미국의 외교정책을 지지하면 어떤 전제적, 독재적 일탈도 용서받을 수 있다.

'이슬람 파시스트'라고 비난받는 아프간의 네오탈레반을 생각하면 미국의 위선은 더욱 놀랍다. 80년대 소련의 아프간 침공으로 발발한 아프가니스탄 전쟁 때 미국은 탈레반을 미국의 건국의 아버지들과 동일한 도덕성을 가지고 있다고 찬양했다.[09]

---

08 Social Darwinism. 찰스 다윈의 생물진화론에 입각해 사회변화를 해석하려는 견해. 인종차별주의나 파시즘, 나치즘을 옹호하는 근거와 신자유주의 경제의 약육강식 논리에 사용되기도 한다.

09 이 위험한 관계의 총체적인 현황을 다음의 저작에서 확인할 수 있다.
⟨Good Muslim, Bad Muslim. America, the Cold War and the Roots of Terror⟩, Three Leaves Publishing, New York, 2005년.

테러를 자행하는 광신적인 이슬람 조직은 마땅히 비난받아야 한다. 그렇다고 '나치이슬람'이나 '이슬람 파시즘' 같은 오래된 표현으로 그들을 정치적 목적으로 종교를 도구화하는 극단주의자들과 동일시하면서 무슬림 국민들에게 상처를 주어서는 안 된다. 날조된 주장을 거부하는 것이 이슬람주의 범죄와 그들의 세계관에 대해 비판하지 말라는 뜻은 아니다. 탁월한 파키스탄 지식인 에크발 아마드가 이란이 내린 사형선고파트와, fatwa로 살해 위협을 받고 있는 살만 루시디를 분노한 파키스탄 군중 앞에서 변호하는 놀라운 용기를 보여주지 않았는가!

열을 올려 적을 나치로 묘사하는 것은 전혀 새로울 것이 없다. 정기적으로 서방언론은 '제 4제국', '새로운 총통'을 찾아낸다. 가말 압델 나세르, 야세르 아라파트, 슬로보단 밀로세비치, 사담 후세인, 마무드 아마디네자드는 차례로 히틀러에 비유됐다. 나세르는 '나일의 히틀러'로 불렸고 아라파트는 메나헴 베긴에 의해 '아랍의 히틀러'라고 불렸다.

이란의 전 대통령 마무드 아마디네자드와 나치학살을 부정하는 사람들은 언론조작에 기름을 부었다. 샤이란의 왕의 조력자였으며 네오콘인 아미르 타헤리는 이란 정부가 이란에 살고 있는 유대인들에게 유대인의 상징인 노란별을 달게 한다는 '뉴스'를 퍼뜨렸다. 이 뉴스는 캐나다 보수지인 〈내셔널 포스트〉 1면에 '제 4제국'이라는 선정적인 제목으로 실렸다. 이란의 언론뿐 아니라 이란의 유대인들도 직접 부인했지만 소용이 없었다. '언론플레이'는 성공했고 수십만 명의 캐나다인과 미국인은 그 뉴스를 믿었다.

'이슬람 파시즘'이라는 용어를 사용하는 사람들은 '테러와의 전쟁'이라는 이름으로 싸우기를 원하고 군사작전을 유지하고 싶어 한다는 공통점을 가지고 있다. 오랫동안 영국의 역사학자 루이스는 아랍인과 '동양인'은 힘에만 의지한다는 이론을 유행시켰다. 루이스는 한나 아렌트의 글을 읽지 않은 것 같다. "아랍인들은 힘에 의존하길 원치 않는데도, 무지막지하게 힘에만 의존한다는 오해가 있는 것 같다."[10]

큰 돈 들이지 않고 처칠 흉내내기

성격도 다르고 목표도 다른, 그래서 종종 서로 갈등을 빚기도 하는 10여개의 조직을 한데 모아 동일한 이름표를 붙이는 것은 전 세계에 퍼져 있는 이슬람 음모론의 신화를 정착시키고 종교와 전혀 상관없는 지정학적 문제를 은폐하기 위한 것이다. 그 결과 이 조직들이 탄생하게 된 배경에 대해서는 더 이상 언급이 불가능해졌다. 특히 식민지 점령과 영토분쟁에 대한 해결책을 찾는다면 이슬람 테러리즘이 번성하는 토양을 고사시킬 수 있는데도 말이다.

우리는 노력도 하지 않고 파시스트 정권에 대한 유화정책을 비판한 처칠을 흉내내고 있다. 그러면서 비정상적이고 비생산적인 전쟁에 반대하는 사람들을 통찰력이 있는 사람들로 보는 대신에, 1938년 히틀러와 함께 뮌헨조약[11]을 조인한 에두아르 달라디에와 네빌 챔벌레인 같

---

10 Hannah Arendt, 'Peace or armistice in the Near East?' 〈Review of Politics〉, Notre-Dame University, Indiana, 1950년 1월.

11 1938년 오스트리아를 점령한 나치는 독일계 주민이 많은 체코슬로바키아의 수데텐란트를 요구했다. 프랑스_{에두아르 달라디에 수상}와 영국_{네빌 챔벌레인 수상}은 독일

은 '쓸모있는 바보useful idiot'[12]로 묘사한다. 폴 발레리는 "역사를 올바로 이해하지 못하고 제대로 해석하지 못하면 역사에서 배우는 것처럼 위험한 일은 없다"라고 말했다.

과 무력충돌을 피하기 위해 독일히틀러과 이탈리아무솔리니와 뮌헨에 모여 조약을 체결하고 수데텐란트를 독일에 양보했다. 챔벌레인 수상은 '명예로운 평화'를 쟁취했다고 선언했지만 6개월 후 나치는 프라하로 진격 체코슬로바키아 전체를 합병했다. 처칠은 파쇼정권에 대한 유화정책을 강력하게 비판했다.

12 이용당하는지도 모르고 선전을 해주는 사람을 말한다. 공산체제를 선전한 서방의 좌파지식인에 대해 소련공산당은 '쓸모있는 바보'라고 냉소적으로 불렀다.

| 자료1 |
피노체트, 고통도 없이 영광도 없이

살바도르 아옌데 대통령의 수행원이었던 루이스 세풀베다는 1973년 9월 11일 쿠데타가 발생한 날, 아옌데 대통령 곁을 끝까지 지켰다. 28년 형을 선고받고 테무코 정치범 수용소에 수감됐다가 1977년 석방된 후 망명을 선택했다. 현재 스페인에 거주하고 있고 아우구스토 피노체트가 사망한 다음 날 이 글을 썼다.

루이스 세풀베다 | 칠레 출신 작가
주요 작품으로 〈연애소설 읽는 노인〉, 〈생쥐와 친구가 된 고양이〉 등이 있다.
1998년에는 퍼블리셔스 위클리가 '세계 베스트셀러 작가'로 선정하기도 했다.

라몬 우가르테, 미스터 에스쿠데로, J.A. 우가르테… 수많은 가명으로 미국, 저지 아일랜드, 그랜드 케이먼 아일랜드, 스위스, 홍콩 등 해외은행 비밀계좌에 수백만 달러를 예치한 아우구스토 호세 라몬 피노체트 우가르테가 2006년 12월 10일 고통도 없이 영광도 없이 사망했다. 비천하고 야비한 인간이 배신, 거짓말, 도둑질로 점철된 91년의 삶을 마감했다.

군 장례식으로 화려하게 치러진 피노체트의 장례식에 무고한 국민의 재산을 탈취하고 공금을 횡령한 수많은 피노체트의 공모자들이 참석했다. 놀랍지 않다. 하지만 피노체트의 후원자들의 모습이 보이지 않는 것은 이상하다. 미국대사관에서 보낸 인사와 스페인이나 이탈리아 네오파시스트 정당에서 보낸 조문단은 찾을 수 없었다. 그리고 피노체트 정권에 붙었던 '인텔리들'의 그림자도 찾을 수 없었다. 이 가짜 사상가들은 마누엘 콘트라스와 CIA 요원인 마이클 타운리가 운영한 고문실을 '문학 아틀리에'로 은폐하는 데 적극적으로 참여했다. 그들이 작품과 독재자의 스타일에 대해 거드름을 피우며 말할 때 스페인 외교관인 카르멜로 소리아는 그곳에서 고문을 당하고 살해됐다.

피노체트의 예찬자인 마가렛 대처 전 영국 총리는 고령이라는 이유로 장례식에 참석하지 않았다. 피노체트의 또 다른 팬인 진 커크패트릭 전 유엔대사는 피노체트가 죽기 이틀 전 2006년 12월 8일 자신이 사망하면서 평판에 영향을 미칠 수 있는 그의 장례식을 피할 수 있었다. 피노체트의 경제 자문을 했던 밀턴 프리드먼도 11월 16일 피노체트보다 앞서 가는 신중함을 보였다. 하지만 헨리 키신저에 대한 소식은 없다. 그의 불참은 전 세계적으로 이야깃거리가 됐다.

권력의 최정상에 섰을 때 피노체트는 칠레식 민족주의 기독교 국가를 꿈꾸면서 자신의 영웅이었던 스페인의 독재자 프랑코 장군처럼 '총통'이라는 명칭을 사용할 수 없는 것을 안타까워하며(그는 프랑코의 장례식에 참석한 유일한 외국 국가정상이었다) 자신을 '조국이 사랑하는 총사령관'이라고 부르기로 결정했다. 그리고 다른 장군들보다 5센티미터 높은 특수군모를 제작하게 하고 거기에 흉측한 드라큘라 망토에서 영감을 얻은 군복 망토를 입고 나치 육군원수의 지휘봉을 들어 완벽한 독재자의 모습을 완성했다.

피노체트는 안토니오 리도, 앙드레 야를란, 조안 알치나를 비롯한 수많은 신부들을 살해했다. 덕분에 칠레를 법치 국가로 만들겠다는 계획은 실패로 끝나고 말았다. 가톨릭 교회는 핍박받는 사람들, 고문받는 사람들, 어느 날 아침 집을 나섰다가 돌아오지 않는 3천여 명의 아들과 딸을 여전히 찾고 있는 부모들 편에 서기로 했다.

1973년 9월 11일, 피노체트는 헌법을 수호하겠다는 맹세를 깨고 마지막 순간에(비겁한 자는 항상 결단력이 부족하다) 당시 미 국무장관인 헨리 키신저노벨평화상 수상자가 계획해 자금을 지원하고 지휘했던 쿠데타 계획에 합류했다.[01] 구스타보 리 공군 두목, 토리비오 메리노 해군 두목 그리고 지적으로 심각한 문제가 있는 경찰총감 세사르 멘도사도 헌법 수호 맹세를 깨고 현장에서 쿠데타를 지휘하며 독재자가 될 것을 꿈꿨다. 하지만 키신저가 독재정권의 수장으로 지목한 것은 배신자들 중 가장 조종하기 쉽고 냉전 중 미국의 이익을 가장 충실하게 지켜줄 피노체트였다. 그렇게 피노체트는 전형적인 미 제국주의의 꼭두각시가 됐다.

헌법과 민주적 평등을 끝까지 수호한 살바도르 아옌데 대통령이 사망한 직후 '내부의 적'을 색출하라는 미 국방부의 명령에 따라 피노체트는 야수들을 온 나라에 풀었다. 레지스탕스를 고발한 밀고자는 그 대가로 '반체제' 인사에게서 몰수한 재산의 일부를 받았다. 하급병사는 수저 몇 벌에서부터 가구나 닭까지 몰수했고 장교는 값이 더 나가는

---

01 키신저 국무장관의 쿠데타 관련에 관한 책으로 크리스토퍼 히친스의 〈키신저 국무장관의 범죄Les Crimes de M. Kissinger〉, Saint-Simon, Paris가 있다.

전리품인 집, 차, 은행계좌를 탈취했다. 수만 명이 재산을 빼앗겼는데 아직도 정확한 규모가 밝혀지지 않고 있다.

공포정치와 부정축재

독재정권 하에서 군인과 경찰은 국민들을 겁박하며 재산을 축적했다. '사라진' 아들을 찾는 어머니에게 정보를 주는 대가로 아들 집의 소유권을 달라고 요구하고 끝없는 거짓말을 해댔다. 누군가 유럽에서 아들을 봤다. 아들이 곧 연락할 것이다…. 쿠데타에 참여한 군인들 중 희생자들을 강탈하지 않은 군인은 한 명도 없었고 더럽지 않은 손을 가진 군인도 한 명도 없었다.

판사들도 예외는 아니었다. 16년 동안의 노략질을 정당화해주고 살인자를 처벌하지 않는 등 직무유기를 했다. 칠레 우파 역시 동조자이다. 산림, 해양, 광산 등 천연자원을 마구 유린해 섬유처럼 국제시장에서 인기가 많았던 다양한 산업제품을 수출했던 나라를 아무것도 생산할 수 없는 나라로 전락시키는 데 일조했다. 현재 칠레는 바늘 하나 만들지 못한채 공산품 전량을 수입하고 있다.

1973년 9월 11일 쿠데타는 피노체트의 승리일 뿐 아니라 급진 자유주의 경제학자 밀턴 프리드먼의 경제이론의 승리이기도 했다. 프리드먼은 칠레에서 자신의 이론을 실험했다. 아무런 사회적 보호장치도 없는 칠레는 실험실의 쥐가 되어 세계 최초로 프리드먼 통화이론의 실험 대상이 됐다. 그 결과 칠레 경제는 거의 파산 상태에 이르렀고, 1차산업 제품과일, 와인과 원료구리만을 수출하는 전형적인 후진국으로 전락했다. 경제, 문화, 역사의 기반이 공공서비스의 무차별적 민영화로 해체되어 가는 동안 어떠한 반체제적 움직임도 탄압을 받았다. 그 결과는 대개 고문, 실종, 살인, 망명으로 나타났다.

부서진 나라, 근로계약·정보 취득의 자유·공중보건·공공교육 같은 기본권 보장은 잡을 수 없는 환상이 되어버린 나라, 이것이 바로 피노체트가 남긴 유산이다.

피노체트는 자신의 지독한 냉소주의 덕분에 끝까지 처벌을 면했다. 그를 반역죄로 처벌할 수 있는 기회가 적어도 두 번은 있었다. 1986년 마누엘 로드리게스 애국전선FPMR의 용감한 투쟁가들이 피노체트를 지옥으로 보내려는 찰나에 실패하고 말았다. 열여섯 살에서 스물일곱 살의 대담한 청년들로 구성된 특공대가 매복해 있다가 피노체트를 노렸지만 성공하지 못했다. 그 후 1988년 드디어 피노체트를 법정에 세울 기회가 찾아왔다. 피노체트가 런던에서 체포되자 스페인의 발타사르 카르손 판사가 재판을 요구했다. 하지만 스페인의 아스나르 대통령, 영국의 블레어 총리, 칠레의 프레이 대통령이 그가 마드리드로 인도되는 것을 끝까지 막는 이해할 수 없는 일이 벌어졌다.

배신자 피노체트는 고통도 영광도 없이 죽었다. 신기하게도 다시 민주주의가 찾아온 칠레의 우파에게도 버림을 받았다. 칠레의 우파는 미국은행 릭스Riggs[02]가 조세회피처에서 관리해준 피노체트의 수많은 비

---

02 2005년 2월 릭스은행의 경영진은 6백만 유로가 넘는 돈을 피노체트 독재의 희생자들을 위한 보상금으로 내놓았다. Alain Astaud, '독재자들의 돈을 세탁해주는 릭스은행', 〈르몽드 디플로마티크〉 프랑스판, 2005년 8월호.

밀 계좌의 존재를 알고 난 이후부터 피노체트와 결별을 선언했다. 피노체트가 던져준 콩고물을 받아먹던 조무래기 불한당들만 진정 그의 죽음을 슬퍼했다.

피노체트의 희생자들, 피노체트에게 저항했던 사람들, 그리고 아옌데 대통령은 도덕적 본보기로 영원히 남을 것이다. 하지만 피노체트에게서 기억할만한 것은 한 가지도 없다. 악취라면 모를까. 그것도 태평양에서 불어오는 바람에 바로 사라질 것이다.

| 2부 |

극우는 무엇을 노리는가?

몇몇 극우 정당들은 유권자들을 끌어모으기 위해 자신들이 사회적으로 온건한 세력이라는 인상을 주려고 갖가지 시도를 하고 있다. 그러나 악화된 민족주의와 인종적 가치 추구라는 근본 바탕은 포기하려 들지 않는다.

불붙는
플랑드르 민족주의

2014년 5월 연방선거를 앞두고 민족주의 성향의 신 플레미시연대N-VA는 인종차별적이고 파시스트적인 주장과는 거리를 두었다. 이는 전통적인 지지층보다는 플랑드르 유권자 전체의 마음을 사로잡기 위해서였다.

세르주 고바에르트 | 브뤼셀 정치사회정보연구소Crisp 소장
벨기에인의 정체성이 지닌 특수성에 관한 연구를 했고, 또한 플랑드르 지방 민족주의의 역사는 물론 일반적인 의미의 민족주의에 대해서도 관심이 깊다. 저서로는 〈68년 5월, 그때는 브뤼셀이 반항하는 시기였다〉(1993), 〈사자의 발톱, 2002년을 앞둔 플랑드르의 민족주의〉(2001) 등이 있다.

'NIL VOLENTIBUS ARDUUM용맹한 마음에는 무서운 것이 없다.' 2010년 6월 13일 브뤼셀에서 신 플레미시연대N-VA의 바르트 드 베버 대표는 이 라틴어문구로 선거 승리를 자축했다. 하원 100석 중 27석, 상원 40석 중 9석을 차지하며 벨기에의 제1당이 된 것이다. 각 단어의 첫 글자가 NVA인 라틴 인용문은 그냥 고른 것이 아니었다.

플랑드르 민족주의 성향의 신 플레미시연대가 거둔 놀라운 성공은 초라한 시작에 비춰 봤을 때 더욱 경이적이다. 2001년 붕괴한 국민연합VU의 잔해 속에서 출발할 당시만 해도 하원에 1석밖에 없었다. 예르트 부르주아 의원은 1999년 국민연합 소속으로 당선됐는데, 그 사이 당이 해산됐고 2003년에 신 플레미시연대로 출마해 재선됐다. 2004년 드 베버는 당대표가 됐고 부르주아는 플랑드르 정부의 장관으로 임명됐다. 드 베버의 지도력 아래 신 플레미시연대는 소수정당에서 벗어나 연방선거에서 플랑드르 민족주의 정당이 거둔 결과 중 가장 높은 득표율을 기록하는 쾌거를 이뤄냈다.

1971년 신 플레미시연대의 전신인 국민연합은 절정에 있던 시절 플랑드르 지역에서 18.8%를 득표했다. 그런데 2010년 6월 총선에서는 28%를 획득했다. 신 플레미시연대가 벨기에 의회에서 유일한 민족주의 성향의 정당은 아니다. 1978년 극우 외국인 혐오세력이 국민연합에서 탈당해 1978년 창당한 블람스 벨랑Vlaams Belang이 얻은 표를 합하면 플랑드르 지방주민의 약 40%가 옛날부터 플랑드르 분리독립을 주장해온 정당들을 지지했다는 사실을 알 수 있다.

플랑드르 민족주의는 제2차 세계대전이 끝나고 정치적으로 사망 선고를 받았다. 나치점령 5년 동안 애국적인 정서가 강해진 벨기에에서 나치에 부역한 민족주의 정당들이 설 자리는 없었다. 하지만 1954년 국민연합은 의회에 한 석을 차지하는 데 성공하고 그 후 점점 더 심화되어가는 왈롱과 플랑드르의 지역 갈등을 배경으로 느리지만 지속적으로 선거에서 지지율을 높혀갔다. 국민연합은 벨기에를 연방국가로 변화시키기 위해 체제를 개혁하겠다는 의지를 숨기지 않았다. 이를 위해서는 연립정부에 참여해야 했고 연립정부에 참여하기 위해서는 양보를 해야 했다. 쉽지는 않았지만 1977년 연립정부에 참여하는 데 성공했다.

하지만 연립정부의 경험은 실패로 끝났다. 공약으로 내건 개혁

정책은 실현되지 않았고, 연립정부에 참여하기 위해 한 양보가 다음 해 1978년 총선에서 의석 절반을 잃는 결과로 나타났다. 뿐만 아니라 당내 가장 보수적인 세력이 극우인사들과 함께 블람스 블록이라는 신당을 창당해 분리해 나갔다. 블람스 블록은 나중에 2004년 블람스 벨랑으로 당명을 바꾸었다.

블람스 블록이 주장한 분리독립과 외국인 혐오는 1980년대 말 플랑드르에서 반향을 일으켰다.

1980년대 말부터 시작된 국민연합의 쇠퇴는 블람스 블록의 도약과 괘를 같이 하고 있다. 1993년 벨기에는 공식적으로 연방국가가 됐고, 이민 증가와 프랑스어권의 경제침체가 심화되면서 블람스 블록의 분리독립과 외국인혐오 주장은 플랑드르 지방에서 점점 더 큰 반향을 일으켰다. 블람스 블록은 공개적으로 벨기에의 종말과 플랑드르 공화국의 출현을 주장했다. 플랑드르 민족은 문화, 종교, 공통의 언어네덜란드어로 통합된 플랑드르 국가가 필요하고, 이슬람교의 확산으로 국가 동질성이 위협받고 있으며, 왈롱지방을 살리기 위해 쏟아붓는 재정지원으로 플랑드르의 경제가 위협받고 있다고 목소리를 높였다. 양차대전 사이에 플랑드르 민족주의자들이 사용했던 구호 '국민이여, 국가가 되어라!'는 블람스 블록의 정치슬로건이 됐다.

반대로 연방 창설을 주장한 국민연합의 존재이유는 희미해졌다. 선거에서 실패하고 당의 붕괴가 확실해지자 소속의원들과 운동원들은 당을 떠났다. 1992년 대표였던 야크 가브리엘스와 당 지도자들이 플레미시 자유당에 합류했고 1992년부터 1997년까지 대표를 지냈던 베르트 안시옥스는 좌파 성향의 정책을 시도하기도 했다. 하지만 선거패배를 면할 수 없었다. 반면 블람스 블록은 2004년 총선에서 플랑드르 지방에서 24%의 표를 얻으면서 약진의 약진을 거듭했다. 국민연합은 내부 분열로 당 해체 수순을 밟았다.

그렇다면 빈사상태에 있던 국민연합의 후계자인 신 플레미시연대가 어떻게 채 10년도 안 되어 플랑드르뿐 아니라 벨기에의 제1당이 될 수 있었을까? 재기의 첫 걸음은 2004년 새로운 전략으로부터 시작됐다. 그해, 벨기에 연방선거가 있기 3년 전, 1999년부터 연립정부에서 배제됐던 플랑드르 민주기독당CD&V이 신 플레미시연대와 선거동맹을 맺고 당을 재정비하기로 결정한 것이다. 전략은 적중했다. 민주기독당은 2007년 선거 이후 당대표 이프 레테름이 총리로 임명되면서 다시 강한 정치적 목소리를 낼 수 있게 됐다.

하지만 제도개혁은 지지부진 했고 플랑드르 지방의 자치권 확대에 대한 희망이 실현될 가능성이 보이지 않자 신 플레미시연대는 2008년 9월 연립정부 지지를 철회했다. 연립은 약화됐고 2010년 6월 13일에 조기 총선이 실시됐다.

신 플레미시연대의 성공은 어느 정도 현실에 대한 좌절감에서 기인한다. 수적으로 우세한 플랑드르는 2007년에서부터 2010년까지 연방정부를 받아들여야 했다. 물론 총리는 플랑드르 출신이 됐지만

1978년부터 총리는 계속 플랑드르 출신이 임명됐는데 2014년 5월 총선 후 38세의 왈롱 출신의 샤를 미셸이 총리로 임명됐다. - 역주 자신들의 요구가 매번 소수의 프랑스어권 정

당이 행사하는 거부권으로 좌절되는 것을 봐야했다. 신 플레미시연대는 이러한 여론의 흐름을 이용하기로 결정했다.

벨기에는 1830년 독립 때부터 20세기 중반까지 프랑스어권 부르주아의 영향력 하에 있었다. 프랑스어가 오랫동안 유일한 공식 언어였던 것도 이 때문이다. 그런데 신 플레미시연대는 역사적인 배경을 가진 플랑드르 민족주의나 플랑드르 '정체성' 운동의 일환인 자치권 확대 요구와는 거리를 두고 매우 효과적인 '두 개의 국가'라는 개념을 개발했다. 드 베버 대표는 외신기자들 앞에서 프랑스어로 "벨기에는 서로 다른 두 개의 민주국가가 공존하고 있는 나라[01]"라고 말했다. 서로 잘 알지 못하는 두 세계는 서로 이해하지 못하고 정치적으로도 입장이 매우 상이하다. 플랑드르는 대부분 우파에 투표를 하고 왈롱은 좌파에 투표 한다.

블람스 벨랑과는 달리 신 플레미시연대는 이중 언어권인 브뤼셀이 벨기에의 수도라는 것에 이의를 제기하지 않지만 브뤼셀의 지위 변경은 지지하고 있다. 브뤼셀은 플랑드르와 왈롱과 동일한 자치권을 헌법으로 보장받고 있는데, 바로 이 특수한 지위 때문에 브뤼셀 지역이 정치적으로 무기력하고 경제적으로 어려움을 겪고 있다. 그래서 신 플레미시연대는 미래에는 플랑드르와 왈롱이 공동으로 브뤼셀을 관리해야 한다고 주장한다. 게다가 브뤼셀이 이중 언어권이라는 것은 서류상으로 존재하는 것이고 실제는 수많은 국적의 사

---

01 2010년 6월 8일 브뤼셀에서 있었던 기자회견

람들이 살고 있다. 그럼에도 프랑스어권 정당이 다수당을 차지하고 있다.

드 베버의 또 다른 정치적 주장 역시 전통적인 플랑드르 민족주의의 입장과는 거리가 있다. 그는 벨기에가 비효율적인 연방조직이기 때문에 돈이 많이 들고, 그래서 연방연합으로 만들어 정치의 중심을 연방정부에서 연합을 구성하고 있는 각각의 정부로 옮겨야 한다고 주장하고 있다.[02]

신 플레미시 연대는 당의 뿌리가 우파에 있다는 것을 인정한다. 드 베버 대표 자신도 프랑스혁명 이념의 공개적인 비판자이며 근대 보수주의의 창시자 중 한 명인 에드먼드 버크1729-1797년의 숭배자라는 사실을 숨기지 않았다. 국민연합은 몇몇 사안에 대해서는 좌파적 입장을 취했지만 신 플레미시연대는 분명하게 자유주의에 기반을 둔 경제와 사회정책을 지지하고 있다. 지역중심 정책, 법인세 인하, 건강보험 부담금 과세, 공무원 은퇴자 대체고용 금지, 실업연금 제한, 외국인 관련법 강화 등의 정책을 주장한다.

신 플레미시연대와 극우정당 블람스 벨랑과의 관계는 한 번도 좋은 적이 없었다. 민족주의 성향이라는 것을 제외하고 두 정당은 공통점이 전혀 없다. 신 플레미시연대는 자유주의 경제를 지지하지만 블람스 벨랑은 플랑드르 지역에 이익이 되는 것이라면 국가가 경제에 개입하는 것을 반대하지 않는다. 대부분의 플랑드르 정당이 주

---

02 Idem.

장하는 것처럼 신 플레미시연대도 이민자 동화정책의 필요성을 강조하지만 블람스 벨랑은 동화는 불가능하다고 생각한다. 사회적 응집력은 인위적으로 만들어지는 것이 아니고, 서구의 가치를 존중하기 위해서는 이슬람교를 인정한 것을 취소해야 하고, 특정 범주의 이민자들을 추방하라고 요구하고 있다. 그리고 블람스 벨랑이 유럽연합에 적대적인 반면 신 플레미시연대는 우호적이다.

마지막으로 윤리적인 문제에 있어서 매우 보수적인 블람스 벨랑은 낙태허용과 동성애자 결혼에 반대한다. 최근에 신 플레미시연대 소속의 모로코와 터키 출신 후보가 의원으로 당선됐다. 블람스 벨랑에서라면 생각조차 할 수 없는 일이다. 종합해서 말하면 신 플레미시연대는 플랑드르의 정체성을 지지하는 사람들보다 플랑드르의 유권자 전체에 호소하고 있다고 할 수 있다.

신 플레미시연대,
왈롱에 반대해 플랑드르 수호를 주장하다

신 플레미시연대의 성공은 유럽 민족주의 변화를 잘 보여주고 있다. 국가차원의 연대와 국가 간 연대와는 단절하자는 정서가 점점 더 호응을 얻어가고 있고 이는 벨기에에서만 나타나는 현상이 아니다. 오스트리아, 이탈리아의 롬바르디아 지방, 스페인의 카탈루냐 지방[03]에 있는 민족주의 성향의 정당들은 경제적으로 어려운 지방을 먹여 살리기 위해 멀리 있는 수도가 자신들의 피를 팔아먹고 있다고 생각하고 있다. 한마디로 유럽연합을 위해 영국이 많은 예산기여를 하지만 받는 이득은 너무 적다고 불평하면서 대처 총리가 말한 'I want my money back!나의 돈을 돌려 달라!'을 이들 지방에서도 주장하고 있다.

신 플레미시연대의 성공은 정치 엘리트들에 대한 불신의 표현이라는 것도 부정할 수 없다. 그래서 드 베버의 '직설 화법' 스타일은 그가 자유경제나 공공안전 우선정책을 지지함에도 불구하고 젊은 유권자들 사이에서 사랑을 받고 있다.

마지막으로 한 가지 재밌는 사실은 신 플레미시연대에는 한 명의 유럽의회 의원이 있는데 이 의원은 2009년 유럽의회 선거에서 유럽녹색자유연대ALE 소속으로 출마해 당선됐다. ALE는 분리독립을 주장하는 스코틀랜드 민족당SNP과 웨일즈 민족당Plaid Cymru뿐 아니라 벨기에와 프랑스의 환경보호 정당과도 연대하고 있다.

2010년 6월 총선에서 성공을 거둔 신 플레미시연대가 2014년 5월 총선에서도 승리할 수 있을까? 5월 총선에서 신 플레미시연대는 연방하원 150석 중 최대 27석을 차지하며 벨기에 제1당이 됐다. 2010년 총선 때보다 19석이 늘어났다. - 역주 신 플래미시연대는 플랑드르 지방에서 지속적으로 30%가 넘는 지지

---

03 참조: Jean-Sébastien Mora, '카탈루냐 독립을 위해 결집하다La société catalane se rallie à l'indépendance' 〈르몽드 디플로마티크〉 프랑스판 2013년 10월.

율을 보이는 것으로 여론조사에 나타났다. 그리고 2012년 10월 지방선거에서는 플랑드르의 거의 모든 도시에서 이전 선거보다 더 많은 수를 득표했다. 민주기독당과 자유주의 정당인 플레미시 자유당Open VLD과 연합했던 드 베버는 한 세기 동안 앤트워프 시정을 지배했던 사회당의 흔적을 몰아냈다. 플랑드르 지방의 제1도시 앤트워프의 시장이 된 드 베버는 정치적 야심을 정확히 밝히고 있지 않다. 신 플레미시연대가 5월 총선에서 승리할 경우 연방정부의 총리직을 노리는 건 아닐까? 5월 선거는 연방선거뿐 아니라 (벨기에) 지방선거플랑드르, 왈롱, 브뤼셀도 겸하고 있어 매우 민감한 질문이다. 드 베버가 밝힌 목표는 신 플레미시연합이 플랑드르 지방에서 확실하게 다수당이 되는 것이고 아울러 벨기에 연방정부의 비효율성, 나아가 불필요성을 개선하는 것이라고 했다.

극우에 오염된
오스트리아의 악취

유럽연합 국가들의 지도자들은 2010년 외르크 하이더의 당이 정부에 참여한 것에 반대해 분개어린 운동을 폈지만 이후로는 모른 척 하고 있다. 모든 이들이 이 극우조직과 그 분파들이 예전의 수준으로 되돌아갔다고 믿고 싶어 한다. 하지만 극우파들은 투표에서 거의 1/4이나 되는 득표율을 올리고 있다.

피에르 돔 | 〈르몽드 디플로마티크〉 기자
〈르 몽드〉, 〈렉스프레스〉 등 주요한 매체에 글을 기고하고 있고 특히 옛 프랑스 식민지인들의 삶에 관심을 갖고 있다. 1994년부터 오스트리아에서 거주하고 있다.

2008년 10월 18일 토요일, 오스트리아 케른텐주의 주도 클라겐푸르트의 중앙광장에서는 전국 각지에서 운집한 2만 5천여 명이 며칠 전 교통사고로 사망한 오스트리아 극우당 대표 겸 케른텐주 주지사인 외르크 하이더의 주검 운구를 조용히 기다리고 있었다. 군중들의 경건한 모습은 무척 인상적이었다. 전날에는 이들의 이동을 위해 특별 열차가 배차됐다. 공영 텔레비전은 이날 오전 11시 30분부터 오후 1시까지 장례식 전체를 생중계했다. 군이 조의를 표했고 대주교는 조사를 낭독했다.

오스트리아 정치인들은 한 명도 빠짐없이 참석해 조문객석 첫 줄을 차지하고 앉았다. 이 자리에는 오스트리아 사민당SPÖ 소속인 하인츠 피셔 대통령, 사민당 대표인 알프레트 구젠바우어 총리[01], 그리고 모든 정부 각료와 각 당의 대표들이 함께했다. 구젠바우어 총리는 고인에 대한 추도 발언에서 "그야말로 국가적 장례식"이라고 표현했다.

시계의 추를 뒤로 돌리면, 이 모든 것이 1991년 6월 13일 케른텐 주의회 토론 석상에서 독일 제3제국^{나치 집권 시기의 독일 – 역주}의 고용 정책이 얼마나 훌륭했는지 찬양했던 바로 그 사람을 기리기 위해서였다. 1995년 9월 30일 크룸펜도르프에서 열린 어느 집회에서 그는 전직 독일 무장친위대원들에 대해 "역풍에도 불구하고 오늘날까지 소신을 지켜온 청렴한 이들"이라고 경의를 표하기도 했으며, '외국인 쇄도 중지!'와 같은 구호를 앞세운 외국인 혐오증을 정치 캠페인에 끌어들였다. 여기서 '쇄도'는 다름 아닌 나치가 사용하던 어휘로 '이질적 또는 외래적인 것의 과도한 유입'을 뜻한다. 유럽 극우파를 연구하는 정치학자 장이브 카뮈는 "바로 이런 자를 위해 오스트리아 전체가 눈물을 흘린 것"이라고 강조한다. "우리가 보기에는 기막힌 노릇이지만 오스트리아인들에겐 전혀 그렇지 않다. 장례식 날 오스트리아 정치계는 마치 혈육과 이별을 한 셈이다."

---

01 2003년 10월에 베르네 파이만이 자리를 이어 받는다.

극우 지도자 죽음에 온 나라 애도

유럽연합 회원국인 오스트리아에서 극우파 정당이 2000년 2월 유럽연합 정부에 참여하면서 매스컴의 요란한 주목을 받았으나, 그 이후 인구 800만 명에 불과한 알프스 지역의 이 내륙국을 다들 잊다시피 했다. 당시 사람들은 전례가 없는 일이 발생했다고 했으나 이는 사실과 다르다. 이탈리아의 북부동맹당과 사회운동당이 파시즘을 못 버린 채 1994년 5월부터 12월까지 실비오 베를루스코니의 첫 번째 내각에 참여한 적이 있다.

하이더가 이끄는 오스트리아 자유당FPÖ은 1999년 10월 총선에서 26.9%라는 예상을 뛰어넘는 득표율을 기록하며 보수 기독교 정당인 오스트리아 국민당ÖVP을 앞지르면서 충격을 줬다. 당시 선거의 최대 패배자였던 국민당 대표 볼프강 쉬셀은 자유당과 협약을 맺어 연립정부를 구성했고 이는 다른 14개 유럽연합 회원국오늘날은 28개 회원국의 우려를 불러일으켰다. 자크 시라크 프랑스 대통령이 의장을 맡고 있던 유럽연합은 오스트리아와 양자 관계를 끊고 국제기구 고위직에 오스트리아인을 임명하지 않기로 결정했는데, 이는 현실적이라기보다는 상징적인 제재였다.

당시 다른 유럽 국가들은 오스트리아에서 자유당이 얼마나 오래 전부터 정치에 참여했는지 잘 몰랐다. 하지만 이미 1983-86년에 사회당1991년 당명을 사회민주당으로 변경의 프레트 지노바츠도 전 나치주의자들을 규합해 조직한 바로 이 정당과 연정을 구성하지 않았던가. 시의원이든 주의원이든 모두 서로 친분을 맺고 존중해주면서 선거 결과에 따라 누구와 연합을 하든 전혀 문제 삼지 않는 형국이다. 장이브 카뮈는 "오스트리아 자유당의 사회적·도덕적 수용성은 유럽 기타 극우 정당들의 처지와 비교가 안 될 정도"라고 환기시킨다. 그도 그럴 것이, 독일과 달리 오스트리아에서는 나치에 대한 자유당의 너그러움이 거부반응을 일으킨 적이 없다.

유럽연합 14개 회원국은 오스트리아에서 벌어진 초유의 상황에 당혹스러워했다. 쉬셀은 자신을 중심으로 국민적 통합 움직임을 성공적으로 이끌어냈을 뿐 아니라 리스본조약 비준 거부를 시작으로 유럽연합의 기능을 중단시키겠다고 으름장을 놓았다. 이에 유럽의회는 모양새를 갖추어 오스트리아에 특사 세 명을 파견했다. 2000년 9월 8일 이들이 제출한 보고서는 오스트리아 자유당이 "극단적 성격을 지닌 대중 선동적 우파 정당이며 캠페인을 통해 외국인 혐오 감정을 이용하고 조장함으로써, 외국인에게 적대적인 공공연한 언사를 용인하는 분위기를 조성하며 공포심을 유발하고 있다"고 밝히면서도 제재는 철회할 것을 권고했다. 유럽연합은 이를 즉각 이행했다.

그 이후로는? 아무 일도 일어나지 않았다. 오스트리아에 대한 관심은 사그라졌고, 점차 '치욕적 협약'을 체결한 장본인들은 유럽연합 최고위직들을 다시금 꿰찼다. 오스트리아 국민당 소속이자 쉬셀 총리 내각의 외무장관인 베니타 페레로발트너는 2000년 2월 12일 프랑스 〈리베라시옹〉에서 독일 제3제국 향수에 젖은 자유당에 대한 공공연한 지지만 "마냥 논하고 있을 만큼 한가하지 않다"고 밝힌 바 있다. 이후 그는 2004년부터 2009년까지 유럽연합 대외관계 담당위원이라는 권위 있는 자리에 있었다. 앙겔라 메르켈 독일 총리의 찬사를 한 몸에 받은 바 있는[02] 쉬셀도 극우파와 더불어 정부에 있던 시절 뇌물 사건에 연루된 것으로 밝혀져 정계에서 은퇴해야 하지 않았다면, 유럽연합에서 안정적인 직책을 맡았을 것이다.

인근 국가에까지 악영향

이렇듯 '눈 가리고 아웅' 식으로 이뤄진 제재 때문에 극우파와 그 어떤 공모라도 할 수 있는 상황이 됐다. 2001년 이탈리아에서는 베를루스코니 2차 내각에 북부동맹당 소속 3명이 장관에 임명됐지만 아무도 문제 삼지 않았다. 2006년 5월 폴란드 보수당이 외국인 혐오 정당 두 곳, 즉 안제이 레페르가 이끄는 자주방어당과 로만 기에르티흐의 폴란드 가족동맹과 연합했을 때도 마찬가지였다. 그로부터 한 달 뒤에는 슬로바키아 좌파 대표인 로베르트 피코가 극우주의자 얀 슬로타의 슬로바키아 국민당과 연정을 구성하기도 했다.

오스트리아 정부에 극우파 각료들이 입성한 뒤 어떤 일들이 일어났을까? 쉬셀 총리가 유럽 정치인들에게 자기변명을 하며 장담했듯이 오스트리아 자유당이 권력의 시험대에 오른 뒤 베일에 감춰진 실체를 드러내고 있는가?

초창기만 놓고 보자면 그렇다고도 할 수 있다. 하이더가 추천한 6

---

02 '메르켈 총리, 대중 선동자들과 연정을 구성했던 오스트리아의 쉬셀에게 극찬', 〈르몽드〉, 2008년 6월 14일.

명의 각료(하이더 자신은 한 번도 내각에 참여하지 않았다)는 수차례에 걸쳐 무능함을 입증했고, 내무장관직을 차지하지 못한 연유로 유권자들에게 약속한 "이민 즉각 중단" 조처를 실행할 수 없었다. 카를하인츠 그라서 재무장관은 민영화 가속화, 고용주 분담금 인하, 기업 세금 경감, 갑부들에 대한 세제 혜택, 연금 수령액 인하 등 오스트리아 역사상 가장 활발한 자유주의 정책을 실시했다.

그 결과 3년 전까지만 해도 오스트리아 자유당 지지 세력의 주축을 이루던 노동자와 영세 기업주들이 2002년 선거에서는 투표를 통해 실망감을 드러냈다. 자유당의 득표율은 10%로 곤두박질친 반면 국민당은 42%의 표를 얻었고 쉬셀 총리는 쾌재를 불렀다. 3개월 뒤 쉬셀 총리는 자유당과 다시 연합했으며 하이더가 발족한 신당 '오스트리아의 미래를 위한 동맹BZÖ, 이하 미래동맹'과도 관계를 이어갔다.[03] 이로써 극우파는 도합 7년간 내각에 동참할 수 있게 됐다.

극우파는 2006년 10월 선거에서 자유당 11%, 미래동맹 4%로 총 15%의 득표율을 기록하며 화색을 되찾았다. 2007년 1월 구젠바우어 사민당 대표의 주도로 적흑赤黑 연립내각이 구성됐을 때는 야당 자리에 복귀한 이후 다시금 세력을 결집하고 키워나갔다.[04] 결국 2008년 9월 선거에서 극우파인 자유당과 미래동맹은 총 28.2%의 득표율로

---

03 하이더는 2005년 4월 자유당 내분으로 탈당 뒤 신당 '오스트리아의 미래를 위한 동맹'을 창당했다.

04 전통적으로 오스트리아 정당들은 각각 하나의 색으로 대표된다. 사민당은 적색, 국민당은 흑색, 자유당은 청색, 미래동맹은 오렌지색, 녹색당은 녹색이다.

1999년의 역사적 기록을 뛰어넘는 선전을 했다. 반면 쉬셀 총리 나름의 '전략'은 완전히 실패하고 말았다.

그러는 동안 극우파의 인종차별 담론은 완화되지 않았을 뿐더러 오히려 다른 정당들까지 슬그머니 같은 기조에 물들기 시작했다. 2000년 2월 쉬셀 총리가 자유당과 체결한 '치욕적 협약'을 그토록 비난하던 사회주의자들까지 오늘날에는 차기 지방선거를 겨냥한 적청赤靑, 사민당-자유당 연합 가능성을 거리낌 없이 검토하고 있다. 빈의 철학자 올리버 마르차트는 "지금까지 개입하지 않던 녹색당마저 흔들릴 조짐이 보인다"고 말한다. 그의 주장을 들어보면, 2000년 2월 연정의 가장 뚜렷한 결과는 인종차별주의가 공공 담론 속에 느린 속도로, 그러나 가차 없이 침투하게 됐다는 사실이다. 최근 린츠에서는 극우파의 주장을 고스란히 이어받은 한 녹색당 의원이 "망명 신청이 기각된 자들을 당장 예외 없이 모두 추방"할 것을 요구하기도 했다.[05] 당 지도부는 토론을 거친 다음 그의 주장을 지지하기로 결정했다.

오스트리아 시사주간지 〈프로필〉의 게오르그 호프만 오스텐호프 논설위원은 "외국인 문제에 관한 한 자유당이 구태여 여당이 될 필요가 없다"면서 "이는 자유당의 사상을 국민당뿐만 아니라 사민당도 실행하고 있기 때문"이라고 밝혔다. 극우파가 정부에 참여하기 이전부터 이런 추세가 감지되기는 했으나 법적 규제 강화가 눈에 띄게

---

05 에프가니 된메즈 인터뷰 '위법에는 결과가 따른다!', 〈데어 슈탄다르트〉, 2008년 12월 14일.

이뤄진 것은 지난 9년 동안의 일이다. 이민자들은 갈수록 곤경에 몰리고 있다.

극단적인 외국인 혐오증 만연

비록 극우파가 정부에 참여하기 전에 이미 외국인에 대한 가혹한 태도가 감지되고 있었지만, 2000년 이후로는 그러한 태도가 법률을 통해서 한층 더 강화되었다. 법이 조금씩 바뀔 때마다, 이민자들의 상황은 차츰 더 어려워졌다. 오스트리아 당국은 이중 처벌제를 실시하고 이민 할당 비율을 전격 축소했으며 가족 재결합은 월 급여 1,500유로 이상에 독일어를 구사하는 자들에 한해 허용하기로 했다. 장기 체류증 신청자들은 독일어 수업을 이수한 다음 최종 시험을 거쳐야 하며, 국적을 취득하려면 더 많은 걸림돌이 있다. 즉, 오스트리아에서 장기 체류했거나 오스트리아인과 결혼한 사람으로서 독일어를 구사할 줄 알아야 하며, '민주국가의 기본 가치'에 대한 식견을 갖춰야 한다는 것이다. 그러나 이 기본 가치가 무엇인지는 어디에도 명시돼 있지 않다. 또한 경찰은 망명 신청자를 재판 없이도 최장 10개월까지 감호소에 수감할 수 있는 막강한 권한을 누리며, 1심에서 기각된 망명 신청자의 항소 기회도 제한된다.

오스트리아에서 인종차별은 물리적 폭력보다는 담론과 법령을 통해 표출된다. 그렇다고 하여 고통이 덜한 것은 아니다. 온갖 욕설, 카페에서의 문전박대, 담벼락의 낙서를 비롯한 인종차별적 표현은 도처에 난무한다. 1999년 이래로 오스트리아의 최대 일간지 〈크로넨

제이툰그Kronen Zeitung〉가 대대적인 캠페인을 벌인 이후로, 흑인들을 가리키는 표현은 오스트리아인들의 집단적 상상력 안에서 마약밀거래자와 소아성애도착자의 동의어가 되었다. 보다 최근에는 두 유형의 인물들이 나타났는데, 역시 이 인물들에도 오스트리아인들의 환상이 고착되게 되었다. 망명자와 이슬람인들을 말한다.

프랑스 국립과학연구소CNRS의 정치학자 파트리크 모로는[06] 극우파가 이렇게 지속적으로 성공을 거두는 이유를 다음과 같이 설명한다. "오스트리아인들은 늘 자기들끼리 폐쇄적인 작은 세상을 이루며 살아왔다. 낮은 실업률과 높은 생활수준, 많이 오염되지 않은 환경 등 그야말로 복지를 누려왔다. 하지만 따지고 보면 이런 천국이 사라질까 내심 두려워하는 게 사실이다. 그런데 오스트리아는 한 번도 식민지를 가져본 적이 없으며 첫 이민자들이 들어온 것도 불과 얼마 전의 일이다. 오스트리아인들은 오늘날 자국문화의 일부로 자리잡은 이민자들에게 이런 두려움의 초점을 맞추었고 외르크 하이더는 이를 토대로 성공을 구축했다." 뿐만 아니라 오스트리아인들은 나치 이데올로기를 별 거부감 없이 받아들이는 등 나치 역사에서 교훈을 얻지 못했다. 게다가 오스트리아에는 극좌파로 분류할 만한 정당이 전무하다. 즉, 진정한 인종차별 반대 담론을 표방하면서 차별에 항의하는 표의 일부를 수렴할 정당이 없다는 얘기다. 2013년 선거에서는

---

06 〈외르크 하이더에서 하인츠 크리스티안 스트라슈까지: 권력을 탈취하려는 오스트리아의 극우파〉(2012)의 저자

새로운 조직이 반체제 유권자들의 일부를 흡수했다(9월 국회의원 선거에서 5.7%를 득표했다). 오스트리아와 캐나다 국적을 모두 갖고 있는 81세의 부유한 사업가 프랑크 스트로나크가 이끄는 조직을 말한다. 이 조직은 "민족주의와 반유럽연합" 성향을 지니고 있는데, 완화된 어조로 '오스트리아를 위한 스트로나크 팀'이라고 불린다.

* 298쪽 '부록 1 | 유럽 내의 극우정당 지지도' 참조

새 옷으로 갈아입은
이탈리아 우파

이탈리아 정치의 혼란이 가중되고 있다. 현 이탈리아 총리이자, 집권 민주당의 대표인 마테오 렌치는 쫓겨났다고 여겨진 실비오 베를루스코니 전 총리와 손잡고 개헌에 동의했다. 베를루스코니 전 총리의 동맹군이던 극우 정치인 지안프랑코 피니는 무대 뒤로 사라졌지만 그의 사상은 이탈리아 사회에 뿌리를 내렸다.

라파엘레 라우다니 | 볼로냐대 정치사상사 교수
미국 듀크대학교와 볼로냐 대학교가 공동으로 2014년 6월 23일부터 7월 4일까지 볼로냐 대학교에 개설한 여름학교의 운영을 책임졌다.

이탈리아 우파는 드디어 2011년 얌전한 옷으로 갈아입기로 결정하고 지난 20년 동안 진행한 변화 과정을 마무리 지었다. 변화 과정은 움베르토 보시의 북부동맹Lega Nord, 지안프랑코 피니의 포스트파시스트 당, 실비오 베를루스코니가 연합한 새로운 당의 출현으로 시작됐고 베를루스코니가 실각할 때까지 계속됐다.[01]

이탈리아 우파의 집권 결과는 베를루스코니에 대한 7년 형 선고와 피선거권 박탈이라는 영예롭지 못한 퇴진이었다. 이렇게 막이

---

01 Laurent Bonelli, Raffaele Laudani '성가신 과거를 처리하는 기술L'art de gérer un legs encombrant' 〈르몽드 디플로마티크〉 프랑스판 2011년 1월호.

내린 베를루스코니의 20년은 이탈리아 우파 양대 축의 몰락을 초래하는 계기가 됐다. 지안프랑코 피니와 그의 당은 베를루스코니에게서 벗어나면서 그의 유산을 자신의 것으로 만들 수 있는 결정적인 순간 정치계에서 사라져야 했다. 부패 스캔들이 직접적인 이유였지만 더 근본적인 것은 유권자들의 외면이었다. 당시 하원의장까지 지냈던 정치인이 '중도'를 표방하는 것을 유권자들은 이해할 수 없었다.

전후에 파시스트들이 창당한 이탈리아 사회운동당MSI, Moviemento Sociale Intaliano을 어둠 속에서 구해 낸 장본인이 베를루스코니였다는 것을 기억할 필요가 있다. 제1공화국1947-1994년시절에 파시스트 정당이라는 이유로 활동이 금지당한 사회운동당은 베를루스코니의 등장으로 드디어 정치무대에 발을 내밀 수 있게 됐다. 베를루스코니와 사회운동당 대표 피니의 밀월관계는 유일한 중도우파인 자유국민당PDL 창당으로 최고조에 달했다. 자유국민당은 1994년 국민연합Alleanza Nationale으로 이름을 바꾸고 이 파시스트당은 이탈리아 우파의 특징인 반유대, 친아랍 성향을 버리고 새로운 옷으로 갈아 입었다.

지안프랑코 피니와 그의 추종자들은 베를루스코니의 포르차 이탈리아전진 이탈리아당와 북부동맹이 포함된 자유진영Polo delle Libertà에서 '쫓겨난' 이후 미래와 자유당을 만들어 중도 성향의 민주기독당과 연합했다. 2013년 2월 총선에서 이 중도연합은 몬티 리스트유럽집행위원이며 전 총리인 마리오 몬티의 이름을 딴 선거연합로 선거를 치렀지만 결과는 실망스러웠다. 미래와 자유당은 정족수를 채우지 못했고[02] 피니 자신도 당선되지 못했다. 그는 당 대표직에서 사임하고 이어서 정계 은퇴를 선언했다.

미래와 자유당 소속 정치인들은 당 대표와는 달리 이권 때문이었든지 신념 때문이었든지 간에 베를루스코니아와 좀 더 관계를 유지하다가 이탈리아 형제당Fratelli d'Italia을 창당했다. 이탈리아 포스트파시스트 전통에 더 가까웠지만 선거 결과는 역시 만족스럽지 못했다.[03]

북부동맹 역시 사법 스캔들로 타격을 받았다. 특히 당 대표인 움베르토 보시 계파의 주요 정치인들이 이 사건에 많이 연루됐다. 스캔들 이후 북부동맹은 현명하게 지역에 집중하기로 결정하고 지방선거에서 전 내무부장관인 로베르토 마로니와 새로운 대표인 마테오 살비니의 당선에 총력을 기울였다. 그리고 북부의 이익수호, 새로운 이민의 물결로부터 '파다니아이탈리아 북부를 가리키는 말' 민족 보호, 반유럽 같은 당의 '전통적인' 주제를 다시 채택했다. 북부동맹은 북부의 거대 지역인 피에몬테와 베네치아를 잘 관리한 덕분에 당당하게 북부를 대표하는 당으로 자리매김할 수 있었다. 뿐만 아니라 북부에서 정치력을 발휘할 수 있도록 서로 뒤를 봐주는 후견

---

02 미래와 자유당은 0.47% 득표했다.
03 전 장관인 지오르지아 멜로니가 이끈 새로운 정당은 2%도 득표하지 못했고 그나마 베를루스코니와의 연합으로 의회에서 10석을 얻었다.

clientelisme 조직망을 확고히 했다. 그 결과 전국 무대에서는 소외되어 외국인혐오와 인종차별 발언을 할 때만 전국적인 관심을 끌 수 있었다. 그들이 좋아하는 표적은 엔리코 레타 정부에서 기회평등부 장관을 지낸 아프리카 출신의 세실 키안주였다. 출생지주의 법안을 지지했다는 이유로 북부동맹의 한 당원은 키안주 장관을 '파다니아 민족'의 백인성과 맞지 않는 피부 색깔을 가진 '흑인성 장관'이라고 저속하게 불렀다.04

좌파의 실망한 사람들과 급진 우파의 일부가 오성운동으로 모여들다.

전통적인 우파 정당의 위기가 극우파의 위기로 이어지지는 않았다. 역설적이게도 오히려 극우파의 지지도는 반등했다. 1994년 베를루스코니와 함께 시작된 정체성 세탁 프로세스가 끝난 덕분에 이제는 지난 20년 동안의 과거 행적을 제도권에 맞게 포장할 필요조차 없게 됐다. 2013년 12월 신문의 1면을 장식한 포르코니 forconi, 쇠갈퀴 운동이 벌인 성공적인 시위가 새로운 극우의 모습을 잘 보여주고 있다. 시칠리아의 운송업자들과 농민들이 고속도로를 점거하고 '시칠리아 만종사건 때 프랑스인들을 죽인 것처럼 정치

---

04 〈La Repubblica〉, Rome, 2014년 1월 14일.

가들을 죽이자'[05]라는 구호를 외쳤다. 포르코니 운동은 사회적으로 상이한 사회적 배경을 가진 사람들이 모여 정치인과 세금인상 반대 같은 모호한 주장을 하지만, 포르차 누오바나 카사파운드 같은 네오파시스트 조직의 정치활동 무대가 되고 있다.[06]

하지만 세탁 프로세스는 아직 진행 중이고 미래에 어떤 형태로 발전할 지는 아무도 모른다. 현재 말할 수 있는 것은 전통 극우파의 위기로 가장 큰 수혜를 본 사람은 베페 그릴로라는 것이다. 그릴로는 실망한 수많은 좌파 유권자와 꽤 많은 수의 급진우파 유권자를 동시에 끌어들여 오성五星운동이탈리아의 전직 코미디언 베페 그릴로가 만든 당. '오성'은 오성운동이 중점적으로 추진할 다섯 가지 이슈를 뜻하는데 물, 교통, 개발, 인터넷 접근성, 환경 등을 가리킨다. 오성운동은 2013년 총선에서 매우 좋은 성적을 거뒀다. -역주을 시작했다. 전통적인 좌우 구분과 거리를 두면서 법 존중, 이민과 EU 트로이카유럽집행위, 유럽중앙은행, 국제통화기금의 긴축정책 반대, 국가이익 수호 등 우파 고유의 정책을 채택하고 있다. 그릴로의 논쟁적인 어조와 반체제적 주장에도 불구하고 좌우 극단주의자들의 표가 그릴로에게 이동하면서 현 체재가 '불안정하지만 안정된' 체제를 유지할

---

05 1282년 부활절 날 당시 시칠리아를 다스리고 있던 프랑스 앙주 왕가의 확정에 대항하여 시칠리아인들이 반란을 일으켰다. 6주에 걸쳐 3천여 명의 프랑스인들이 살해당했는데 시칠리아 왕국의 수도 팔레르모의 교회 저녁 기도 종소리를 기점으로 봉기해서 시칠리아 만종晩鐘사건이라 부른다.

06 Cf. Tommaso Cerno, Giovanni Tizian, 'Forconi, l'anima nera marcia su Roma' 〈L'Espresso〉, Rome, 2013년 12월 7일.

수 있게 됐다. 덕분에 유럽 신자유주의자들의 지지를 받고 있고, 조르조 나폴리타노 대통령이 '기술' 내각, '국가 통합' 내각이라고 자랑하는 이탈리아 내각은 하락하는 인기에도 불구하고 무너지지 않고 버티고 있다.

그릴로가 주장하는 좌우극단 결합 모델이 장기적으로 극단성을 완화시킬 것인지 아니면 가까운 미래에 전혀 새로운 형태로 변할 것인지 예측하기는 힘들다. '더 나은 사람은 없다'라는 오성운동의 슬로건은 의회의 불필요성을 극단적으로 말해주는 것으로 실제로는 이탈리아 기술관료들의 정책에 힘을 실어주는 역할을 하고 있다. 극우파는 자신들의 사상이 이탈리아 사회에 수평적으로 퍼져 이제는 정착 단계에 있다는 것을 알고 있다. 그들은 정부나 의회에서 다수당이 되는 날을, 아니 적어도 사회적으로 다수세력이 되는 날을 꿈꾸고 있다.[07]

---

07 참조: '이탈리아를 구해줄 구세주를 기다리며Encore un homme proviendentiel pour l'Italie' 〈르몽드 디플로마티크〉 프랑스판 2012년 9월호.

프랑키즘의 악취가 나는 스페인

스페인 정부와 민중당 의원들은 어떻게 하면 낙태법을 단번에 없애버릴 수 있을까 고민한다. 그들은 시위의 자유도 제한했었다. 이런 식으로 극우로 슬쩍 옮겨가는 일이 비일비재하게 일어난다. 스페인의 극우는 경제적 자유주의와 정치적 전체주의를 결합시킨 양상을 띠고 있다.

로랑 보넬리 | 〈르몽드 디플로마티크〉 기자
파리10대학에서 정치학과 부교수로 재직 중이다. 도시의 치안과 '테러와의 전쟁' 문제에 전문적인 지식을 갖고 있으며, 잡지 〈문화와 갈등〉의 공동편집장이자 〈국제정치사회학〉의 편집위원이다. 저서로 〈파괴된 국가, 침묵의 혁명에 관한 연구〉 등이 있다.

어떻게 하면 극우파 정당과 우파 정당을 구분할 수 있을까? 양 정당이 지닌 특성과 정책, 이념은 어떤 차이를 보이는가? 학술대회나 대담 프로그램의 단골 주제이기도 한 이 질문은 그다지 큰 의미가 없을지도 모르겠다. 조금만 깊이 분석해보면, 정치노선마다 뭔가 뚜렷하게 선을 그어 구분할 수 있다는 생각이 얼마나 어리석은지 깨닫게 되기 때문이다. 또한 이 질문은 극우파와 우파를 분류하는 것 자체가 지니는 정치적 문제점을 등한시하는 행위이다. '극우파'는 일반적으로 '국수주의 우파'에 비해 부정적으로 인식되지 않은가.

스페인 극우파 연정 참여

따라서 극우파의 역사를 논한다는 것은 하나의 정당이 지닌 속성을 찾아내는 것이 결코 아니다. 국가적 혹은 지역적 차원의 어느 정도 개연성 있는 연속성이나, 탄력적인 동맹관계에 대해 사유하는 것이다. 극우파와 우파는 어떻게 구분해야 하는가의 문제는 특히 스페인에서 제기된다. 이 나라는 프란시스코 프랑코 장군의 독재정권1939-75을 비롯해 극우파가 꽤 오랫동안 장기집권한 국가이기 때문이다.

스페인에서는 민주적 체제 이행으로 프랑코주의 정당이 선거에서 힘을 발휘하는 일은 없었다. 주요 우파 정당인 민중연합AP이 프랑코주의의 지지층과 정책을 흡수했다. 프랑코 정부에서 관광통신부장관을 지낸 마누엘 프라가가 당 대표를 맡으면서, 민중연합은 1982-96년 집권한 스페인사회노동당PSOE에 대적하는 주요 야당으로 부상한다.

한편 민중연합은 1989년 민중당PP으로 이름을 바꾸고, 호세 마리아 아스나르를 당 대표로 선출한다. 이때부터 민중당은 우파 성향의 기독민주당에서 프랑코주의를 그리워하는 이들까지 아우르며 두터운 지지층을 확보한다. 민중당은 어느 정당과 연합하느냐에 따라 다양한 정치색을 드러냈다. 1996-2000년 민중당 주도의 연정 기간에는 비교적 자유주의적 노선을 지향했다민영화, 사회복지 지출 축소. 하지만 2000년 압도적인 수로 재집권에 성공한 다음에는 조금 더 보수주의적 노선으로 선회한다.

아프가니스탄과 이라크에서 펼쳐지는 '반테러전쟁'에 참전하는가하면, 이민자의 입국과 체류를 제한하는 반이민법을 통과시킨다. 또한 바스크 민족주의 좌파 정당인 '바타수나'의 활동을 법적으로 금지한다. 한편 초·중등 교육과정에 가톨릭 윤리 및 종교교육을 재도입하며 교육 부문에 개혁의 메스를 댄다.

2004년 3월 다시 야당 신세로 전락한 민중당은 기존 자유주의 노선으로 회귀하기를 바라는 이들(알베르토 루이스 가야르돈 마드리드 시장)과 조금 더 엄격한 노선을 지향하려는 이들 사이의 힘겨루기로 내홍이 깊어진다. 균형을 찾으려는 노력의 일환으로 마리아노 라조이를 사무총장에 앉히지만, 결국 민중당은 가장 급진적인 유권자들을 지지기반으로 택하게 된다. 민중당이 내전의 역사에 관한 대화(이그나시오 곤잘레스 마드리드 자치 공동체 부의장은 "일부 단체가 이미 사라진 지 오래인 과거의 망령을 굳이 되살리려 한다"고 비난했다)나 파시스트 기념물 철거(지역 정치인들은 2005년 마드리드 누에보스 미니스테리오스의 프랑코 기마상 철거를 "민주주의 역사상 가장 극단적인 행동"이라고 평가했다) 등에 강하게 반대하는 것도 이런 맥락에서 이해할 수 있다.

또한 민중당은 가톨릭교의 동성결혼(라조이는 동성결혼이 결혼의 근간을 뒤흔든다고 비난했다) 반대를 지지한다. 그리고 초등생을 대상으로 한 시민교육이나 낙태 허용기간 연장 등에 대해서 반기를 든다. 예컨대, 마드리드 자치 공동체의 알리시아 델리베스 교육 담당자는 초등생에 대한 시민교육을 "아이들의 의지까지 좌지우지하며 의식 형성에 영향을 미치려는 좌파의 의도"라고 비판했다. 다비드 페레즈 마드리드 지방의회 대변인은 "낙태 허용기간 연장에 대해 30년 민주주의 역사상 가장 끔찍한 후퇴를 의미한다"고 지적했다. 특히 아직 세상에 태어나지도 않은 이들에게 방어권도 주지 않고 끔찍한 방법으로 살해하는 행위라고 페레즈는 강변했다.

민중당은 프랑코주의가 주창한 국가통합의 이데올로기를 부활시키고, 지역 자치에 대한 불신을 드러낸다. 2006년 에두아르도 사플라나 민중당 대변인은 호세 루이스 사파테로 정부를 겨냥해 "스페인을 파괴하려는 이들이 득세하고 있다"고 평가했다. 또 그는 2010년 이민자들의 의료·교육 서비스 접근을 금지한 몇몇 시의 결정을 지지한다.

민중당은 2011년 11월 20일 총선에서 승리한 다음 다시 정권을 잡았을 때 그 자유주의적이고 보수주의적인 정책을 계속 진행하게 된다. 사회적이고 경제적인 위기가 중대한 국면에서(2013년 3분기에 실업률이 26%였다) 민중당은 공공영역 서비스특히 의료분야를 축소하고 민영화한다. 그러면서 '윤리적 질서'를 한층 더 강화하기 위한 공세를 편다. 그 결과로, 2013년 12월에 정부는 낙태를 허용할 수 있는 조건을 축소시키는 법을 채택하는 동시에 급기야는 낙태할 수 있는 권리를 폐기하는 법안을 만들게 된다. 또한 2013년 11월에 위원회에서 승인된 시민 안전에 관한 법은 공공질서를 문란케하는 모든 형태의 시위를 억압하기 위한 목적에서 계획된 것이다. 야당은 이 법을 가리켜 "입마개 법"이라고까지 불렀다. 같은달, 민중당은 투우가 국가의 "문화적 유산"이라고 선포하고는 다시금 그것이 공중파를 탈 수 있도록 했다.스페인 정부는 2011년 말에 투우 금지 법안을 통과시킨 바 있다. -역주 마치 프랑키즘의 전성기 때처럼 말이다.

힌두 민족주의와
하이테크 포퓰리즘

서방국가에서는 꿈도 꿀 수 없는 높은 경제성장률5-6%에도 불구하고, 정부 고위층의 부정부패는 힌두 민족주의를 표방하는 인도국민당BJP, Bharatiya Janata Party과 당 대표인 나렌드라 모디에게는 호재였다.

크리스토프 자프를로 | 프랑스 시앙스 포 국제연구센터 연구원
정치학으로 박사학위를 받았고, 남아시아 중에서도 특히 인도와 파키스탄에 대해 깊은 지식을 갖고 있다. 저술과 잡지에 기고하는 글을 통해 인도 힌두교도들의 민족주의적 움직임을 강하게 비판하고 있다. 저서로 〈파키스탄 신드롬〉(2013), 〈인도: 카스트제도를 통한 민주주의〉(2005), 〈나렌드라 모디: 사프론 근대성과 구자라트주 재건설〉(2014) 등이 있다.

    인도국민당의 나렌드라 모디[01]는 힌두민족과 인도를 동일시하는 힌두 민족주의단체인 민족의용단 출신이다. 실제로 힌두 민족주의자들은 힌두교도가 전체 국민의 80%를 차지하고 있기 때문에 인도의 정체성은 힌두문화로 구현되어야 하며 인도에서 기원하지 않

---

01 나렌드라 모디는 2014년 5월 총선 승리로 새로운 인도 총리가 됐다.
    기사는 이전에 쓰여진 것이다.

은 이슬람교14%와 기독교2% 같은 소수민족의 종교는 개인적인 차원에서 믿을 수 있지만 공공장소에서는 주류문화를 따라야 한다고 주장한다. 인도 정치에서 오랜 역사를 가지고 있는 의용단은1925년 결성 과거에 무슬림과 폭력사태를 빚기도 했다.

구자라트주州 출신인 모디 주지사는 의용단에서 한 단계 한 단계 올라가며 경력을 쌓았다. 단순한 '의용병'에서 시작해서 '간부-선전병'이 됐는데 간부가 되면 직업은 물론 결혼도 포기해야 한다. 한 마디로 의용단의 명령에 절대적으로 복종해야 한다는 뜻이다. 간부는 의용단 조직을 활성화시키기 위해 먼 지방에 보내질 수도 있고 학생조직이나 노동자조직 또는 관련 정당인 인도국민당에도 파견될 수 있다.

모디 주지사는 여러 지부를 거친 후 인도국민당으로 파견됐다. 선거에는 한 번도 출마하지 않았지만 구자라트주에서 당을 조직하는 데 헌신했고 2001년까지는 인도국민당사黨舍에서 일했다. 당시 총리이던 아탈 비하리 바지파이를 비롯해 인도국민당 지도부는 모디를 구자라트 주지사로 임명했고, 그는 주지사가 된 직후 곧바로 힌두 민족주의, 자유주의 경제, 하이테크 포퓰리즘을 결합한 새로운 전략 실험에 들어갔다.

나렌드라 모디가 구자라트 주지사가 된 지 5개월도 안 되어, 1947년에 발생했던 인도와 파키스탄 사이의 영토분할 학살사건 이후 가장 큰 규모의 폭력사태가 발생했다. 2002년 2월 27일, 고드라 기차역에서 힌두 민족주의자들이 타고 있던 객차에 화재가 발생해 59명이 사망했는데 이 사건이 촉매제가 되어 힌두 민족주의자들이 무슬림을 무차별 학살한 것이다. 가장 믿을만한 비정부기구의 통계에 따르면 사망자는 2천명이 넘는다. 인도 정부는 1천명 정도로 발표했다.

구자라트주에서는 인도국민당의 패권을 확고히 하기 위해서 공포감 조성 전략이 쓰였다.

화재사고가 학살로 번진 것은 힌두민병대가 무슬림을 학살하는 것을 방조하라는 명령을 주정부가 경찰에 내렸기 때문이다. 사태를 진정시키려고 했던 경찰은 불이익을 당했고 학살을 방조했던 경찰은 오히려 승진했다.[02]

무슬림 학살사건으로 구자라트주를 분열시켜 대부분 힌두교도인 유권자들을 인도국민당으로 집결시키려는 것이 목적이었다. 모디 주지사는 지체없이 주의회를 해산하고 조기선거를 실시했다. 무슬림의 위협에 대한 공포심을 조장하는 공격적인 선거운동을 통해 선거에서 크게 승리했다.

공포심 유발 전략은 인도에서 '허위 교전fake encounters'이라 불리는 사태, 곧 경찰이 저지르는 살인사건으로 조장, 유지되고 있다. 경찰은 테러리스트라고 의심하는 사람을 불심검문에 응하지 않았다고 체포하거나 총을 발사했다는 이유로 대응사격을 했다그래서 '교전'이라는 용어를 사용한다. 2003년에서 2005년 사이 구자르트 경찰에게

---

02 Cf. '2002년 구자라트 힌두와 무슬림의 폭력사태Les violences entre hindous et musulmans au Gujarat (Inde) en 2002 : émeute d'Etat, pogromes et réaction antijidadiste', 〈Revue tiers-monde〉, n° 174, Paris, 2003년 4-6월호.

살해당한 사람의 수가 20명이 넘고 대부분 무슬림이다. 폭탄을 설치하려 했다거나 모디 주지사를 암살하려 했다는 것이 이유였다. 하지만 사법부는 무죄판결을 내렸고 현재 약 스무 명의 경찰 간부가 사실을 왜곡한 이유로 소송 중에 있다.

2000년대 중반부터 모디 주지사는 보다 온건한 이미지를 갖기 위해 노력했다. 1심에서 28년 형을 선고 받은 주 장관 마야 코드나니 같이 무슬림 학살에 연루되어 형을 선고받은 민족주의자들과 거리를 두었고, 다양한 공동체 사이의 조화사드바하나를 외치며 무슬림들에게도 손을 내밀었다. 2011년에는 '사드바하나 미션 투어'라는 프로그램까지 시작했지만 실제로 바뀐 것은 없었다. 구자라트의 인도국민당은 한 번도 지방선거에서 무슬림 후보를 공천한 적이 없고 중앙정부가 지원하는 무슬림 학생 장학금 지원도 거부했다. 구자라트가 유일하다. 종교 차별정책이라는 것이 이유였다.

마땅히 누려야 할 권리를 갖지 못한 무슬림의 4분의 1이 빈곤선 아래서 살고 있다.

사회경제적으로 무슬림은 점점 더 설 자리를 잃어가고 있다. 교육을 제대로 받지 못하고 고용에서도 차별을 받고 있기 때문이다. 2000년대 중반 (이후 믿을 수 있는 공식통계자료는 발표되지 않고 있다) 구자라트주 도시에 거주하는 무슬림의 4분의 1이 빈곤선 아래에서 사는 것으로 나타났다. 하위 카스트와 토착민의 17-18%가 빈곤선 아래에 살고 있는 것에 비해 높은 수치다. 이들 역시 사회 하층민을 구성하고 있지만 정부기관과 공기업 우선고용과 같은 '긍정적 차별정책'의 혜택을 받기 때문에 무슬림보다 사정이 조금 더 낫다고 할 수 있다.[03]

모디 주지사는 이프타르 파티[04] 전통을 폐지했는데 이 파티는 라마단 종료를 축하하는 의미에서 전임 주지사들이 주최했던 것으로 상징성이 큰 행사였다. 뿐만 아니라 경제력과 상관없이 많은 무슬림들이 도심을 떠나 아메다바드나 바도다라 같은 도시 외곽으로 이주했고, 이에 대해 아무런 조치가 없어 그 지역이 게토화됐다. 2002년 학살사건 이후 안전을 염려한 무슬림들이 도시를 떠난 것이라는 이유를 들었지만 진정한 이유는 거주자 대표들이 건물에 무슬림이 들어오는 것을 반대해서 주택을 구하기 쉽지 않았기 때문이다.

모디 주지사의 힌두 민족주의 사상은 농촌 깊숙한 곳까지 침투했다. 그는 끊임없이 구자라트 지역을 방문했고 가장 선진적인 기법을 사용하며 사람들과 소통했다. 인터넷을 통해 메시지를 배포하고 문자메시지를 한 번에 수천 명에게 전송했다. 방송국도 만들어 선거기간 내내 공약 설명과 연설을 내보냈고 2012년에는 3D 기술을 이용해 홀로그램으로 구자라트주의 스무 개 도시에 동시

---

03 이 자료는 은퇴한 법관인 라진더 사샤르 판사가 주도한 위원회가 의뢰한 보고서에서 나왔다. 〈Social, economic and educational status of the Muslim community of India. A report〉, New Delhi, 2006년.

04 '이프타르Iftar'는 라마단 기간 동안 매일 해가 진 후 갖는 첫 식사를 말한다.

에 나타나 가상회의를 주재하기도 했다. 모디 주지사가 아프리카와 중앙아시아 독재자들의 이미지 세탁으로 유명한 미국 홍보회사 APCO 월드와이드와 2007년에 계약을 맺었다는 것은 잘 알려진 사실이다.

가능한 최대한의 유권자들을 직접 만나 미래를 지켜주겠다고 약속하며 관계를 구축하는 새로운 형태의 포퓰리즘이 이렇게 탄생했다. 물론 여기서 유권자는 힌두교도를 말한다.

돈이 많이 드는 홍보전은 대부분 기업으로부터 지원을 받는다. 전통적으로 상업이 발달한 구자라트주는 자유주의 경제정책을 두 손 벌려 환영하고 있다. 모디 주지사는 수출기업에 대해 세금을 우대해주는 경제특구를 많이 신설했다(경제특구는 연안항에 집중되어있다). 그리고 다른 곳과 비교 할 수 없을 정도로 좋은 조건을 제시해 국내외 투자를 유치했다. 타타 그룹은 시장가보다 현저하게 낮은 가격으로 공장부지를 제공받고, 20년 동안 세금 면제와 무이자 장기 대출 혜택을 받는 대가로 저가 자동차인 '나노' 생산공장을 구자라트로 이전했다.

이같은 훌륭한 조건과 전통적으로 사업에 유리한 환경, 잘 갖춰진 도로와 에너지 기반시설로 구자라트는 더 많은 투자를 끌어들일 수 있었다. 이것이 고공 성장률의 원동력이었다. 2004-2005년과 2011-2012년 산업과 서비스 분야는 연평균 10% 이상 증가했고 농업생산은 8% 이상 증가했다. 전체평균이 7%인 다른 지방과 비교해서 높은 수치이다.

재계·상위 카스트 중산층은 모디를 지지한다.

하지만 모든 계층에 성장의 혜택이 돌아간 것은 아니다. 모디 주지사가 추진한 개발 위주의 경제정책은 사회 양극화를 낳았다. 가장 큰 피해자는 물론 무슬림^{주 전체 인구의 9%}이다. 하지만 아디바시라 불리는 토착민17%과 과거에 불가촉천민이라고 불렸던 달리트^{핍박받는자}도 경제성장의 수혜를 받지 못했다. 그 중에서도 시골 거주자들은 더욱 불리한 상황에 처했다. 2005년 농촌지역에 거주하며 빈곤선 아래에서 사는 토착민은 35%였고 달리트는 22%, 하위 카스트는 19%, 기타^{주로 상위 카스트의 힌두교도들}는 5%였다.

모디 주지사의 대상은 공공정책의 주요 수혜자인 상위 카스트, 엘리트, 도시 중산층이다. 대중교통 확충으로 시작된 도시개발 정책은 2009년 새로운 토지개발 정책으로 이어졌다. 현재 빈민촌의 면적이 전체의 18%나 되는데 취약계층을 위한 지역을 5%로 제한하는 것이 이 정책의 주 내용이다. 덕분에 개발업자들은 빈민촌을 중산층 지역으로 개발할 수 있게 됐다. 2002년 학살사건에 장관과 국회의원들이 연루되어 있음에도 불구하고 중산층이 처음부터 모디 주지사를 지지하는 이유는 분명하다. 2012년 권위 있는 인도 정치연구소Centre for the Study of Developing Societies가 실시한 조사에 따르면 유권자가 부유할수록 인도국민당을 지지하고 가난할수록 인도국민회의당Indian National Congress을 지지하는 것으로 나타났다. 2012년 지방선거에서 부유층의 57%^{상위카스트의 60%}가 인도국민당을 지지했고(덕분에 모디는 3선 주지사가 됐다), 반면 빈곤층 유권자의 44%달리트의 61%, 무슬림의 69%는 인도국민회의당을 지지했다.

2013년 인도국민당 지도부는 오랜 논의와 망설임 끝에 2014년 총선에 모디 주지사를 총리 후보로 세우기로 결정했다. 모디는 2002년부터 인도에서 논란이 많은 인물이고 권위적인 태도 때문에 당 내에도 적이 많다. 그럼에도 도시 중산층은 틀림없이 그를 지지할 것이다. 경제성장만을 숭배하는 도시중산층은 강력하고 (부패 스캔들로 마비되다시피한 국민회의당과 비교해서) '깨끗한' 정치인이 인도의 고삐를 바짝 당겨주기를 원한다. 기업가들도 같은 생각이다. 민주주의를 조금 후퇴시키더라도 말이다.

반부패 운동으로 인기가 높은 새로운 정당의 출현으로 선거판세가 바뀔 수 있을까.

반면에 빈곤층과 일부 도시 중산층은 이번에는 새로운 정당에 희망을 걸고 있다. 보통사람당AAP, Aam Admi Party은 2013년 12월 지방선거에서 당 대표 아르빈드 케지리왈이 델리 주지사로 당선되면서 인도 전체를 발칵 뒤집어 놓았다. 2011년 시작한 대대적인 반부패운동에 뒤이은 쾌거다. 인도는 구자라트가 아니다. 도시화가 구자라트보다 덜 진행되어 있고 그래서 중산층의 영향력도 덜하고, (달리트를 포함한) 하위 카스트 조직은 북부주에서 전반적으로 더 잘 구축되어있다. 물론 모디는 자신이 하위 카스트 출신이고 어렸을 때 아버지 가게에서 차를 팔았다는 사실을 강조하겠지만 그가 속한 당은 상위 카스트가 지지기반이다.

이 핸디캡이 중대한 결함이 되지는 않겠지만 인도국민당이 의회 절대다수당이 되는 것을 막을 수도 있다. 이 경우, 다른 당과의 연합이 필요한데 이미 당 지도부로부터 비난을 받을 정도로 권위적인 모디 주지사가 과연 적절한 인물일지는 두고 봐야 할 것이다.

| 자료2 |
매력적인 모델이 되고 싶었던 툴롱

전례가 없는 일이었다. 1995년 지방선거에서 국민전선은 프랑스 남부의 큰 도시인 툴롱, 마리냔, 오랑주에서 승리를 거두었다. 국민전선 지도부는 이들 도시의 시정市政을 주의 깊게 관찰했고 비밀리에 입김을 불어넣기도 했다. 국민전선이 정권을 잡은 툴롱 시의 1년을 결산한다.

질베르 로쉬 | 언론인
2003년에 타계했다(참고로 이 글은 〈르몽드 디플로마티크〉 프랑스판 1996년 7월호에 실린 것이다). 저서로 〈마르세유, 데페르의 해〉(1983)가 있다.

야스미나 살리 | 언론인
〈르몽드 디플로마티크〉 등 진보매체에 정기적으로 정치사상 관련 글을 쓰고 있다.

라파이예트 시장은 툴롱 구시가지에 있는 작은 상업지구의 끝에 위치하고 있다. 현재 재개발이 진행 중인 곳으로서, 현대적인 마이욜 쇼핑센터에 자리한 카르푸는 사람이 없어 한적하다. 라파이예트 시장은 '임대'와 '재고처분' 안내판이 서로 경쟁하듯 붙어 있는 파산한 도시의 마지막 동맥 같은 곳이다.

꽃가게의 젊은 주인은 "국민전선 출신의 시장에 많은 기대를 했는데 실망했다. 변한 것이 없다"라고 실망감을 표시했고 나이든 상인은 "예전 시장들보다 조금 더 낫다. 도시가 더 깨끗해졌다. 하지만 이제는 경기가 좋아져야 한다"라고 좀 더 긍정적으로 평가했다.

아랍인 청년은 매우 부정적이다. "툴롱의 분위기가 바뀌지 않았다. 예전보다 일자리가 더 없다."

가로로 긴 툴롱 시는 북쪽에는 파롱산과 남쪽에는 해군기지가 자리하고 있고, 마르세유에서 니스 방향으로 즉 서쪽에서 동쪽으로 서민지역, 곧 '작은 시카고'라 불리는 빈민가, 구시가, 마이욜 쇼핑센터, 주택가가 자리하고 있다. 작가들이 작품에 묘사한 항구, 감옥, 통킨만 원정을 떠올리게 할 만한 것은 이제 보이지 않는다. 거리에서는 수병이 아닌 공병 장교들이 눈에 띄고 시멘트 건물로 바다가 가려 항구에는 물이 보이지 않는다.

극우출신 시장의 민족주의에 아랍주민들 반발

"툴롱은 더 이상 도심이 없는 개성 없는 도시가 됐다. 지역 간의 교류도 없이 웅크리며 살고 있다"고 교사인 앙드레-프랑스 보델은 말한다. 시민교육단체인 콩도르세 서클의 회장인 로베르 메시니도 이에 동의한다. "툴롱도 마리냔처럼[01] 정체성을 잃었다. 항공산업의 메

---

01 참조: '국민전선의 표밭 마리냔의 해부', 〈르몽드 디플로마티크〉 프랑스판 1993년 8월호.

카였던 마리냔은 공항을 잃었고, 오랑주는 군부대를 잃었고, 비트롤은 신도시로 변했다. 덕분에 모두 국민전선의 든든한 선거기반이 될 수 있는 최적의 조건을 갖추게 됐다."

사람 좋은 모리스 아렉스[02] 시장市長이 30년 동안 툴롱 시장을 하면서 마구잡이식 개발사업을 벌였다. 도심을 가로지르는 터널 건설 계획은 30년 동안 63번이나 수정됐는데, 그러는 사이 대기업은 배를 채웠고 유력인사들은 이권을 챙겼고 툴롱시민들은 빚더미에 올랐다. 결국 공사계획은 취소됐다. 1985년 후임 시장이 된 프랑수아 트뤼시는 시의 재정능력을 넘어서는 현대화 프로젝트에 착수했다. 제니트 - 오메가 쇼핑센터, 마이욜 쇼핑센터, 마이욜 경기장, 국제회의장, 오디오비주얼 센터가 들어섰다.

툴롱은 도시개발 정책에서 하지 말아야 할 모든 실수를 저질렀다. 필요한 프로젝트도 뇌물 스캔들로 얼룩졌다. 테크놀로지센터의 경우 당시 뇌물로 약 23만 유로가 건네졌다. "툴롱의 공공건설사업은 뇌물을 고려해서 견적을 짜기 때문에 다른 프랑스 지역보다 20% 정도 더 비싸다는 것은 잘 알려진 사실이다. 건설 대기업 제네랄 데조의 계열사인 캄프농 - 베르나르가 사업을 싹쓸이하고 있다"고 앙드레 베르트랑 경제학과 교수는 말한다.

제네랄 데조, 리요네즈 데조 같은 대기업은 지방분권이 강화되면

---

02 아렉스 시장은 1994년과 1998년 두 차례에 걸쳐 뇌물수수와 횡령으로 투옥됐다. 2001년 사망했다.

서 지방정부가 특별한 관리감독을 받지 않고 많은 돈을 쓸 수 있다는 것을 알았다. 이들은 국제시장에서 통용되는 뇌물 관행을 지방에 들여왔고 툴롱의 정치인들은 그것이 무슨 뜻인지 금방 이해했다. 툴롱 시민들도 1993년 조직폭력배 장-루이 파르제트[03]가 이권문제로 살해 당하기 전에 이미 정치인들과 기업의 유착관계를 알고 있었다. 메세니 경찰 서장은 이렇게 말한다. "툴롱에서는 조직폭력배가 정치인을 부패시킨 것이 아니라 정치인이 조직폭력배를 부패시킨다. 파르제트는 정치인들의 하수인에 불과한 평범한 건달이었다."

1994년 2월 25일 국회의원인 얀 피아가 오토바이를 탄 두 명의 괴한에게 살해당하는 사건이 발생했다. 이 사건이 전국적인 뉴스가 되어 언론에 끊임없이 오르내리자 그제야 툴롱 시민들이 잠에서 깨어났다. 프랑스혁명 동안에는 영국에 항복하고 제2차 세계대전 때는 프랑스 함대를 수장시켰는데 이제는 공금횡령, 공공재산 탈취, 축구의 검은 돈, 강탈, 암살, 정치인들의 부패라는 오명을 다시 뒤집어쓰게 됐다. 추리소설에 나올 법한 악몽의 도시였다. 상공회의소장, 부소장, 기업인들이 조사를 받았고 전 시장은 구속됐다.

그래서 사람들은 공화당을 심판하기 위해 국민전선에 투표했다. "다 썩었다. 이 말이 통하는 곳은 툴롱밖에 없다." 일간지 〈바르 마탱〉

---

03 툴롱지방의 조직폭력배. 1993년 3월 17일 이탈리아 발레크로시아에서 살해당했다.

의 기자이며 작가인 클로드 아르디[04]는 말한다. 1995년 6월 18일 총선에서 강탈당한 도시에 사는 분노한 시민들은 때마다 돈을 뜯어내는 시청 깡패들에게 심판을 내렸다. 2차 선거에서 국민전선의 장-마리 르슈발리에가 37.02%를 득표하며 승리를 거뒀다. 트뤼시 퇴임 시장공화당은 34,81%, 사회당 소속 크리스티앙 구는 28.16%였다. "툴롱 시민의 44.77%가 기권했다. 투표한 55.23% 중에서 3분의 1이 국민전선의 르슈발리에를 선택한 것이다. 다시 말해 유권자의 18%가 국민전선에 투표했다는 뜻"이라고 메시니 경찰서장은 설명한다.

자중지란에 빠진 좌파와 우파가 국민전선을 도와준 것이다. 우파를 보면, 공화당 트뤼시 후보는 아렉스 사건에 연루됐고, 공화연합[RPR]의 루이 베르나르디 후보는 독자적으로 행동했고, 공화당에서 탈당한 루이 콜롱바니 후보는 사회당에 투표하라고 독려했다. 어떻게 해서라도 국민전선을 막아야 한다고 생각한 좌파들은 2차 선거에서 트뤼시 전 시장 지지를 선언했지만, 시민들에게 인기가 없었던 사회당 지도부는 당선 가능성도 없는 공산당 후보를 지지했다. 그런데 정작 공산당 후보는 공산당의 지원을 받지 못했다. 당이 국민전선의 2인자인 브뤼노 메그레와 경합을 벌이고 있는 비트롤 시[市]에 집중했기 때문이다.

"우리가 최고이기 때문에 승리했다." 르슈발리에 신임 툴롱시장은

---

04 참조: 〈그들이 얀 피아를 죽였다[Ils ont tué Yann Piat]〉, 〈파쇼들을 위한 엘리베이터 [Ascenseur pour les fachos]〉 Pein Sud, Toulon의 작가, 1995년. Virginie Martin, 〈검은 도시 툴롱[Toulon, la noire]〉, Denoël, Paris, 1996년.

짧막하게 말했다.[05] 틀린 말은 아니다. 선거운동 기간 동안 진정한 정치활동을 한 정당은 국민전선밖에 없었다. 신념과 이데올로기_민족주의_로 무장한 운동원들은 다른 정치인들이 신경쓰지 않은 현장까지 열심히 누비고 다녔다.

국민전선은 툴롱 시민의 심리상태를 자신들에게 유리하게 이용했다. 상류층 주민들은 모든 프랑스인들이 보는 앞에서 자신들을 '망신시켰던' 정치인들을 벌하기 위해 공산당보다는 국민전선을 택했다. 르슈발리에 후원회에는 부시장이 된 기 나샹 제독_2009년 작고_과 해군조선소 책임자였던 앙드레 갬프 제독_2005년 작고_을 비롯 3명의 해군제독이 포함되어 있었다.

시민의 불안 심리상태를 파고든 국민전선

이민과 안전 문제에 위협을 느끼는 유권자들도 국민전선 주위로 모여들었다. 사설경호원이 지키는 빌라에 사는 부자는 위험한 사람들에게 해코지를 당할까 무서웠고, 빚이 많은 개인주택 소유자들은 동네에 공동주택단지가 세워질까 걱정을 했고, 노인들은 외국인을 잠재적 범죄자로 여겼고, 해군조선소의 숙련 노동자들은 북쪽에서 온 엔지니어들과 남쪽에서 온 임시직 노동자들에게서 위협을 느꼈

---

05 르슈발리에는 1999년 국민전선에서 탈당했다. 2001년 지방선거에서 위베르 팔코에 패배한 후 정계 은퇴했다.

다.

 해군조선소의 프랑스노동연맹CFDT 대표인 질 몽탈랑은 "민간인이든 군인이든 해군조선소에서 일하는 사람 세 명 중 한 명이 국민전선에 투표했다. 해군조선소의 군함 수 유지나 지중해의 전략적 중요성 같은 문제는 논의조차 되지 않았다. 모두들 구조조정에만 신경 썼다. 과거 노동운동에서 존재했던 연대정신이 사라지고 있는 중이다"라고 평가했다.

 국민전선은 해군조선소뿐 아니라 도시외곽의 공동주택단지에도 정성을 들였다. 주요 전략은 반감 정서를 조장하고 한쪽 편을 드는 것이다. 외국인에 반하여 실업자 편을 들고, 펠라가프랑스에 저항한 튀니지와 알제리 독립운동가의 후손에 반하여 하르키프랑스 군대에서 복무한 북아프리카인 보충병의 후손 편을 들고, 새로 유입된 이민자에 반해 프랑스로 귀화한 이민자 편을 들고, 아랍인에 반하여 집시 편을 들었다. 툴롱시민과 국민전선은 그야말로 찰떡궁합을 자랑했다. 국민전선에는 비시정권 부역자, 기독교 왕정주의자, 군국주의자, 소상인보호운동가, 알제리 독립을 반대하는 OAS 비밀결사대원들이 있었고, 툴롱에는 해군퇴역 군인, 군 장교, 해군조선소 하급장교, 소상인, 피에누아Pied-noir, 알제리출신 프랑스인06가 있었다.

 르펜식 민족주의(좌파도 아니고 우파도 아닌 프랑스파!)에는 실제

---

06 툴롱은 프랑스에서 '프랑스 알제리1856년-1962년를 위하여 희생하신 분들에게 바친다'라고 새겨진 위령비가 세워진 유일한 도시다. 강력한 로비에 아렉스 시장이 양보한 것이다.

로 다양한 이데올로기들이 혼재해 있다. 이것이 국민전선의 장점이기도 하지만 단점이기도 하다. 툴롱에서는 장-클로드 풀레-다샤리 사건으로 초반부터 갈등이 발생했다. 르슈발리에 시장의 홍보담당 보좌관이며 최측근으로 알려진 풀레-다샤리가 1995년 8월 28일 동성애자 나이트클럽에서 밤을 보낸 이후 망치로 살해당한 사건이 일어났다. 툴롱 지역 국민전선 당원들은 '유명한 동성애자'인 풀레-다샤리와 '알제리전쟁 탈영병'인 르슈발리에를 낙하산식 정책으로 자신들의 지역에 떨어뜨려 놨다고 당을 비난했다. 게이바에서 글로리아라고 불리던 80kg의 외인부대원과 알제리 전쟁의 '탈영병'은 질서와 기독교 도덕을 지향하는 정당에게는 맞지 않은 조합이었다. 하지만 톨레랑스를 부르짖는 상대진영에서는 이 상황을 이용할 수는 없었다.

더 심각한 문제를 일으킨 사람은 인사담당 보좌관인 리샤르 로페즈64세였다. 주말에 취미인 수류탄을 다루다가 부상을 당했고 도서전에서 '반프랑스'적 작가들을 비난하고 '유대-메이슨 협회'나 '코스모폴리탄적인 자칼' 같은 말실수를 했다.

르슈발리에 시장은 상대방의 실수를 놓치지 않는 약삭빠른 정치가다. 장-피에르 스티르부아1998년 작고 같은 당내 강경파는 마케팅 이사의 외모를 가진 르슈발리에를 무시했지만 툴롱에서 그의 외모는 유력인사처럼 보였다. "우리가 처음 시청에 입성하던 날 언론은 경고를 했었다. 갈색 셔츠단나치돌격대이 들어올 것이다. 아랍인들을 차별해 이민자 동네에서 폭력사태가 벌어질 것이다… 하지만 그런 일은 일어나지 않았다. 툴롱은 정상적인 방식으로 운영되고 있고 예전과 다른 것은 단지 조금 더 깨끗해졌다는 것뿐이다"라고 그는 차분하게 설명했다.

임기 초반에는 도심에서 구걸행위를 금지하는 인기영합 정책을 쓰기도 했다. 하지만 앙굴렘의 사회당 출신 시장이 그보다 앞서 실시한 정책이다. 안전문제는 국민전선이 좋아하는 이슈다. 그래서 신임 시장은 툴롱 토박이들만을 신규채용해서 경찰의 숫자를 늘리려고 했다. 하지만 공무원은 국가시험을 통해서 되는 것이지 출생지로 선택되는 것이 아니고, 프랑스 국적을 가지고 있으면 누구나 시험을 볼 수 있다고 말하는 도청의 반대로 무산됐다. "도지사가 툴롱시민 대신 프랑스 국민을 선택했다"고 르슈발리에 시장은 비꼬았다.

르슈발리에 시장은 법을 준수하겠다고 선거공약으로 밝힌 만큼 법에 저촉되지 않는 선에서 정책을 실시해야 했다. 그래서 불법이민을 막는 방법으로 거주증명서 발급을 거부하기로 했다. "나의 의견은 권고사항에 불과하다. 내가 80건을 거부했는데 도지사가 한 번도 내 의견에 반대하지 않았다." 보수적인 샤를 파스쿠아^{공화연합}의 측근인 장-샤를르 마르시아니 도지사 역시 휴머니스트로 불리는 인물은 아니다. 내가 만난 이민자들은 검문을 강화한 도지사를 시장보다 더 두려워했다.

공화국의 이념수호를 자처한 국민전선

그렇다고 국민전선이 툴롱 시민만 고집하고 프랑스 국민을 외면한 건 아니다. 사회복지분야 보좌관이며 왕정주의 성향의 강성파인 엘리안 귀이예 들 라 브로스는 보호센터나 임시숙소에서 불법체류 외국인을 가차 없이 쫓아냈다. 시장 부인이며 청소년문제 보좌관인 상드린 르슈발리에는 좌파의 주장을 놀라운 솜씨로 국민전선의 것으로 만들었다. 국민전선은 프랑스인이 사회안전망에서 소외되는 것에 반대하고, 이민자들의 문화적 다양성에 반하여 공화국의 이념 수호에 찬성한다고 주장했다. 그녀는 인종주의적 지역주의자라는 소리를 듣는 것을 두려워하지 않았다.

1996년 11월 17일, 당 대표인 르펜의 지시에 따라 툴롱 시는 무슬림 프랑스인, 개신교 상호부조, 국민구제, 에드 프로방스에이즈 환자 지원, 학부모 연맹, 교원연맹 등에 지원하던 보조금을 대폭 인하했다. 시의회도 시 건물에 사무실을 임대했던 여러 노조들을 쫓아냈다. 하지만 요청도 하지 않은 기독교노동자동맹에는 15,000프랑약 2,300유로을 지원했고 고양이의 친구들 협회에 지원하던 보조금도 인상했다. 비난의 소리가 높아지자 브로스 사회복지 담당관은 "얼굴을 가리는 사람들에게는 돈을 줄 수 없다"라고 아무렇지도 않게 응수했다.

국민전선은 자신들이 직접 단체를 결성하기도 했다. 반실업 전선, 프랑스 형제회상호부조성격의 단체, 세입자 국민전선, 상공인 보호위원회, 전국 농민회, 군인회, 툴롱 에콜로지, 툴롱 해비타트, 지역생활전임 시장이 조직한 지역위원회에 세포조직을 만들기 위한 것이었다 등이 만들어졌다. 그리고 선거운동 때 성공적으로 활용했던 근접정치활동 전략을 강화해 상조회나 다양한 성격의 모임을 활성화시켰다. 이 전략은 50년대에 공산주의자들이 썼던 것이기도 하다.

국민전선의 열성당원들은 현재 프랑스 기독교노동자동맹CFTC과

노동자의 힘FO에 잠입 공작을 벌이고 있다. FO의 총서기인 마르크 블롱델은 툴롱 공동주택단지의 FO 대표인 장-피에르 칼론[07]의 사임을 요구했다. 칼론은 르슈발리에 시장 덕분에 툴롱 해비타트의 대표가 됐다. CFTC의 도道 대표인 피에르 르세귀에는 르슈발리에 시장의 부인이 창설한 툴롱청년회에서 일하고 있고, 가족수당기금의 CFTC 대표는 반실업전선FAC의 지역 대표와 전국귀환동포회 회장을 맡고 있다.

전임 시장들과 부패 기업이 맺은 거래는 아직 기소도 되지 않고 있다. 수도, 환경미화, 유선방송, 시청 전산시스템, 주차요금 미터기, 견인차량 보관소, 경기장 관중석 등 대규모 건축사업 및 운송 등 툴롱의 거의 모든 공공사업에는 대기업 제네랄 데조가 관여되어 있다.

혼란에 빠진 좌파, 분열된 우파

르슈발리에 시장은 프랑스에서 부채가 가장 많은 도시인 툴롱을 모델로 삼아 국민전선도 국가를 경영할 능력이 있다는 것을 보여주려 하고 있다. 이를 위해 그는 매우 단순한 전략을 채택했다. 지출은 줄이고 수입은 올리는 것이다. 문화정책, 복지정책, 경기부양책 그 어느 것에도 투자하지 않고 반대로 세금만 올린다9.18% 인상하겠다고 1996년 3

---

07 장-피에르 칼론은 2002년 강간, 성폭력으로 12년 형을 선고 받았고 2011년에는 툴롱 해비타트에서 부패행위를 한 혐의로 징역 5년에 집행유예 3년을 선고받았다.

월 22일 발표했다. 공산당 소속 시의원인 다니엘 드 마르슈는 "국민전선의 시정 1년의 결과는 부정적이다. 국민전선의 정책에 존재하지 않은 단어 하나가 있다면 그것은 일자리다"라고 말했다.

툴롱의 미래, 해양, 경제에 대해 이러한 생각을 구체적인 정책으로 바꿔줄 정치세력이 필요한가? 먼저 좌파를 살펴보자. 공산당은 힘이 거의 없는 상태이고, 사회당은 분열되어 있다. 그리고 투쟁과 통합의 가치를 기치로 급진적인 새 정당이 창당됐지만 강력한 지도자나 구체적인 정책 없이 오로지 신념만 가지고 투쟁을 하고 있다.

우파는 분열되어 있다. 공화당PR은 깨진 조각들을 다시 붙이고 있고 공화연합RPR은 마르시아니 도지사가 지배하고 있다. 어쩌면 국민전선의 정책을 옹호하며 르슈발리에 시장을 공화연합으로 재영입하려고 하는 지도 모른다. 탈당의 예는 많다. 1988년 국민전선의 얀 피아 의원은 공화당과 국민전선 사이의 비밀 합의를 통해 다음 해에 공화당에 입당했다. 국민전선은 대신 독립공화당 출신인 르슈발리에 시장을 영입했다. 니스의 시장이며 한때 국민전선 당원이었던 자크 페라도 공화연합의 유혹에 굴복했다. "심각한 것은 국민전선이 툴롱시를 장악한 것이 아니라 국민전선의 이데올로기가 프랑스 정치에 영향을 미치고 있다는 것이다"라고 메시니는 결론지었다.

| 3부 |

극우가 귀환했다!

2010년까지 국민전선의 대표를 지낸 장마리 르펜은 좌·우파 정치인들에 대한 국민의 커다란 환멸감을 이용하며 권력을 얻으려고 했고, 이 과정에서 반유대주의 정서를 도발적으로 널리 확산시켰다. 그의 딸은 아버지의 전략을 더욱 폭넓게 이용했다. 그리고 서민층과 중산층이 미래에 대해 불안감을 지닌 사실에 주안점을 두었지만 당의 근본 원칙은 어떤 것도 포기하지 않았다.

극우파 마린 르펜의
화려한 '변신'

국민전선은 좌파나 우파를 지지하는 유권자를 현혹시키기 위해 필요하다면 자신들의 정체성을 배반하고, 좌파 내지 우파 이념을 수용하기도 한다. 그래서 그들은 이따금씩 일관성이 떨어진다는 지적을 받지만, 이에 개의치 않는다.

에릭 뒤팽 | 언론인
파리1대학에서 경제학을 공부하고 이어서 시앙스 포에 입학했다. 정치평론 기자로서 활동하며 많은 잡지에 글을 기고했다. 저서로 <프랑스 여행>(2011), <선구자들. 진정한 혁신이 일고 있는 프랑스의 여행>(2014)이 있다.

2011년 3월 중순 프랑스의 툴루즈와 몽토방에서 자신을 알카에다 소속이라고 밝힌 한 젊은이의 연쇄 총기테러 사건이 발생하자, 국민전선FN은 다시금 자신들의 단골 주제에 집중하게 됐다. 이민과 이슬람이 문제라는 것이다. 최근까지만 해도 대선 후보 마린 르펜은 국민전선에는 다소 생소한 사회적 문제를 선거 쟁점화하던 터였다.

"자유주의 신학의 성령聖靈은 '보이지 않는 손'이다. 이것이 이기적인 개인행동의 총합에서 과학, 더 나아가 자연 질서에 더 적합한 집단적 행복을 도출해낼 수 있다고 본다." 대선 유세가 한창일 때 출판된 마린 르펜의 책에[01] 등장하는 이 구절은 성삼위일체 이론뿐 아니라 전통적 우파에게도 신성모독이 아닐 수 없다. 르펜은 이 책에서 '세계화한 국제 지배계급의 이데올로기'일 뿐인 '급진적 자유주의'를 맹렬히 비난하며 이 '새로운 귀족정政'에서 하루빨리 벗어나야 한다고 주장한다. 그녀가 보기에 제도권 좌파와 우파 모두 과두지배 체제의 이익에 봉사하는 급진 자유주의적 자본주의가 낳은 세계화 이데올로기를 공유하고 있다는 것이다.

마린 르펜은 아무리 양보해서 보더라도 극우파와 공통점이 전혀 없어 보이는 저자들까지 동원해가며 자신의 주장을 정당화한다. 가령 필리프 아스케나지가 공저 〈충격받은 경제학자들〉[02]에서 쓴 글을 두 번이나 인용했고, 세르주 알리미의 저서도 두 권이나 인용했다. 한 번은 시장의 정신적 침투를 비판하기 위해, 또 한 번은 '언론 귀족'을 비판하기 위해서였다. 르펜은 "세계화주의는 소비주의와 물질주의의 결합이다. 인류를 역사에서 이탈시켜 질 리포베츠키(루마니아계 프랑스 소장 철학자로 〈행복의 역설〉 등이 번역되어 있다 – 역주)가 명명한 '공허의 시대'로 이끈다"고 쓰기도 했다. 에마뉘엘 토드에서부터 프랭클린 루스벨트까지, 카를 마르크스에서 모리스 알레까지 르펜은 동원할 수 있는 저자를 모두 인용하며 '세계화주의

01　Marine Le Pen, 〈프랑스가 살기 위해서〉, Jacques Grancher, 파리, 2012.
02　Phillipe Askenazy, Thomas Coutot, André Orléan, Henri Sterdyniak, 〈충격받은 경제학자들의 선언-유럽의 부채와 위기: 10가지의 거짓 확실성, 논쟁 중인 22가지 해법〉, Les Liens qui libèrent, 파리, 2010.

Manière de voir

Mondialisme'를 비판한다.

르펜은 "정교분리, 공화국, 자유무역, 유로존 해체 등과 같은 중요한 주제에 대해 의견이 다른 동료들과 치열한 토론을 벌인 뒤" 철학자 장클로드 미셰아고교 철학교사 출신으로 사회주의 교양도서를 다수 출간함의 생각에서 강한 인상을 받았다고 고백한다. 미셰아에 대해 "그를 국민 철학자로 추앙하는 것을 용서해달라"고 부탁할 정도였다. 그는 미셰아의 〈애덤 스미스의 곤경〉[03]을 읽고 "좌파가 왜 자신의 이상과 노동자 민중을 대변해야 한다는 본분을 잊고 소외자와 불법체류자들 문제로 도망갔는지 이해하게 됐다"고 말한다.

르펜은 이상한 방식으로 반대파에 때늦은 경의를 표한다. "좌파는 탄생한 순간부터 해방을 향한 투쟁을 전개해왔다. 좌파의 정치적 역사는 계시적 진리에 맞선 이성의 이름으로 시작됐다. 철학자들과 백과전서파는 인간의 의식을 억압하는 파렴치한 교회와 투쟁했다." 이미 르펜에게 등을 돌린 극우파 계열 신문들〈리바롤〉,〈미뉘트〉,〈프레장〉은 할 말이 많을 것이다.

좌우파 이론 모두 동원하는 극우파

르펜은 자신의 세계화주의에 대한 비판에서 중심을 차지하는 이

---

03 〈애덤 스미스의 곤경: 자본주의를 왼쪽에서 극복하는 것이 불가능한 몇 가지 이유〉, Flammarion, 파리, 2006.

민 문제를 언급할 때도 사회적 관점을 동원한다. 그녀는 "외국의 모든 노동자와 경쟁해야 하는 상황"이 닥칠 경우 프랑스 노동자의 삶은 더 피폐해질 것이라고 강조하면서 "국내화한 공장 이전값싼 노동력 유입과 공장의 해외 이전이 동일한 효과를 가져온다는 생각"과 "현대적 노예제의 추악한 현실"을 고발한다. 여기서도 르펜은 반대편의 생각을 태연하게 빌려다 쓴다. 가령 전 프랑스 총리 피에르 망데스 프랑스가 1957년 1월 19일에 한 말을 찾아내 인용하는 식이다. "프랑스는 경제 상황에 따라 이민 유입을 억제할 권리, 실업과 외부의 영향에 의한 삶의 질 저하로부터 국민을 보호할 권리를 수호해야 한다."

"세계화는 현대적 노예제"

마린 르펜은 프랑스 공산당PCF 서기장 조르주 마르셰가 이슬람 사원인 파리 모스크 책임자에게 보낸 편지에서 "더 많은 노동자를 실업자로 내몰지 않기 위해서라도 이민을 그만 받아들여야 한다"면서 "사회적 긴장"과 "게토 현상"을 언급한 사실을 들춰낸다. 그러나 좌파당PG 지도자 알렉시스 코르비에르는 르펜이 마르셰의 다음 문장을 인용하지 않은 점을 지적한다. "우리가 길잡이로 삼아야 하는 것은 증오와 단절이 아니라 이주노동자와의 연대와 이들에 대한 관심을 공유한 공동체다."[04]

04　Alexis Corbière, '마린 르펜, 프랑스를 위한 모순적이고 위험한 한 권의 책',

세계화주의에 대항한 싸움은 마린 르펜에게 자유무역과 이민 비판을 위한 구실을 제공한다. 그녀는 "재산업화와 생산시설의 국내 복귀 정책만이 진정한 생태주의를 실현하는 길"이라면서 보호무역을 지지하고 유로존 탈퇴를 주장한다. 자신의 정책을 선전하기 위해 사회적 뉘앙스를 풍기는 주장을 반복적으로 인용하는 수법은 정치적으로 치밀하게 계산된 행동으로 보인다.

"좌파와 우파를 가르는 차이는 더 이상 존재하지 않는다."

치안이나 이민 문제에 대한 마린 르펜의 입장은 5년 전 아버지 장마리 르펜이 내세운 정책보다 다소 완화됐지만 여전히 극우적 성향을 띤다.

이민 문제에 관한 그녀의 입장은 강경하다. 가령 "합법 이민자 수를 연간 20만 명에서 1만 명으로 줄일 것"이며 "출생지주의를 철폐하겠다"고 공언한다. 아버지 르펜이 내세운 '내국인 선호' 정책은 '내국인 우선' 정책으로 한층 강화됐다. 2007년 대선에 국민전선 후보로 출마한 아버지 르펜은 "각종 사회보조금과 가족지원금을 프랑스인들에게만 지급하겠다"고 선언했다. 오늘날 마린 르펜은 기업들이 "같은 능력이라면 프랑스 국적 소유자에게 취업 우선권을 줘야 한다"면서 공공주택 임대에도 같은 논리를 적용해야 한다고 주장한다.

2012년 2월 3일, www.placeaupeuple2012.fr

"가족지원금은 최소한 부모 중 한 명이 프랑스인이거나 유럽인일 경우에만 주어야 한다"는 것이 그녀의 생각이다.

아버지 르펜과 딸 르펜의 차이

아버지와 딸 사이의 차이는 경제 분야에서 더 잘 드러난다. 아버지 르펜은 미국의 로널드 레이건 대통령 1981-89년 재임에 대한 존경심을 감추지 않았다. 푸자드주의자 중소 상공업자의 정치·경제적 불만을 배경으로 1953년 프랑스에서 일어난 반의회주의 극우운동인 그는 자유기업의 옹호자로서 줄기차게 '국가 개입'과 '재정주의'를 비판했다. 반면 2012년 대선에서 마린 르펜은 "금융계와 투기꾼들을 통제할 강한 국가"를 역설하면서 "민간은행이 어려움에 처할 경우 부분적·일시적으로 국유화를 고려할 수 있다"는 데까지 나아간다. 아버지 르펜이 최고 소득층에 대한 과세율을 20%로 인하하자고 주장한 반면, 마린 르펜은 과세율 46%를 주장한다.

또한 "퇴직 연령을 65살로 다시 연장하자"고 했던 아버지와 달리, 마린 르펜은 정년을 "점차 60살로 낮추고, 40년 이상 보험료 불입자의 퇴직연금 100% 수급 원칙을 최대한 이른 시일 내에 확립하는 것을 목표로 삼아야 한다"고 주장한다.

몇몇 정책이 변화한 이유를 묻는 질문에 국민전선 지도자들은 "세상이 그만큼 변했다"고 대답한다. 마린 르펜의 다음 발언 속에는 프랑스의 '영광의 30년'에 대한 향수 같은 게 느껴진다. "경제권력 간 자유경쟁을 제한하는 국가 개입, 복지 지향적인 법률, 최저임금

제, 값비싼 공공서비스, 수익성 없는 학교와 공기업, 관대한 보건 시스템, 가스·전기·교통·우편 서비스 독점 등을 특징으로 하는 프랑스의 혼합경제 체제는 급진 자유주의자들이 꿈꾸던 이상과는 거리가 멀었다." 마린 르펜은 샤를 드골의 '강력한 책임' 개념에 기초한 '전략적 경제계획'을 부활시키겠다고 공언한다.

이상의 주장들은 아버지 르펜이 1970년대 규합에 성공한 프랑스의 다양한 극우적 관점과 어긋난다. 한때 국민전선을 이끌었고 '클럽 드 로를로주^{우파 정치단체}'를 창설한 이방 블로는 "마린 르펜은 서구의 마지막 마르크스주의자다. 이민과 치안 문제를 걱정하며 그에게 표를 던진 유권자들은 자신과 마린 라 루즈^{빨갱이 마린}의 생각이 얼마나 다른지를 깨닫고 놀랄 것이다"라고 썼다.[05]

"서유럽의 마지막 마르크스주의자?"

대선 후보가 쓴 책을 우리는 얼마나 신뢰할 수 있을까? 마린 르펜 후보의 선거 전략가 플로리앙 필리포는 "르펜이 책 〈프랑스가 살기 위해서〉를 처음부터 끝까지 본인이 직접 썼다"고 말한다. 필리포는 국립행정학교ENA 출신으로, 장피에르 슈벤망의 공화시민운동당을 거쳐온 인물이다. 그는 이 책이 '2년간의 공동 작업' 산물이라는 사

---

05 Yvan Blot, '네오마르크시스트? 마린 르펜이 마린 라 루즈가 될 때…', 2012년 3월 4일, www.atlantico.fr

실 역시 인정한다.

이 책은 지지층을 다변화하려는 의도에서 나온 것은 아닐까? 현재 국민전선은 극우파 내에서 독점적 위치를 확보하고 있다. 따라서 기존 지지기반을 다지면서 새로운 지지층을 확보할 필요가 있다. 그 일환으로 마린 르펜은 2011년 9월 29일 국민전선의 싱크탱크 '이데나시옹Idée Nation'의 주최로 열린 교육 관련 토론회에서 교육자에게 다음과 같이 호소했다. "오랫동안 우리와 여러분 사이에는 오해가 있었다. 우리는 교육자 여러분을 적대시한다는 인상을 줬다. 오랫동안 우리는 대화를 하지도, 할 말을 찾지도 못했다. (…) 오랫동안 우리는 여러분을 학교 파괴의 공범자이거나 수동적 방관자로 여기는 실수를 범했다. 여러분 대부분에게 그건 확실히 실수였다. 그런 시대는 이제 끝났다."

같은 방식으로, 불균형한 경제시스템의 불공정성과 비일관성에 대한 비판은 —특히 경제위기의 맥락에서— 서민층의 지지를 호소하기 위한 현실적인 전략이 될 수 있다.

마린 르펜의 속임수

마린 르펜의 속임수를 몇 가지 파헤쳐보자. 조금만 깊이 들여다보면 그녀의 국민전선이 표방하는 사회의 모습이 얼마나 허구인지 금세 알 수 있다. 르펜은 '강한 국가'를 역설하며 공공정책검토팀RGPP을 대규모 공무원 감축의 원흉으로 지적하는 동시에, 지방정부의 '인원 동결 혹은 감축을 위한 계획'이 절대적으로 필요하다고 주장한다.

다른 예도 있다. 국민전선은 '수입품에 사회기여세를 부과'해서 임금을 200유로 인상해 임금이 최저임금의 1.4배까지 되도록 만들 수 있다고 자신한다. 그러나 급여에서 공제되는 사회기여세를 인하하는 방식만으로는 부의 재분배가 균형 있게 이루어지기는 힘들다.

국민전선은 잠재적으로 성향을 달리하는 두 부류의 유권자층 모두에게 적당히 먹혀들 수 있는 공약을 만들기 위해 고심하고 있다. 낙태 문제가 대표적이다. 모든 종류의 임신중절에 반대하는 전통적 지지층과 여성인권을 중시하는 새로운 유권자층 모두를 만족시키기란 쉬운 일이 아니다. 마린 르펜은 이 문제와 관련해 '여성이 낙태를 하지 않을 자유'라는 애매한 개념을 통해, 임신중절에 대한 의료보험 지원에 우선권을 주지 않고 보험예산이 어려울 때는 지원을 중단하는 방안을 내놓았다.

국민전선의 단골 주제들에 대한 니콜라 사르코지 후보의 반격이 부분적으로 여론의 호응을 얻자, 극우파 후보 마린 르펜은 이민과 이슬람 문제에 더 강경한 태도를 보일 필요가 생겼다. 그럼에도 중산층과 서민 지지층을 확보하기 위해 경제문제를 포기할 수 없는 상황이다. 집권 대중운동연합UMP과 국민전선이 경쟁하는 속에서 마린 르펜은 국민전선의 역사적 뿌리와 완전히 단절한 채 당의 과감한 혁신만 내세울 수 없는 처지다.

〈국민전선〉 지지자들, 혼란, 그리고 마법사들

반유대주의와 극우성향을 은폐하기 위해 체제 비판자로 자처하는 집단들이 있다. 알랭 소랄과 그가 이끌고 있는 평등과 화해Egalité & Réconciliation 운동이 그렇다. 이들은 젊은이들의 무력감에 호소하며 이데올로기를 혼란시키고 있다.

에블린 피에예 | 〈르몽드 디플로마티크〉 편집위원
대학에서 철학을 공부했다. 이후에는 로큰롤과 문학 비평 분야에서 활동하는 동시에 언론인, 작가, 연출가로 활동을 해왔다. 저서로 〈청소년을 위한 록의 역사〉(2013), 〈난처한 자들의 예언〉(2002) 등이 있다.

2012년 총선에서 좌파전선FG의 후보로 마르세유에서 출마한 공산주의자가 다음에는 국민전선으로 출마했다. 우아즈, 빌뇌브-쉬르-로 같은 선거구에서는 상당수의 사회당 표가 국민전선으로 옮겨갔다. 이런 변화는 무엇을 의미하는가? 좌파 정치지도자들에 대한 실망이 설명할 수 없는 감정적 변화로 나타난 걸까? 아니면 '양극단'은 서로 통하기 때문에 좌우를 초월하는 선택이 가능했던 것일까?

알랭 소랄은 자신이 주도하는 평등과 화해 운동 사이트에 매달 동영상을 올리고 있다. 그의 동영상은 단번에 '범정파적'이며 '시스템'에 저항하는 수단으로 인정받았다. 사이트 방문자의 수가 적지 않고 특히 젊은 층에서 인기가 높다.

소랄은 티셔츠를 입고 소파에 앉아 자신이 자주 쓰는 용어인 '엉망진창'이 된 세상을 이해하려고 노력하는 선의를 가진 사람들에게 시사문제와 역사에 대해서 얘기한다. 그의 정치 경력은 정치적으로 불안정한 시기를 보낸 사람들의 정치적 경향과 일치한다. 90년대에 짧게나마 공산당에 몸담았고 2009년 유럽의회 선거에 코미디언 디외도네와 함께 반유대주의 성향의 정당을 만들어 출마했다. 2007년부터 2009년까지 2년 동안 국민전선 당원이기도 했다. 그의 정치적 여정은 그가 역설과 단절을 두려워하지 않는 사람이라는 것을 단적으로 말해준다.

소랄의 주장은 몇 가지 감정과 개념을 중심으로 구성된다. 세계화, 유럽연합에 굴복해 각 나라의 독립성이 사라지는 것에 대한 절망감, 경제 위기와 불안정한 사회에 대한 불안감, 급진이라고 자처하는 근대적 가치에 대한 불편함, 다른 미래를 꿈꿀 수 없는 환경이 그것이다. 소랄은 전쟁의 여신과 서로 의견이 다른 정치지도자들이 대범하게 결합된 어떤 실체로부터 후원과 영향을 받는양 분석을 하고 답을 제시한다.

먼저, '세계화'에 맞서 싸우는 것이 중요하다. '세계화는 세계 평화라는 구실로 국가를 해체해서 세계단일정부를 구성하기 위한 사상화 프로젝트다. 이 프로젝트는 인류의 완전한 '상품화'를 통해 완성된다.'[01] 세계화는 국민의 주권을 무시하고 전능한 시장의 신화를 퍼뜨리는 '소수지배'로 표현된다. '마치 세상을 움직이는 것은 정치도 아니고, 힘의 역학관계도 아니고, 계급투쟁도 아니라는 듯 2013년 동영상' 말이다. 그리고 단체협약은 '탄압받는 소수'에게 부여하는 특수한 권리로 대체되고 그렇게 되면서 국가가 조각조각 찢어져 내란이 일어날 위험으로 이어진다. 내란 위험성의 가장 확실한 증거는 사회적 관계를 인종차별적 시각으로 해석해서 '토박이'와 '아랍인'을 대립시키고, 노동과 자본을 대립시키는 일이 진행되고 있다는 것이다. 그리고 무슬림을 '희생양'으로 삼는다.

한마디로 새로운 세계질서는 형식적이고 단순한 민주주의, 다시 말해 '부자들의 권력'이 승리하게 만드는 제국이다. 2013년 5월 동영상 제국은 '불평등과 계급착취를 사회문제로 대체하는 추상적인 평등주의를 옹호한다. 2013년 5-6월 동영상'

그래서 소랄은 유럽연합과 북대서양조약기구를 탈퇴해야 한다고 주장한다. '자국 통화에 대한 통제권을 회복하고 (…) 주권을 돌려받아 민주주의의 의미를 확인하고 경제 세계화에 맞서 낙후된 국가'를 위해 싸우고 보호주의를 채택해야 한다고 제안한다.

세상을 보는 소랄의 시각은 '인간의 노동에 대한 소수의 지배 시

---

01 알랭 소랄, 〈제국 이해하기: 내일 전 세계적 지배가 계속될 것인가, 국가들이 반란을 일으킬 것인가?〉(2011). 몇몇 부분을 제외한 모든 인용문의 출처는 이 책이다. 알랭 소랄의 이 책은 우리나라에서 〈그들이 세상을 지배해왔다〉(2013)라는 제목으로 번역되었다.

대'를 끝내야 한다고 생각한 사람들에게는 전혀 놀라운 것이 아니다. 소랄은 자신은 '마르크스주의자'가 아니라 '진정한 좌파'를 찾고 있는 중이라고 말한다. 특히 식민지주의'프랑스 보편주의에 대한 좌파의 배신'와 신식민지주의를 비난하고, 계급투쟁을 변질시키기 위해 '인종적, 종교적 긴장의 도구화'가 진행되고 있다고 주장한다. 그리고 그는 다극적인 세계를 희망한다. 하지만 사회운동이나 생산수단의 공유화 등에 대해서는 거의 언급하지 않는다. 엘리트와 미디어가 승인한 '금융 우파와 자유주의 좌파의 교차동맹'을 고발하는 데 더 열을 올렸다.

소랄이 진정으로 집착하는 것은 사회정의가 아니라 프랑스를 구제하는 것이다. "나는 프랑스를 구하고 싶다. 바로 그것이 내가 원하는 것이다."2012년 가을 동영상 3부 그는 프랑스가 상징하는 것을 구하려는 것이다. 다시 말해, 그에게는 정치보다는 도덕이, 혁명보다는 국가가 더 중요하다. 도덕은 개인의 삶에 의미를 부여하고 민족은 집단의 삶에 의미를 부여한다. 소랄의 주장에 계급투쟁이 자주 등장하지만 그에 대한 연구는 빈약하다. 그의 분석은 기본적으로 자유주의가 파괴하는 인간 개념에 기초하고 있다. 우리의 근본적인 적敵은 '충동적 소비와 개인주의'E&R 헌장, 다시 말해 '상품화된 세계의 이데올로기'이다. 신자유주의에서 착취보다 더 단죄해야 할 것은 신자유주의가 '충동에 헌신하는 사회'를 만든다는 것이다.2013년 5월 동영상 이 사회에서는 과도한 이기주의와 경쟁, 쾌락의 추구로 공동체의식과 정치의식이 약화된다. 국가만이 이윤을 쫓아 세계를 돌아다니는 사람들로부터 국민을 구할 수 있다. 이들은 조국도 없고 도덕성도 없는 사람들로 개인의 욕심을 초월하는 가치를 더럽히고 있다.

정교분리원칙은 가장 광신적인 종교다!

국가의 역할은 무엇인가? 물론 '국민을 보호'하는 것이다. 국가는 이기주의와 '국제적 자본'을 거부해야 한다. 이를 위해 전제되어야 할 것은 국가가 한편으로는 특정 문화의 고유한 상징이며 정수가 되어야 하고 다른 한편으로는 비도덕적인 국제주의자들을 배제해야 한다는 점이다.

엄청난 일탈이다. 초국가적 법에 맞서 주권을 요구하는 것에서 출발해서 '노동자, 애국자, 인민의 공동전선'을 결성해 금융 네트워크와 세계화된 극자유주의에 저항한다는[02] 거의 신비주의적인 개념에 도달했다. 공동전선은 '자신의 역사와 문화를 인식하고 형제애에 기반을 둔 국가 공동체'를 말한다. 이곳에는 '노동과 부가 조금 더 정당하게 분배되기를 원하는 사람', '전통에서 찾을 수 있는 훌륭하고 신중하고 인간적인 것을 보존하고 싶어 하는 사람'이 모인다. 소랄에 의하면 물질주의와 결별하기 위해서는 영혼의 힘을 회복하는 것이 필요하다고 한다. 영혼의 힘은 종교뿐 아니라 공산주의 그리고 형제애, 자신과 타인에 대한 존중, 전체와 연결되어 있는 개인 같은 프랑스식 보편주의로도 강해질 수 있다.

---

02 E&R 헌장. 그 단락의 다른 인용문의 출처도 E&R 헌장이다.

그래서 국가는 본질적으로 반자본주의적이다. 인식하고 있든 그렇지 않든 신자유주의적인 요소를 모두 배제한다. 좌파에서는 '평등한 권리'를 주장하는 것으로 만족해하는 사람들, 우파에서는 자신의 특권을 지키는 것에만 급급한 사람들이 배제된다. 공동의 가치를 위해 사람들이 모이는 것이 중요하다. 그래서 '어떤 종교보다도 광신적인 종교'가 된 정교분리원칙은 아무래도 좋다. 국적도 아무래도 좋다. 프랑스 사회에 동화된 무슬림은 프랑스에게는 행운이다. 반대로 '추방자들의 게토에 사는 새로운 세대의 낙오자들', '미국식 자유주의 이데올로기의 추종자들'이 프랑스에 해가되는 존재들이다. 피해의식에서 평등을 주장하는 공동체주의자도 적이지만 생산적이지 못하고 탐욕스러운 쾌락지상주의자, 한마디로 개인주의자도 적이다. 모든 '급진주의자'와 모든 '반동세력'의 구성원들이 동일한 사람은 아니다. 신자유주의에서 해방된 사회의 진정한 공헌자는 국가의식을 가지고 있는 진짜 국민이다. 이런 국민은 프롤레타리아와 가까운 프티부르주아일 수도 있고 대기업과는 다른 작은 회사의 사장일 수도 있다. 농부, 노동자, 기업가 모두 함께 '소시민 생산자들이 상호부조하는 사회'로 갈 수 있다. 왜냐하면 각자의 '경제적, 사회적, 정치적 책임은 생산수단의 소유의 결과'이기 때문이다. 소랄의 주장은 피에르-조셉 푸르동과 그리 멀지 않다. 피에르 푸자르드와도 그렇다. 하지만 칼 마르크스와는 꽤 거리가 있어 보인다.

소랄에 따르면 "잘 생각해보면, 도덕적인 우파는 경제적, 사회적 좌파의 연합군이다. 반대로, 비도덕적 좌파는 가장 폭력적이고 최신 형태의 경제적 우파의 사상적 요건이다." '노동의 좌파, 가치의 우파'가 E&R 운동의 슬로건이라는 것이 이해가 간다. 사회적 좌파는 국가의 가치인 초월성을 포함하고 있고 계급투쟁은 다양하고 통일된 사회에서는 사라진다. 신자유주의 승리에 대해 설명해야 할 과제가 남았다. 간단하다. 신자유주의의 승리라는 것은 미국과 유대인의 음모의 결과다.

민주주의가 거짓이고, 신자유주의를 옹호하는 주장이 강하게 확산되는 반면 반대 의견은 힘을 쓰지 못하는 이유는 비밀스런 조직인 '제국'이 의사결정 기구 전체에 침투해서 정치활동을 약화시키거나 헤치기 때문이다. 세기의 식사[03]에서부터 '빌더버그 회의나 삼각위원회 같은 최상위층 비밀단체'는 작전을 짜고 여론을 주도한다. 뉴욕 쌍둥이 빌딩 폭탄테러와 시리아 내전을 일으켜 테러리스트들의 위협을 만들어 낸 것도 그들이다. 소랄이 '저항하는 이슬람'과 그들의 연합세력을 지지하는 이유는 그들이 유일하게 세계가 최고 엘리트들에 의해 지배되는 것을 막고 있기 때문이다.

**눈에 유대인만 보이는 알랭 소랄은
진정한 유대인혐오자이며 팔레스타인의 가짜 친구다.**

이러한 음모의 핵심에는 탐욕스러운 미국과 연결되어 있는 '유대

---

03 François Denord, Paul Lagneau-Ymonet, Sylvain thine, '세기의 저녁식사, 재건되는 권력 엘리트Aux dîners du Siècle, l'élite du pouvoir se restaure', 〈르몽드 디플로마티크〉 프랑스판 2011년 2월호.

인'이 있다. 유대인은 태생적으로 국가와는 상관없이 떠돌아다니는 사람들로 자본축적을 중요시한다. 은행도 유대인의 것이고, 언론도 유대인의 것이고, 국가의 통일을 막는 것도 유대인이다. 소랄이 열정적으로 유대인을 증오하는 것이 분명하다. 그의 눈에는 유대인만 보인다. 물론 반유대주의나 이스라엘의 정책에 반대하는 것은 어려운 일이 아니다. 하지만 그것은 단순하게 유대주의를 반대하는 것이지 팔레인스타인 민족을 지지하는 것은 아니다. 소랄이 자신이 운영하고 있는 출판사 콩트르 퀼튀르Kontre Kulture, 문화에 반대하여에서 반유대주의 책을 출간한 것은 신념에서 나온 것이다. 어떠한 모호함도 없다. 그의 추종자들은 그의 광기어린 생각을 믿는다. 음모론과, 프리메이슨·유대인·일루미나티의 사악한 존재성 등을 믿는다는 것은 오늘날 무력감이 얼마나 널리 깊게 퍼져있는지 잘 보여준다. 그런데 정당, 반자본주의, 국가주의보다도 도덕을 앞세우는 이런 종류의 생각이 반자본주의 성격은 약하고 외국인혐오, 나아가 파시스트적 성향이 강한 극우와 극좌가 결합된 포퓰리즘으로 이어지는 것은 아닌지 생각해 볼 필요가 있다.

신화를 만든 극우 국민전선의 약진

2014년 5월 25일에 있은 유럽의회 선거에서 유럽연합EU에 반대하는 정당들이 약진하면서 유럽 정치권에 충격을 주고 있다. EU의 긴축정책과 이민정책에 반대하는 정당들이 유럽의회 전체 751석 가운데 140석을 얻어 18.6%를 차지했다.

실벵 크레퐁 | 사회학자, 파리 우에스트 낭테르 라데팡스대 객원연구원
주요 저서로 <새로운 국민전선의 본심을 찾아서>(누보 몽드, 파리, 2013) 등이 있다.

조엘 공뱅 | 정치학자이며 피카르디 쥘베른느대 연구원
피에르 메이앙스와 공동으로 <프로방스 알프 코트 다쥐르 지역의 투표 권리라는 것! 이 지역의 2007년 대통령 선거>(라르마텡, 파리, 2009)를 저술했다.

대다수 전문가들은 EU의 긴축정책에 따른 구조조정과 실업 증가, 일자리 부족, 과도한 세금 부담, 친이민자정책에 대한 유권자들의 반감이 이번 선거에 반영된 것으로 분석했다. 일부 전문가는 극우정당의 약진이 두드러진 것에 주목하면서도 유럽의회 내 득표율이 18.6%인 점을 들어 유럽의회 내 정치변화의 후폭풍이 제한적일 것으로 신중론을 폈다.

그러나 집권당이 극우정당에 패퇴한 프랑스와 영국에서는 "정치적 격변", "정치적 지진"이란 평가가 나왔듯이 당분간 정치적 충격

여파가 지속될 전망이다.

특히, 프랑스에서는 마린 르펜이 이끈 국민전선[FN]이 프랑스 내 유럽의회 선거에서 사상 처음으로 1위를 기록하였고, 우파 야당인 대중운동연합[UMP]은 2위, 집권당인 사회당은 3위에 그쳤다. 극우정당 국민전선은 프랑스에 배정된 유럽의회 의석 74석 가운데 24석을 차지해 32.4%를 기록했으며 대중운동연합은 21%, 사회당은 14%로 그 뒤를 이었다.

어떤 정당도 국민전선처럼 수많은 신화를 만들어내기는 힘들 것이다. 지난 수십 년간 국민전선이 정치무대에 등장하면서 일으킨 파문은 논평가들의 분석 능력을 넘어섰다. 따라서 유럽의회 선거 이후 재편과정을 이해하기 위해서는 기존의 모든 사고를 해체할 필요가 있다. 국민전선에 대해 이야기가 나오자마자, 반론의 여지를 주지 않는 수많은 독단적 단언들이 쏟아졌다. 이런 단언들을 근본적으로 재고해볼 필요가 있다.

국민전선의 표는 부르주아이면서 보수주의자인 사람들의 표일까?

국민전선의 상당수 간부들이 최근의 '반동성애법[만인을 위한 혼인법, le mariage pour tous]' 시위에 참여했다는 사실 때문에, 보수주의자로 카톨릭을 믿는 부르주아가 국민전선의 유권자라는 추정이 증가한 것 같다. 그러나 1990년대 초반까지도 그럴 가능성이 있었지만, 그 이후에 실시된 앙케트에 의하면 전혀 그렇지 않다. 국민전선의 선거 기반은 서민계층일 뿐 아니라, 이들이 종교 쪽에 거의 관심을 기울이지도 않고 있기 때문이다. 국민전선의 유권자보다 '대중운동연합'의 유권자가 '동성애법'에 대해 훨씬 더 반대하고 있다10%p 차이. 게다가 르펜 당은 대부분 가톨릭을 믿고 있는 서부지역브르타뉴, 방데 지역에 전혀 파고들지 못했다.

2000년대 초반부터 사회적 양극화 정도가 훨씬 심해졌다. 다시 말해 국민전선에게 거의 표를 주지 않았던 사람들지식인, 공공 분야 혹은 연관 분야의 중간 간부들은 국민전선에게 더 적은 표를 주었고, 반면 이미 국민전선에 많은 표를 주었던 사람들노동자, 건설공사 십장, 현장 감독, 상점의 점원, 소규모 자영업자들은 점점 더 많이 국민전선에 투표했다. 기술자, 사무직 직원, 특히 예전에는 르펜에게 거의 호의를 보이지 않았던 여성 사무직 직원 같은 몇몇 계층이 이런 두 종류 사람들 사이에서 '동요하고 있다.' 이 몇몇 계층은 세계화의 부정적 영향에 가장 심하게 노출되어 있다.

프랑스공산당PCF에서 국민전선으로 이동한 것인가?

국민전선에 호의적인 표가 점점 더 확실히 많아지자, 많은 관찰자들은 프랑스공산당의 표가 국민전선으로 이동했다고 추론했다. 그러나 지난 30년간의 선거 지도를 면밀히 연구한 결과, 국민전선 표의 대중적 기반은 결코 PCF가 예전에 차지했던 기반과 일치하지 않는다. 그러므로 국민전선에 대해 호의를 표시하는 노동자 표가 증가한 이유를 이데올로기 교리나 저항 논리에 의해 단순히 이동했다는 식으로 설명해서는 안 된다.

노동자들의 표에 대한 설명은 몇 년 전에 상당한 논란을 야기하여 세 그룹 사이에 논쟁이 벌어졌다. 한 그룹은 좌파의 표가 국민전선의 표로 이동했다고 주장하면서^{좌파-르펜주의}[01], 정치적으로 표가 이동한 것으로 간주했다. 또 한 그룹은 좌파 표에서 이동한 것이 아니라, 국민전선에 호의적인 새로운 사회계층이 생긴 것으로 간주^{노동자-르펜주의}[02]했다. 마지막 그룹은 앞의 가설들이 노동자 표와 국민전선에 호의적인 표를 너무 성급하게 연결시킴으로써[03], 결과적으로 서민 유권자 계층의 표를 평가절하하고 있다고 주장했다.

달라진 지리적 분포

르펜 표는 산업화된 동부의 절반 지역에 많이 분포하고, 동시에 '주변 논리'에 따라 점점 더 증가하는 특징을 띠고 있다. 주변 논리에 따르면, 자크 레비에서 미셸 뷔시까지 수많은 지리학자가 보여준 것처럼 거대 중심 도시들로부터 멀어질수록 국민전선의 표가 증가한

---

01 파스칼 페리노^{Pascal Perrineau}, '르펜 표의 역동성: 좌파 르펜주의의 영향력', 〈위태로워진 투표〉, 파리, 시앙스포 출판사, '선거 연감' 컬렉션, 파리 1995년.

02 노나 메이예^{Nonna Mayer}, 〈르펜에 투표하는 프랑스인들〉, 플라마리옹, 파리, 2002년.

03 아니 콜로발^{Annie Collovald}, 〈르펜의 포퓰리즘: 위험한 오해〉, 크로캉 출판사, '사바르-아지르' 컬렉션, 벨콩브 앙 보즈, 2004년.

다. 여기에 국민전선은 '한 종류'의 유권자라기보다 '여러 종류'의 유권자 지지층을 갖고 있다는 사실을 덧붙여야 한다. '프랑스 여론 연구소IFOP'는 최근 '북부의 국민전선'과 '남부의 국민전선'을 구별했다.[04] 또 다른 연구들은, 적어도 세 가지 논리에 따라, 2009년부터 국민전선의 지지층이 늘어나는 사실을 설명했다.

첫 번째 논리에 의하면, 농촌 노동자가 거주하는 곳북부, 동부, 부쉬 뒤 론과 론-알프의 일부 지역에서 산업이 쇠퇴할 때 국민전선 지지층이 생겨난다. 좀 더 부차적인 두 번째 논리에 의하면, 생산적인 경제가 지난 40년 동안 뿌리를 내렸으나 그 이후 경기가 침체되어 타격을 받을 때 국민전선 지지층이 생겨나는데 서부의 극히 일부 지역이 이에 해당된다. 원래 서부 지역은 전반적으로 국민전선에 표를 주지 않았던 지역이다. 세 번째 논리에 따르면, 고소득층 가구들이 사는 주거지 근처에 살면서 좌절감을 맛볼 때[05] 국민전선 지지층이 늘어나는데, 도시 지역이나 도시 주변의 서민 지역 및 미디Midi 지역남프랑 지역-역주이 이에 해당된다. 당시 제기된 문제는 상대적으로 이질적인 사회 기반을 가진 그룹들에 대해 국민전선이 중기적으로 통합 조정할 수 있는 능력을 가졌는가 하는 문제였다.

---

04 제롬 푸르케Jérôme Fourquet, '북부의 국민전선과 남부의 국민전선,' 〈IFOP 포커스〉, 92호, 2013년 8월.

05 조엘 공뱅Joël Gombin, '생태 분석, 다층위 모델과 선거 사회학: 국민전선을 지지하는 투표들에 대한 실례', 프랑스 정치과학 협회 학술대회 발표문, 그르노블, 2009년.

복수의 이데올로기 제공

 국민전선은 극우의 급진 이데올로기에 빠져 있으면서도 결코 1차원적인 담론을 늘어놓지 않았다. 국민전선이 1차원적인 담론을 늘어놓는다고 생각하는 사고를 우리는 근본적으로 바꿔야 한다. 사실상 국민전선은 내부를 구성하는 여러 당파뿐 아니라, 각기 다른 유권자 고객들을 매료시킬 수 있는 다양한 이데올로기를 제공하려고 항상 노력해왔다. 통시적 층위에서뿐 아니라 공시적 층위에서도 이런 모습을 보이고 있다.

 1974년 창당 이후 2년이 지나 국민전선이 선거 경쟁에 뛰어들었을 때부터, 국민전선은 선거배당금을 얻기 위해 민주적 가치에 주의 깊게 순응하면서, 동시에 '혁명적 민족주의자'인 과격 투사들의 네트워크를 만들어내고자 급진적 담론[06]을 생성해냈다. 이런 이중의 책략은 마린 르펜의 전략에서도 그대로 이어지고 있다. 이 새로운 여성 대표는 국민전선을 여전히 급진주의당으로 간주하는 대부분의 프랑스 유권자를 안심시키기 위해 '탈脫 악마주의' 작전에 돌입하면서도[07], 급진적 말투를 계속해서 사용한다. 그 이유는 급진성이 여

---

06 알렉상드르 데제Alexandre Dézé, 〈국민전선: 권력을 획득하기 위해서인가?〉, 아르망콜랭, 파리, 2012년.

07 〈르몽드〉, 〈프랑스엥포〉, 〈카날플뤼스〉를 위한 여론 전문기관 '티엔에스 소프레스TNS Sofres'의 조사 결과, '국민전선에 대한 이미지 지표, 2014년 2월.'

전히 국민전선의 중요한 이데올로기 자산이기 때문이다. 예를 들어 마담 르펜이 그랬던 것처럼, 길에서 기도하는 무슬림들을 점령군에 비유하는 것은 바로 이런 논리선상에서 나오는 것이다.

차별화 수단으로 국가 정체성과 이민 거부

역사적으로 볼 때, 하나의 조직이 존속하기 위해서는 적응을, 그 것도 수많은 분야에서 적응을 해야 한다. 냉전 상황에서, 국민전선은 우선적으로 소련의 위협에 대항하는 범대서양 동맹과 서구 자본주의의 수호에 역점을 둔다. 소련이 붕괴되어버린 1990년대부터 그리고 서민층이 점점 더 많이 국민전선의 유권자가 되는 때부터, 국민전선은 예를 들어 '야만적 자본주의', '세계화의 폐해', 브뤼셀의 '급진 자유주의적 유럽' 혹은 미국의 경제·문화적 '제국주의'를 비판하면서 조금 더 사회복지적인 측면을 지향하는 담론을 중시하고 있다.[08]

지리적 측면에서 볼 때, 각각의 국민전선 유권자들은 차후에 당 내부에서 서로 구분되는 이데올로기 버전을 갖게 될 것이다. 북부에서는 마담 르펜이 탈공업화와 탈지역화로 인해 경쟁에서 뒤처진 노동자들을 유혹하기 위해, 사회복지와 주권주의 담론을 자극할 것이

---

08 실뱅 크레퐁, '반공리주의와 자기 정체적 결정주의,' 〈마우스 학회지 Revue de Mauss〉, 27호, 2006년 상반기.

다. 반면에 남부에서는 마리옹 마레샬 르펜^{국민전선 소속 하원의원이며 장 마리 르펜의 손녀}이 반동적이며 더 친경영자적 성향을 가진 유권자들을 유혹하기 위해, 훨씬 더 우파적인 담론 책략을 사용할 것이다. 결과적으로 성향이 다른 두 종류의 고객에 대해 두 종류의 다른 담론을 사용할 것이다.

그럼에도 불구하고 이런 이데올로기 차이가 조직 내부의 일관성에 심각한 문제를 제기할 만큼 크게 확대되지는 않을 것이라고 확신할 수 있다. 프로그램화된 버전^{국가주의 선호, 국적법 개혁, 이민과 불안전의 연계}과 더불어, 국가 정체성이 국민전선의 이데올로기적 주춧돌로 남아 있다는 사실을 우리는 잊어서는 안 된다. 국가 정체성이라는 주제는, 훨씬 현실적인 다양한 견해 차이를 넘어서서, 모든 사람들에게 영향을 미칠 사안인 것이다. 그리고 이 주제는 정치 진영에서 스스로를 차별화하는 절대적 수단으로, 급진적 어휘를 계속 활용할 수 있는 여지를 준다.

* 303쪽 '부록 2 | 국민전선의 지지도' 참조

'대안'없는 좌파의
폐허 위에서

국민전선의 부상은 누구의 책임인가? 우파와 좌파는 서로에게 책임을 떠넘기기에 바쁘다. 우파가 이데올로기의 점차적인 변화라는 위험한 도박을 시도했던 것도 사실이고, 좌파 역시 1983년 이후 자본주의와 단절하겠다는 계획을 싸워보지도 않고 포기해 국민전선이 성장하는 데 밑거름을 제공한 것도 부정할 수 없다.

크리스티앙 드 브리 | 언론인
피에르 샤르팡티에와 공동으로 〈탈세로서의 프랑〉(1975)을 저술했다.

80년대 말과 90년대 초에, 경직된 사회였던 프랑스는 거대 정당들이 지속적이자 빠른 속도로 내부 폭발하는 것을 무기력하게 목도할 수밖에 없었다. 거대 정당은 수십 년 동안 프랑스 사회를 구성해온 정치세력과 계보를 대표했다. 차례대로 프랑스 공산당, 온건보수 성향의 프랑스민주동맹UDF, 드골주의의 공화연합RPR[01], 사회당PS이 같은

---

01 UDF는 1978년에 발레리 지스카르 데스탱 대통령의 발의로, RPR은 2년 전 자크 시라크 대통령의 후원으로 창당됐다. 이 두 당은 2002년 UMP국민운동연합로 통합됐다.

운명을 겪었다. 열성당원은 갈수록 줄어들고, 선거기반은 약화되고, 정치인들은 내부 권력싸움에만 집중해 여러 계파로 분열되어 일관적이고 차별적인 정책 제안을 하지 못했다.

다원성을 대표하는 것이 민주주의의 기본이다. 정당이 이 역할을 수행하지 못할 때는 국민 대다수가 동의하고 있는 공화제도가 제대로 작동하지 않는다. 이런 상황이 지속되면 어느 날 두 개의 전선이 만들어져 서로를 거부하는 함정에 빠진다. '시스템'을 거부하는 국민전선과, 국민전선을 거부하지만 매우 이질적인 집단으로 구성된 공화전선이 대립하게 되는 것이다. 그렇게 되면 국민전선의 장–마리 르펜 후보와 자크 시라크 후보가 맞붙은 2002년 대선에서처럼 수많은 기권표가 양산된다. 서로에게 '르펜 현상'의 책임자라고 떠넘기는 우스꽝스러운 게임에서 우파는 좌파인 미테랑 대통령이 다수당인 야당을 분열시키기 위해 의도적으로 르펜을 정치무대 전면에 나서게 했다고 주장한다. 좌파는 말할 것도 없이 선거에서 승리하기 위해 우파가 국민전선과 부끄러운 동맹을 맺은 결과라고 말한다. 곧 우파와 국민전선은 동일한 가치를 추구하고 있다고 자백한 것이나 다름없다고 비난했다. 1990년 당시 장관이었던 사회당의 피에르 베레고부아[02] 전 총리는 이렇게 말했다. "진실은 간단하다. 투표방식 때문에 국민전선이 선거에서 좋은 성과를 낸 것이 아니다. 우파의 취약한 사상과 복수심이 국민전선 세력을 키운 것이다." 베레고부아

---

02 〈르몽드〉 1990년 6월 6일 자.

총리뿐이 아니었다. 대통령도 사회당도 1980년대 프랑스에서 극우파의 약진과 관련해 좌파의 어떤 책임도 인정하려 하지 않았다.

이 시기에 베레고부아 전 총리는 고위 공직을 두루 맡았다. 모루아 총리 내각 2기, 3기에서 각각 대통령 총비서, 연대와사회복지장관을 지냈고 파비우스 총리와 로카르 총리 내각에서는 경제재정부 장관을 역임하며 사회주의 사회·경제 정책을 구현했다. 그와 그의 동료들은 할 일을 했다. "인권 회복, 절차 재정비, 지역사회개발, 공동주택단지와 도시변두리 재개발, 사회복지사 조직망을 만들었고 교육 우선지역을 지정했다. 그 결과 불법이민이 통제됐다. 하지만 이러한 정책이 효과를 내기 위해서는 지속성과 시간이 필요하다."[03] 베레고부아 전 총리는 당시 이렇게 말했다.

베레고부아 전 총리는 책임자가 누구인지 알고 있는 듯하다. "전후 우파 정권의 무분별한 도시개발 때문이다. 국민전선의 인기가 올라가는 것은 국민전선의 이데올로기와 국회의원들에 대한 우파의 관용적인 태도 때문이다."[04] 하지만 충분한 설명은 아닌 것 같다.

좌파 성향의 국민들은 사회당 정부가 프랑스를 경제위기에서 탈출시켜주고 사회를 변화시켜줄 자본주의 결별 정책을 포기한 데 깊이 실망했다. 하지만 베레고부아 전 총리는 이에 대해서는 한 마디도 언급하지 않았다. 사회당과 공산당 연합정권은 출범한 지 18개월

---

03 Idem.

04 Idem.

만인 1983년부터 싸워보지도 않고 기존 시스템을 대체할 수 있는 대안을 포기하고 시장법칙, 이윤논리, 균형경제주의를 추구했다. 이 정책으로 가장 큰 피해를 본 사람들은 사회주의 유토피아에 큰 희망을 걸었던 사람들로, 긴축정책의 대가를 치러야 했다. 가령 물가와 임금 비연동화, 일자리 폐지미테랑 대통령 첫 임기 7년 동안 산업분야에서 90만 개, 건설에서 35만 개, 농업에서 40만 개의 일자리가 사라졌다. 이 기간에 실업자 수는 170만 명에서 260만 명으로 늘어났다를 예로 들 수 있다. 정부가 외면하고 특히 사회당과 공산당 활동가들이 떠나버린 도시 변두리의 수많은 가정은[05] '신빈민' 계층으로 추락했고 사회에서 소외된 인구의 수가 4백만 명에 이르렀다. 수입이나 보호장치도 없는 상태에서 실업수당이 끝난 실업자, 일자리 없는 이민노동자, 임시직을 전전하며 착취당하는 청년들, 허드렛일과 인턴사원에서 벗어날 수 없는 사람들… 1989년 소득 및 물가 연구센터CERC 자료를 통해 1980년대에 심화된 불평등 현상을 확인할 수 있다.[06] 활동연대소득RSA의 전신인 최소임금제RMI는 1989년에 가서야 시행됐다. 그 사이 동거정부, 우파내각, 좌파내각이 이어지는 동안 '조용한 힘1981년 미테랑 대통령의 대선 슬로건'의 유산은 계속 계승됐다. 누가 물가관리 정책과 해고 허가제를 폐지했는가? 누가 자본의 이

---

05 Cf. Anne Tristan, 〈전선에서Au Front〉, Gallimard, Paris, 1987년.

06 소득 및 물가 연구센터CERC, 〈Les Français et leurs revenus〉 La Documentation française, Paris, 1989년. CERC는 1993년 일자리·소득·물가 고위위원회로 변경됐고 2000년에 다시 일자리·소득·사회연대 위원회로 변경됐다. 2013년 4월 전략 및 전망위원회 창설로 사라졌다.

동을 자유화하고 금융상품에 대한 세금을 인하했는가? 베레고뒤르인가? 아니면 발라뒤아인가?[07] 이름을 혼동하는 학생이 있다고 해도 야단할 수 없을 것 같다. 좌파에게는 최소한 자신들을 권좌에 앉혀준 소외계층에게 주거, 사회보장, 안전, 최소한의 소득, 일할 권리를 보장해줄 절대적인 의무가 있었다. 그런데 오히려 민영기업의 장점을 발견하는 데 더 큰 열의를 보였고, 자본을 소유하고 통제하는 사람들을 더 배려했고, 로널드 레이건 대통령과 헬무트 콜 총리가 자비를 내려주기만 기다렸다. 1982년부터 TV 때문에 연대지수는 사라지고 다우존스지수가 나타났다. 좌파 정권은 전 정권으로부터 물려받은 국가의 부를 상징하는 비싸고 오만한 외적 지표를 잘 간직했다. 가끔 '사회복지정책'의 필요성을 떠올리기도 했다.

다원주의는 사라지고 정치쇼만 남았다.

공산당은 1981년 대선 때 좌파 통합을 지연시켰다고 비난을 받았다. 1984년부터는 긴축정책에 동참했다고 더 큰 비난을 받았다. 공산당은 더 이상 사회로부터 아무것도 기대하지 않는 사람들, 정치체제를 거부하는 사람들에게 대변자의 역할을 해주지 못했다. 좌파정

---

07 에두아르 발라뒤르[우파], 피에르 베레고부아[사회당]를 합성한 말. 발라뒤르는 제1차 동거정부 때 경제재정부장관[1986년-1988년]을 지냈고 그의 후임은 베레고부아였다. 제2차 동거정부 때는 총리[1993년-1995년]를 지냈는데 전임 총리는 베레고부아[1992년-1993년]였다.

권에 실망한 사람들은 기권표를 던지거나 국민전선에 투표했다.

사회당의 경우는 정권을 잡은 이후 정체성이 심각하게 변했고 사회를 바꾸겠다는 의지를 포기했다. 급진적 개혁은 실질적으로 불가능해졌고 시스템을 개선하면서 관리하는 것이 전부였다. 기득권을 존중해서가 아니라 넘어설 수 없는 시장논리와 사적 소유의 논리 틀 안에서 사회적 요구를 수용해야 한다는 인식이 점점 더 커졌기 때문이다. 결과적으로 좌파는 현대 자본주의의 요구를 보수주의자들보다 더 잘 실현시켰고 지원을 아끼지 않았다. 하지만 대가가 따랐다.

먼저, 일부 계층의 부르주아와 기업가, 기술관료들의 지지를 얻는 것이 서민층의 지지를 얻는 것보다 수월해져 좌파와 서민층과의 관계가 느슨해졌다. 그리고 프랑스인들의 삶을 서구의 주류 모델에 맞추는 데 더 집중한 신좌파의 출현으로 정권교체의 필요성이 약화됐다. 그 결과 서민들은 대안을 찾기 위해 극우파에 눈길을 돌렸다.

다원주의는 사라지고 차이가 만들어졌다. 이 차이는 언론과 정치쇼로 인위적으로 유지되고 있다. 현 사회는 중대한 변화를 경험하고 있고 생산요소의 세계화와 과학기술의 발전으로 문제들이 서로 얽혀 있어, 시민의 염려와 기대에 부합하는 정책을 선택하는 것이 점점 더 어려워졌다. 이는 대의민주주의에서 참여민주주의로 옮겨가야 할 때가 됐다는 것을 말해준다.[08]

---

08 공산당의 표는 1978년 580만 표로 하락했다. 1981년에는 4백만 표를 얻는 데 그쳤다.

〈르몽드 디플로마티크〉 한국판 2015년 1월호 1면

다시
정치 회복을 위해

국가의 역할 강화나 보호주의, 나아가 유로존 탈퇴 같은 신자유주의와 결별하자는 제안이 나오기만 하면 정부는 변화를 주장하는 좌파의 입을 다물게 하기 위해 공포스러운 한 마디를 꺼낸다. "르펜과 같은 주장을 하고 있다."

세르주 알리미 | 〈르몽드 디플로마티크〉 발행인
미국 버클리대 정치학 박사 출신으로, 파리8대학 정치학과 교수를 지냈으며, 주요 저서로 〈새로운 감시견Les nouveaux Chiens de garde〉(1997) 등이 있다.

1980년대 초만 해도 국민전선은 선거에서 거의 힘을 쓰지 못했다. 하지만 1988년 4월에 있었던 대선에서 국민전선의 장마리 르펜 후보가 437만 5천표를 획득하며 전체 투표의 14.39%를 차지하는 기염을 토했다. 그 후 르펜의 영향력이 커질수록 우파와 사회당은 서로를 비난하며 지방선거든 전국선거든 간에 국민전선이 권력에 접근하지 못하도록 원천봉쇄했다. 하지만 위선이 아닐 수 없다. 벌써 1983년 지방선거 때부터 우파는 "불법이민과 범죄의 상관관계"를 언급하며 불법 이민의 '침략'을 막아야 한다고 주장하며 국민전선의 주장을 정당화했다. 1986년 지스카르 데스탱 정권에서 장관을 지냈던 자크 블랑은 지방선거에서 국민전선과 연합했고, 사회당의 롤랑 뒤마는 국민전선의 표 덕분에 국회 외무위원회 위원장으로 선출됐다. 우파인 장 피에르 수아송은 국민전선의 표가 없었다면 부르고뉴 지방의회 대표로 선출될 수 없었을 것이다. '공화국 정신'을 위반한 것에 대해 끊임없이 분노하는 것보다(이렇게 하는 건 아무소용도 없다) 1980년대라는 전환의 시기에 대해서 고민해보는 것이 더 좋을 것 같다. 왜냐하면 그때부터 동일한 원인으로 동일한 현상이 계속 반복되기 때문이다. 도덕성 회복을 외쳐도, 투표방식을 바꿔도 소용이 없었다. 프랑스 같은 나라에서는 극우파는 정부라 불리는 조직에 대해 우월할 수밖에 없다. 극우파가 자신들의 우월한 의지를 드러내기 위해 국민들의 절망감과 약화된 공권력을 이용할 줄 알기 때문이다. 거대 정당이 아무것도 하지 않고 지배자와 피지배자 사이의 악화된 힘의 균형을 인정하고 있을 때(평계는 항상 시장논리와 세계화였다), 국민전선은 포기를 하는 대신에 지속적으로 참여 활동을 하고, 사상투쟁을 하고, 현장운동을 했다.

국민전선의 사상은 후퇴, 나아가 쇠퇴 개념에 기반을 두고 있다. 하지만 쇠퇴에 '저항'하는 방법을 찾는다고 주장한다. 쇠퇴 개념은 단일통화와 정보혁명의 전도사들이 강조하는 열정적인 주장(사회적 압력이 심각한 나라에서는 말도 안 되는 주장)보다도 일부 유권자들(가장 취약한 계층)이 자신의 삶을 바라보는 시각과 더 일치한다. 나치 전범 모리스 파퐁을 백번을 재판한다고 해도 소용이 없을 것이다.[01] 프랑스 극우파에 양식을 제공하는 건 더 이상 비시정권도

---

01 모리스 파퐁은 드골 정권 하에서 파리 경찰국장, 지스카르 데스탱과 레이몽

뉘른베르크 전범재판도 아니라 파리와 프랑크푸르트에 있는 증권 거래소다.

역사에서 아무것도 배우지 못한 사람은 바다를 없애면 파도를 약화시킬 수 있다고 생각한다. 언제나 정치가 배제된 정치를 꿈꾸면서 극우에 맞서기 위해 이미 실패한 '대연합'이나 '공화전선'을 다시 결성하려고 시도한다. 그런데 우파와 좌파의 연합은 상황에 따른 일시적인 것이고 자신들의 기득권을 지키기 위한 것이거나 아니면 실제적인 합의에 기반을 둔 것인데 이 경우는 더욱 심각하다. 특정 정책을 두고 '갈색 페스트갈색 군복의 나치를 가리키는 말'를 막아야 한다는 이유로 정치 영역을 좁힌다면 그 누구보다도 모든 분노의 표현을 수용하는 척 하는 극우파가 가장 큰 수혜자가 된다.

어떤 사람들에게는 정치의 종말이 희소식일 수 있다. 그러면 한 가지의 가능성만 남기 때문이다. 극우파의 텃밭을 제거할 목적으로 국가를 해체하거나 세계화 속에서 국가가 사라지게 내버려 두는 것이다. 그러면 모든 것이 잘못된다. 1995년 11월과 12월, 수천 명의 프랑스인들이 절망과 우울을 떨치고 거리로 나와 대규모 파업과 시위를 했을 때 드디어 장마리 르펜의 목소리가 들리지 않았다. 그러

바르 정권 하에서는 장관을 지냈던 인물로 비시정권에 의해 조직된 유대인 강제추방과 관련해 그의 역할이 밝혀지면서 1997년 반인류 범죄 공모죄로 선고를 받았다. 언론에 광범위하게 다뤄진 모리스 파퐁 재판이 비시정권과 페텡장군에게 우호적인 태도를 취했던 당시 국민전선의 지도자들을 당황하게 할 것을 기대했다.

나 국가의 권력이 후퇴할수록 국민전선은 질주한다.

사회 비판을 거부하는 것은 극우파를 도와주는 것이다.

그럼에도 불구하고 사회비판을 하면 '르펜에게 자리를 깔아주는 짓'이라며 비난의 소리를 듣는다. TV에 자주 나오며 그렇게 말한 철학자는 '극좌파'를 비난했다. 전 내무부장관도 그 철학자의 흉내를 내며 교육부장관이 "파리 8대학의 교수들이 국민전선의 확산을 부추겼다고 비난했다"고 말했다. 보수성향의 기자는 "자유주의에 대한 반대가 국민전선에 영양분을 제공했다"고 목소리를 높였다. 또 어떤 이들은[02] 자본주의에 의문을 제기하는 것을 반유대주의와 동일시했다.

적에게 이용될 수 있다는 이유로 모든 사회비판을 인정하지 않는 것은 기대하지 않았던 기회를 적에게 주는 것이다. 왜냐하면 국민전선의 기를 살려주는 것은 사회적 불평등, 신자유주의의 참화, 민주적 논의의 부재, 가식, 묵인, 부패, 고소득자이기 때문이다. 국민전선은 화로의 마른나무가 계속 타는 동안은 한 발짝도 물러서지 않을 것이다.

---

02 차례로 베르나르-앙리 레비, 장-피에르 슈벤느망, 클로드 알레그르, 장-프랑수아 르벨2006년 작고, 파스칼 브뤼크네르이다.

| 자료 3 |
프랑스 언론의 반민주적 여론몰이

2002년 4월 21일 진행된 대선 1차 투표에서 사회당 후보이며 당시 총리였던 리오넬 조스팽이 탈락하고 원형경기장에는 대통령 자크 시라크 후보와 국민전선의 장마리 르펜 후보만 남게 됐다. 그 후 어떠한 민주적 토론도 불가능하게 만든 언론의 여론몰이가 시작됐다.

에드가 로스키 | 언론인 겸 대학강사
파리 10대학(낭테르대학)에서 커뮤니케이션 강의. 2003년 작고. 사진에 조예가 깊어 월간지 〈줌 – 이미지 매거진〉의 사진분야 편집장을 지냈고 〈르몽드〉 사진 별책부록을 처음으로 발간하기도 했다. 역서로 〈현실의 현실: 혼돈, 정보조작, 커뮤니케이션〉(2000)이 있다.

"이렇게 많은 언론매체가 정치성향을 떠나 투표로 민주주의를 쇄신하자고 대대적인 캠페인을 벌인 적이 없다"고 2002년 5월 3일 대선 2차 투표 전날[01] 일간지 〈리베라시옹〉은 적었다. 실제로 공화국을

---

01 2002년 4월 21일, 대선 1차 투표에서 자크 시라크 대통령은 20%, 국민전선의 장마리 르펜은 17%, 사회당의 리오넬 조스팽은 16%를 득표했다. 5월 5일 2차 투표에서 시라크 대통령은 82.2%를 득표하며 17.7%를 획득한 르펜 후보를 물리치고 대통령에 당선됐다.

살리기 위해 프랑스가 이처럼 한 목소리가 된 적도 없었고 언론처럼 고귀한 기관이 언론의 기본정신을 헌신짝 버리듯 버린 적도 없었다.

왜냐하면 흉측한 짐승으로부터 자신을 보호하는 것을 넘어서 일말의 머뭇거림이나 주저함 없이 동일한 의식에 맞춰 최후의 일격을 날려 짐승의 숨을 끊어야 했기 때문이다. "장갑도 필요 없다. 빨래집게도 필요 없다. 거짓수염도, 방한모자도, 신발짝도 필요 없다. 머리를 짜낼 필요도 없다. 그냥 투표하라. 무조건 투표하라."[02] 어떤 계산도 없이, 어떤 생각도 없이 투표하라는 것이다. 물론 시라크 후보의 이름을 명시하지는 않았다. 필요이상으로 과도한 시민운동이 12일 동안 강력하게 펼쳐졌다. 2002년 4월 27일 프랑스앵테르 라디오에서는 사사건건 부딪히는 시사주간지 〈누벨 옵세르바퇴르〉의 로랑 조프랭 기자와 필립 테송 사이에 토론이 벌어졌다. 두 사람은 모두 시라크 후보에 투표해야 한다는 것에는 동의했지만 한 가지 문제에서 정면충돌 했다. 로랑 조프랭은 고약한 냄새를 맡지 않기 위해서는 코를 막아야 한다고 주장했고 필립 테송은 코는 막지 말아야 한다고 받아쳤다. 어쨌든 두 사람 모두 5월 5일 결선투표가 끝나면 "민주주의가 다시 제자리를 찾을 것"이라고 예측했다. '제자리'를 찾는다…. 말실수였든 아니면 순진한 생각이었든 간에 예리한 의견이 아닐 수 없다. 4월 22일부터 5월 4일까지 국민전선의 르펜이 정권을 잡은 것도 아니었는데 민주주의가 정상적인 작동을 완전히 멈췄기

02　Pierre Georges, 〈르몽드〉, 2002년 5월 4일.

때문이다.

새로운 계엄령이 내려졌다. 어리석은 지지자들에게 빨래집게나 장갑 같은 위험한 무기는 버리고 투표소로 향하라고 강요했다. 기권이나 무효투표를 던져서는 안 되고, 극좌파 후보는 구원받고 '강경한 태도를 보인 후보'[03]는 극우주의자들과 한꺼번에 볼 품 없는 바구니에 던져졌다.

급해지면 단순해진다. 정치성이 전혀 없는 언론매체도 운동원이 되어 구호를 외쳤다. TV프로그램 주간지인 〈텔레라마〉4월 27일-5월 11일는 표지에 '기권은 어리석은 함정이다'라는 문구를 크게 적었다. 검열도 있었다. 대선투표를 다루는 83건의 논단 중에〈르몽드〉는 46건, 〈리베라시옹〉은 37건[04] 동일한 날 〈르몽드〉에 실린 두 건만 시라크 후보 지지에 대해 의문을 제기했다.[05] 과장되고 노골적으로 일탈을 부추기는 기사도 있었다. "단두대, 증오, 불관용, 인종차별, 반유대주의에 대한 거부가 새로운 문법이고 이 문법은 '시라크'라고 불린다." 다니엘 콘

---

03 〈리베라시옹Libération〉, Paris, 2002년 4월 23일.

04 전국 일간지만 고려했다. 관련기사를 쓰지 않은 매체도 있었고 또 우파 성향의 〈Le Figaro〉지 같은 매체가 독자에게 시라크 대통령에게 투표하라고 독려하는 것은 당연하기 때문이다.

05 2002년 4월 26일 〈르몽드〉지에 이브 미쇼Yves Michaud의 '시라크 대통령이 자신의 힘으로 싸워야 한다Que Monsieur Chirac se débrouille avec les forces de son camp', 폴 알리에스Paul Alliès의 '시라크를 지지하면 변화가 없다는 문제가 있다Le vote Chirac a l'inconvenient de laisser les choses en l'etat' 두 개의 기사가 실렸다.

벤디트프랑스 68혁명의 핵심 학생지도자의 익살스러운 형제들이 4월 26일 〈리베라시옹〉에서 웃음기 없는 얼굴로 주장했다.

세상 밖으로 나오기도 전에 질식해버린 주장도 있다. "툴루즈에서는 시라크에 투표하라는 지시가 당연하게 받아들여지지 않고 있다"는 주장을 〈르몽드〉의 4월 27일 자에서 찾을 수 있지만 우파의 일반적인 성격과 특유의 시라크주의에 더 부합하는 주장은 빛을 보지 못했다. 정상적인 민주체제라면 반대할 권리는 차치하고라도 인용될 권리가 있지 않을까?

공정한 투표에 타격을 가한 현학적인 나팔수 언론에 새로운 위험이 기다리고 있었다. 불필요한 몸짓을 하는 무분별한 조무래기들이 훌륭한 조직을 파괴하는 것은 아닌가? 강력한 바리케이드를 치는 것이 중요해졌다. 긴 머리를 하고 반바지를 입었던 시절을 기억하지 못한 제라르 뒤퓌가 〈리베라시옹〉 4월 27일 자에 이렇게 적었다. "분명한 것은 프랑스인의 자존심에 상처를 준 르펜이 대패하는 곳은 거리가 아니라 투표소가 될 것이다."

TV뉴스 20분 40초

언론은 비난해야 할 행위에 대해서는 입을 다물면서 '젊은이들의 시민정신'에 대해서는 자비로웠다. "젊은이들이 거리로 나와 빙글빙

글 돌며 행진을 했다"[06]라며 시를 써서 바쳤다. TV 역시 상아나팔을 입에 갖다 대고 가능한 섬세하게 나팔을 불었다.

4월 28일, 프랑스2 채널의 8시 저녁 뉴스는 거의 선거운동이나 다름없었다. 뉴스는 분 단위로 다음과 같이 진행됐다.

| 01 | 세계 강제추방 희생자 추모의 날. '희생자에 대한 추모가 절박하다는 듯 기념식의 의미는 그 어느 때보다도 남달랐다.'(1분 55초) | 02 | 리크라 Licra, 인종차별주의 및 반유대주의 반대 국제동맹가 팡테옹 앞에서 극우파 반대 시위 개최 (20초) | 03 | 시라크 대통령이 도르도뉴 지방에서 공동농업정책을 변호했다. 르펜 후보는 공동농업정책을 강력하게 비판했다.(1분 45초) | 04 | 예술가들이 자신들의 명성을 국가를 위해 활용하기 위해 제니트 콘서트장에 모여 시라크에 투표하라고 호소했다.(1분 45초) | 05 | 국민전선의 예술분야 공약 검토(2분 30초) | 06 | 브뤼노 골리쉬 르펜 후보 선거캠프 대표 인터뷰 (40초) | 07 | 르펜 후보 투표자 분석(1분 50초) | 08 | 대학생과 고등학생의 거리 시위. 부활절 휴가가 끝나면 시위 규모가 더 커질 것으로 예상했다.(2분) | 09 | 자크 랑 교육부장관이 인터뷰에서 학생들과 학교 교육 시스템이 자랑스럽다고 말한다.(4분 20초) | 10 | 샤랑트지방의 디락시市 축구클럽이 자체적으로 폐쇄를 결정했다. 1차 투표에서 디락 시 1,400명 주민 중 108명이 르펜 후보에게 투표했다.(1분 45초) | 11 | 국민전선의 부상에 대한 외신 보도 소개(1분 50초).

총 20분 40초가 대선에 할애됐고 나머지 15분은 바비 인형을 처

---

06 Serge July, 〈리베라시옹Libération〉, 2002년 4월 26일.

음 만든 루스 핸들러의 죽음 같은 기타 소식으로 채워졌다. 뉴스 중간에 앵커가 2차 투표와 관련해 조스팽 사회당 후보가 한 지시를 그를 대신해 말해달라고 자크 랑 장관에게 두 번이나 요청했다. "지금은 조심해야 할 때라고 생각하시는 건가요?"라고 다그치며 장관이 마지못해 말할 때까지 앵커는 물러나지 않았다. 시사평론가들은 너나 할 것 없이 화형식 절차에 따라 패배자에게 포기를 시인하라고 요구했다. 이교도를 화형시켜 죽이기 전에 개종시키는 신앙개조 삼단계처럼 포기하고 회개하고 새로운 종교로 개종했다고 선언하라고 강요했다.[07]

이 비이성적인 시기에 언론은
여론몰이에 대해 설명하지 않았다.

유권자들이 기권하지 않고 투표소로 가게 하기 위해 언론은 르펜 후보의 과거를 현미경 위에 올려놓고 샅샅이 분석했다. 르펜 후보가 불독처럼 싸웠던 시절을 부감촬영하고 광각렌즈로 잡아서 보여주었다. 후보의 과거 행적을 보여주는 것이라고 했지만 비이성의 시기에 그의 과거가 한 번도 진지하게 설명된 적은 없었다. 지금까지 너무 많이 다뤄져 옷장에 처박아 두었던 르펜 지지자들의 투표 동기, 비시정권 다큐멘터리, 유대인 강제추방, 홀로코스트가 한꺼번에 쏟

---

07 프랑수아 브륀의 분석이다.

아져 나왔다. 한 동안 잊고 있었던 이민자와 외국인문제가 다시 프랑스를 휩쓸었다. 주말에는 상상하기 힘든 일이 벌어졌다. 프랑스 앵포라디오 뉴스의 여행 소식에서 투표소를 안내한 것이다! 언론은 또 메데프Medef, 프랑스 경제인 단체의 공화주의자적인 태도를 환영했지만 유권자들의 '사기를 꺾지 않기' 위해 다음의 사실은 숨겼다. 나치 치하에서의 경제인들의 친나치 전력, 드골주의자들의 시민활동협회[08] 재정지원, 1988년 5월 5일 우베아 동굴에서 발생한 12명의 죽음[09], 우파 동맹의 실패로 1982년과 1983년 드루 시장 선거에서 국민전선에 패배한 사실, 지난 5일 동안 여론조사에서 국민전선의 지지가 급속도로 추락하고 있다는 것에 대해서는 언급하지 않았다.

대선이 끝나고 기자들은 언론이 치안문제를 지나치게 강조하고 프랑스 서민들을 무시한 것에 대해 책임이 있다고 공개적으로 자평했지만 그때도 자신들의 회사가 이미 확실한 의식을 가지고 발작적

---

08 Service d'action civique^{SAC}. 1960년 드골 대통령이 대통령으로 취임한 후 드골주의를 수호하고 확산시키기 위해 결성된 민간단체. 실제는 많은 수의 군인과 경찰이 회원인 군대식 조직이었다.

09 1988년 4월 22일, 남태평양에 있는 프랑스령 뉴칼레도니아의 우베아 섬에서 독립무장단체가 프랑스인 헌병을 인질로 잡았다. 5월 5일 특수부대의 개입으로 동굴에 잡혀있던 인질들이 풀려났지만 교전으로 12명의 인질범이 사망했다. 여러 증언에 따르면, 인질범들이 동굴에서 나왔을 때는 살아있었지만 특수부대가 보복하기 위해 총격을 가했다고 한다. 이에 대한 정확한 사실은 밝혀지지 않고 있다.

인 선전전戰 제2막에 돌입했다는 것은 보지 못했다. 과도하게 위협하고 은폐하는 기업을 어떤 다른 이름으로 부를 수 있을까? 그래서 얻는 것은 무엇인가?

언론의 공동전선은 2002년 대선 때만이 아니었다. 물론 그때처럼 카타르시스를 느낄 정도는 아니었지만 마스트리히트 조약[10]에 대한 찬반투표가 있을 때 언론은 조약을 반대하는 소심하고 시대에 뒤떨어진 프랑스인들을 무차별적으로 공격했다. 뿐만 아니라 서방의 한 지방이 된 코소보에서의 군사작전, 이라크 폭격, 2001년 9·11 테러(그 후 대테러 전쟁과 미국에 충성하는 것이 외교정책이 됐다)에 대해서도 한 목소리를 냈다. 언론은 앞으로도 공동전선을 구축할 것이다. '노동 유연성', 개인 생산성, 전 세계 군주와의 제휴가 애국적인 목표가 될 것이다. 의도가 순수했다고 말할 수 있을 것이다. 결과가 수단을 정당화한다면 사상과 정치 성향이 혼란스러운 상황에서 의도는 어떻게 될 것인가? 프랑스공화국의 자유, 평등, 박애는 어떤 사람들에게는 신조이고 어떤 사람들에게는 정책이다. 여기서 좌와 우 사이에 금이 그어진다. 그 선을 정말로 지우개로 지워야 한다.

---

10 유럽의 정치, 경제, 화폐 통합을 규정한 조약으로 프랑스에서는 1992년 9월 국민투표에서 근소한 차이로 가결됐다.

<르몽드 디플로마티크> 한국판 2009년 8월호 1면

| 4부 |

문화를 파고드는 극우

　이데올로기를 매개하는 것이 무엇이건 간에, 문화적 준거 없이는, 그리고 집단상상력을 동원하는 일 없이는 어떤 일도 가능하지 않다. 아우구스토 피노체트의 칠레나 군사독재 체제의 브라질에서는 TV가 이데올로기를 결속시키는 역할을 담당했다. 일본에서는 인기만화 장르를 빌린 극우 사상들이 대중들을 움직여 왔고, 유럽에서는 음악이나 스포츠를 통해서 극우 사상들이 나타나고 있다.

축구 경기장에서 벌어지는 인종차별과 폭력 사태

축구장의 관중석이 극우단체들에게 점령당하면서 축구장에서 인종차별과 동성애혐오 발언이 난무하기 시작했다. 이 현상은 더 이상 예외적인 것이 아니고 여러 나라에서 나타나고 있다. 하지만 축구클럽과 국내외 관련 체육단체는 한참이 지난 후에야 방안을 강구했고 그마저 실효성을 기대하기 힘들다.

파트리크 미뇽 | 스포츠연구원
국립스포츠 운동력 연구소Incsep의 연구원으로 일하고 있으며, 주요 저서로 〈축구 열정La Passion du football〉(Odile Jacob, Paris, 1998년) 등이 있다.

영국, 이탈리아, 아르헨티나에서 시작된 현상, 곧 특정 목적을 가지고 스포츠 팀을 응원하는 서포터들이 축구장 관중석을 점령하는 일은 2013년 현재 유럽과 남아메리카 전역 그리고 북아프리카, 이집트, 중국에까지 퍼졌다.

19세기에 시작된 축구에는 규칙뿐 아니라 지금까지 축적된 의미 덕분에 유럽사회를 구성하고 있는 가치와 정서가 압축되어 있다. 오늘날의 축구는 세계화가 가져다 준 사회문화적 변화와 직접적으로 연관되어 있다.

축구경기의 '정상적인' 기능은 진정한 볼거리를 제공하고 관중은 자신이 좋아하는 팀을 응원하는 것이다. 종종 '황금시대'라고 불린 50년대와 60년대가 그랬다. 금융스캔들도 없고 훌리건[01]도 극렬 서포터도 없고, 관중석에서 인종차별시위도 없던 시대였다. 세상은 평화로워 보였고 축구도 그래 보였다. 당시에는 국가의 자존심, 지역의 자존심이 중요했고 자신이 속해 있는 공동체의 목표가 실현되는 것을 보며, 그리고 선수들의 사회적 신분상승을 목격하고 행복해 했다. 하지만 심각한 경제 위기를 겪거나 반대로 경제가 급격하게 발전하게 되면 사회의 모델이 변하게 되고 사회이동과 사회통합과 관련해 위기가 발생한다. 이때 축구가 혼란과 변화에 대한 거부를 표출할 수 있는 특별한 장소를 제공했다.

극우단체가 축구장의 관중석을 점령하고 켈트십자가나 나치의 철십자가 같은 상징물의 등장 뿐만 아니라 인종차별적 발언이나 행위가 난무하는 것도 이 차원에서 살펴야 한다. 이 현상은 유럽에서 포퓰리즘이 확산되고 극우파 정당이 득세하는 것과 괘를 같이 하는 매우 정치적인 현상이다. 이를테면 네오나치 조직이 서포터그룹에 침투해서 관중석은 시위의 공간인 동시에 정치활동의 현장이 됐고, 이집트에서는 민주주의에 대한 열망이 표현되는 장이 됐다. 도대체 어떤 이유로 축구장의 일부가 정치의 장이 됐는가?

교육의 일부로서 시작된 축구는 (모든 국가에서 축구는 부르주아

---

01 원래 불량배라는 뜻으로 60년대 경제위기로 실업자와 노동자계층이 축구장에서 분노를 폭력으로 표출시켰다.

나 귀족 남자들을 교육하기 위한 일환으로서 발전했다) 재빠르게 서민층의 세계관을 표현했고 사회에서 자신의 위치를 확인할 수 있는 운동으로 자리 잡았다.

축구는 처음부터 집단성과, 농촌에서 도시로, 지역에서 국가로 변하는 과정에서 형성된 사회성의 형태와 밀접하게 연관되어 있다. 처음에 후원으로 시작됐든_{이탈리아}, 펍에서 시작됐든_{스코틀랜드, 영국}, 기업으로 시작됐든_{이탈리아, 프랑스, 영국}, 조합으로 시작됐든_{독일, 오스트리아} 간에 축구는 집단의 구성과 통제 전략의 일부였다. 행동의 극렬화나 정치화는 관습의 조건이 달라졌을 때 나타난다. 우리가 '위기'_{고용시장의 침체, 게토화, 통합의 어려움, 무리들 사이의 갈등으로 인한 불안감 상승}라고 부르는 것과 각 국가가 가지고 있는 고유의 문제_{스페인의 프랑코주의의 종말, 공산정권의 몰락, 이탈리아 정부의 위기, 프랑스식 통합모델의 실패}는 축구장에 있는 서포터의 조건, 형태, 내용, 의미를 변화시키고 지역적, 인종적 경쟁을 부추기는 결과를 낳았다. 축구는 새로운 공간과 새로운 습관을 만들었고 극렬 서포터들은 축구의 변화가 만들어낸 동기와 공간을 활용할 기회를 갖게 됐다.

일상에서 고립되어 있는 사람이
무리와 합류하기 위해 먼 곳에서 온다.

1980년대 벨기에 브뤼셀에서 발생한 헤이젤 참사[02]로 심각하게 인

---

02 1985년 5월 29일, 브뤼셀에 있는 헤이젤 경기장에서 유벤투스 서포터와 리버풀 서포터가 충돌해서 39명이 사망했고 6백 명이 부상당했다.

식된 서포터들 사이의 폭력문제는 1960년대 영국에서 시작됐다. 먼저, '엔드end' 문화에 대한 이해가 필요하다. 프랑스에서는 '비라주virage, 커브'나 (영어에서 차용한) '콥kop'이라고 하고 이탈리아에서는 '커브curve'[03]라고 부른다. 영국에서 기원한 엔드는 골대 뒤의 관중석을 가리키는 말로, 안전문제와 청년노동자의 자립 정책 덕분에 가장 어리고, 가장 가난하고, 가장 열성적인 젊은이들이 그곳에 모였다.

대규모로 그리고 자발적으로 관중석을 차지한 젊은이들은 축구계에 정신적 공포심을 불러일으켰다. 이들의 등장이 축구의 합리화정책과 시기를 같이하고 있기 때문이다. 이 시기에 축구는 TV중계, 경기의 국제화, 클럽의 법인화, 명성의 중요성이 대두되는 새로운 시대 변화에 적응하고 있는 중이었다. 이렇게 축구산업이 커지면서 새로운 공간이 생겨났고, 관중이 증가하자 각 서포터들을 분리하는 정책이 도입됐다. 그때까지 관중들은 하프타임 때 자리를 바꾸거나 팀을 구분하지 않고 섞여 앉아 있었다. 프랑스의 몇몇 축구장이나 노인 관중을 위해 마련된 관중석에는 아직도 이 관행이 계속되고 있다. 관중석 분리 정책은 서포터들에게 그들의 정체성을 손쉽게 알릴 수 있는 수단을 제공했다. 그들이 자신들의 존재를 세상에 알리고 상대편 지역으로 침입하고 경기장으로 내려오거나, 욕설을 퍼붓고 외설적인 응원가를 부르는 등의 경기에 개입하려는 전략 개발에 유리한 조건

---

03 Christian Bromberger, Alain Hayot, Jean-Marc Mariottini, 'OM 파이팅!, 포르차 쥬브 파이팅! 마르세이와 토리노의 축구 열기Allez l'OM! Forza Juve! La passion du football à Marseille et à Turin,' 〈Terrain〉, n° 8, Paris, 1987년 4월.

을 마련해주었다.[04]

그렇다면 누가 관중석의 '엔드'에 앉는가? 어느 나라에서나 주로 나이가 어린 남성들이다. 영국에서는 대부분 젊은 노동자들인 반면 프랑스, 이탈리아, 스페인에서는 사회적 구성이 더 다양하다. 어쨌든 유사한 삶의 경험과 조건을 가진 사람들이 한곳에 함께 모여 자신의 존재를 확인하기 위해 엔드에 모인다.[05] '커브'와 '엔드' 문화는 도시 환경 변화의 결과로 나타났다. 도시의 성장과 개발정책으로 서민공동주택으로 터전을 옮겨가야 했던 동네 혹은 도시 주민과 축구장 사이에 생겨난 자연스러운 관계가 깨지거나 느슨해졌다. 그래서 '엔드'는 정복하고 지켜야 하는 도시 공간이며 임시로 만들어진 공동체가 고통을 겪는 장소이다. 일상에서 철저하게 고립되어 있는 사람이 종종 무리와 합류하기 위해 먼 곳에서 온다. 그들이 사는 도시 외곽은 아랍, 자메이카, 터키 폭력배들의 법이 지배하고 있지만 콥 같은 공공장소에서 그들은 자신들의 법을 적용하려고 노력한다. 전체주의 국가에서 엔드는 경찰폭력에 맞서는 방어수단이기도 하다.

특정 팀을 응원한다는 것은 서포터라는 특별한 집단과 관계를 맺는다는 걸 의미한다. 특히 불안한 삶을 살고 있거나 팀이 유명해서 유럽 전역을 따라 다닐 수 있다면 더욱 그렇다. 자신의 존재를 확인

---

04 Alain Erhenbert, '훌리건과 평등에 대한 열망Les hooligans ou la passion d'être égal', 〈Esprit〉, Paris, 1985년 9월호.

05 Cf. Alain Erhenberg, '축구 사랑L'amour foot', 〈Autrement〉, 1986년 5월호.

하고 확인받으려는 것이다. 자신의 모습이 보여지고 축구클럽을 위해 행동하기 때문에 사회적으로 중요한 인물이라는 인식을 스스로에게 부여할 수 있다. 일상에서의 내가 아닌 다른 사람이 되기 때문에 체면을 세울 수도 있다. 경기장 밖의 사회적 위치가 아니라 서포터로서의 행동으로 가치를 인정받게 된다. 뿐만 아니라, 축구장 관중석은 경력을 쌓고 사업을 할 수 있는 곳이기도 하다. 특히 신분상승에 대한 다른 가능성이 없을 경우 더욱 그렇다. 서포터는 자발적으로 행동하고, 국제적인 접촉을 갖고, 팬 매거진을 출간한다. 그리고 응원가를 만드는 사람, 응원가나 구호를 시작하는 사람, 몸동작을 조직하는 사람 등 나이와 재능에 따라 일이 분업화되어 있다. 서포터라는 집단은 비정형적인 군중과는 완전히 다른 사람들이고 등급별로 명예가 달라지는 조직된 세계다.

'콥'은 정당성을 찾으려는 도전의 장소이기도 하다. 콥의 점유자들은 다른 사람들이 경원시 했던 것을 받아들였다. 곧 구식 스포츠를 좋아하고, 젊은 남성집단의 일원이 되고, 무리지어 몰려다니고, 거칠고, 가난한 백인 세계에 속하고, 인종차별주의자라는 것을 자랑스러워하고, 사회가 변화되면서 소외된 사람들에게 집단으로 들어올 수 있도록 문을 활짝 연다. 이런 이유에서 엔드 문화는 투쟁의 양상을 띠게 됐다.

엔드 문화는 축구와 우리가 살고 있는 사회의 변화에 반대한다. 이들은 스포츠(단순한 관중이 아니라 진정한 서포터), 도시파리 대 마르세유, 지방안달루시아 대 바스크, 사회프롤레타리아 대 부르주아, 국가영국 대 나머지 국가, 인종백인 또는 유럽인 대 흑인, 파키스탄인, 북아프리카인, 남부이탈리아인에 대해 자신들의 진정성을 주장한다. 응원가와 상대팀에 하는 욕설은 이 차이를 극명하게 보여준다. 서포터들은 일반 관중들을 야유하고 토튼햄과 암스테르담 아작스의 '유대인'을 비난하고, 휘파람을 불고, 흑인선수들에게 바나나를 던지고, 나폴리의 실업자들을 비웃는다. 서포터들은 지역이나 국가에 뿌리를 두고 있기 때문에 자연히 세계주의를 반대하고 인종차별을 옹호한다.

왜 아무도 축구장에서 확산되고 있는 '포퓰리즘'을 심각하게 생각하지 않았는가?

엔드 문화는, 사라졌거나 위협받고 있는 다양한 스타일의 노동자와 서민의 하부문화와 관련되어 있다. 오랫동안 축구장 관중석의 극단적인 세력을 대표한 것은 스킨헤드였다.[06] 1968년 런던 북부와 동부 지역에서 나타난 스킨헤드는 런던 이스트엔드[07] 항구의 쇠퇴와 도시개발 정책의 결과물이다. 외모에 있어서도 이스트엔드 범죄자들의 전통적 상징인 면도한 머리, 닥터 마틴 부츠, 멜빵, 문신으로 확연히 눈에 띈다. 이들은 폭력적인 남성성과 공동체에 대한 충성심을 주

---

06 Cf. '영국의 서포터와 훌리건Supporters et hooligans en Grande-Bretagne', 〈20세기〉, 1990년 4-6월호, Miguel Cancio, Sociologia de la violencia en el fútbol, Fundación universitaira de cultura, Saint-Jacques-de-Compostelle, 1990년.

07 런던 북동부 템즈강의 북안지역으로 산업혁명 후 공업지구와 항만지구로 개발됐다. 노동자와 극빈자들이 거주하고 있다.

장하고, 아웃사이더와 중산층과 동일시하려는 어떠한 유혹도 거부한다. 그들은 히피의 반문화에 대한 극우의 대응이었다. 극렬 인종차별주의자인 스킨헤드는 파키스탄인들을 뒤쫓는 것으로도 유명하다. 몇 년 동안 스킨헤드의 스타일은 엔드 문화에 큰 흔적을 남겼는데 그들의 폭력적 성향에 많은 사람들이 호응했기 때문이다. 스킨헤드는 70년대 초 사라졌다가 경제침제가 심화되면서 70년대 말 경쟁 축구클럽아스널, 웨스트햄을 중심으로 다시 나타났다. 이 모델은 유럽으로 전파됐고 각 나라 상황에 따라 변형됐다. 영국에서는 노동자들 사이에서 정착됐지만 다른 나라에서는 소시민이나 하류층으로 추락한 젊은 부르주아들일 수 있다.

극렬 서포터들의 성격은 나라마다 다르다. 독일에서는 응원하는 팀의 외국인 선수들을 비난하는 극렬 서포터와 그들을 지지하는 극렬 서포터가 대립하고 있고, 이탈리아에서는 우파와 좌파 상관없이 극렬 서포터가 군단을 이루고 있다. 극렬 서포터의 조직은 유기적이지 않다. 상대 팀에 반대하고, 사람들을 소외시키는 사회에 반대하고, 자신들의 활동을 막는 경찰에 반대한다. 파리에서는 1991년에서 2010년까지 불로뉴 콥과 오퇴이 비라주가 서로 다른 정치적 성향을 보였다. 한편에서는 포퓰리즘과 민족주의를, 다른 편에서는 문화적 다양성을 주장했다. 극우사상이 퍼져나가면 문제는 더욱 확대된다. 1980년대부터 축구장 관중석에서 '포퓰리즘'이 확산됐는데 왜 처음 시작됐을 때 이에 대해 진지하게 생각하지 않았을까?

인종차별을 노래하는 독일 락뮤직

극우사상을 노래하는 블랙 메탈이라는 음악이 노르웨이, 폴란드, 러시아, 프랑스에서 발전했다. 락 음악의 인종차별적 가사는 새로운 것이 아니다. 이미 80년대에 독일에서 유행했었다.

브리기트 파촐트 | 언론인
인권 및 사회문제와 관련하여 여러 매체에 글을 기고하고 있다.

"옛날의 독일은 없다. 세상의 모든 인종이 독일을 점령하러 왔다. 독일이여, 눈을 떠라. 소리 높여 외친다. 외국인 나가라!" 빠르고 거칠고 공격적인 음악이다. 1984년 코만도 - 페르노라는 락그룹이 만든 노래다. 나치 락그룹은 1990년대 중반까지 독일에서 맹위를 떨쳤고 90년대 말까지 활동한 그룹들도 있다.

스퇴르크라프트'분노한 사람들'이라는 뜻는 '우리는 독일을 청소하는 세력이다'라고 노래하고 폴크스쫀'국민의 분노'은 '감옥에 처넣어라, 아니면 사막으로라도 보내라. 어디로든 보내버려라'라고 울부짖는다.

그룹 엔치크'최종 승리'라는 뜻는 '이민자'라는 노래에서 터키인들을 수용소에 집어넣으라고 외치고 있다. '그자들은 마을을 씹으며 독일로 와서 만지는 것마다 더럽히고 있다. 때려라, 죽여라, 감옥에 처넣어라. 수용소에 처넣어라.'

독일에서 스킨헤드는 1970년 말 생겨났고 현재 6천여 명 정도로 추산하고 있다. 스킨헤드가 처음 등장한 곳은 영국이었고, '절망한 청춘'의 상징인 길고 지저분한 머리를 한 펑크족에서 분리되어 나온 노동자계급 출신들이다. 이들은 일할 때나 쉴 때 보란 듯이 카키색 군복상의를 입고 부츠를 신고 다닌다. 처음에는 음악을 즐기는 것이 주된 목적이었지만 시간이 지나면서 민족주의적인 색깔을 입기 시작했다. 스크루드라이버나 노 리모스No Remorse, '후회사절' 같은 영국 그룹은 파쇼 사상의 영향을 받아 1985년에 '피와 영예' 운동을 창시했다. 그들의 음악을 '오이Oi'라고 부르는데 스킨헤드가 싸움을 시작할 때 지르는 소리로, 자메이카 흑인들의 스카음악에서 영향을 받은 것이다.

스크루드라이버의 중심인물인 이안 스튜어트[01]는 '백인의 생존을 위한 투쟁'을 노래했고 '세계 시오니스트주의자들의 음모'에 맞선 인물이었다. 스크루드라이버는 즉시 독일의 라디칼급진, 노이 베르테새로운 가치, 스퇴르크라프트, 폴크스쫀 같은 그룹과 경쟁할 만큼 성장했다. 스퇴르크라프트는 1993년에 해체됐고 노이 베르테는 2010년까지 활동했다. 라디칼은 2006년 이후 음악작업을 멈춘 상태다.

스킨헤드는 대부분 사회적으로 빈곤계층 출신이다. 그들은 거칠고 강하고 싸움을 잘 하는 남성성을 추구하고 또 사회적으로 인정받기 원하기 때문에 조정하기 쉬운 사람들이다. 그래서 극우정당들은 동지애

---

01 이안 스튜어트는 1993년 교통사고로 사망했다. 그후 그룹의 활동은 거의 멈춘 상태다.

와 공동체 정신으로 환심을 사고 일도 주면서 이들을 끌어들였다. 하지만 그 일이라는 것은 대부분 경호나 행사장 정리 같은 허드렛일이었다. 그래서 1979년 쾰른에서 결성된, 좌파성향의 사회 비평적인 노래를 불렀던 펑크그룹 코츠프로켄^{구토'라는 뜻}은 극우정당인 독일국가민주당의 침투로 스킨헤드 특공대의 도구로 사용됐다.

물론, 모든 나치 락그룹이 정치단체와 연결되어 있는 것은 아니지만 외국인혐오라는 공통점을 가지고 있다. 프랑크푸르트의 이미지에 먹칠한 뵈즈 옹클스^{Böhse Onkelz, '사악한 아저씨'}는 1984년부터 '터키인은 떠나라'고 노래했다.

1985년 함부르크에서 스킨헤드들이 터키인 라마칸 마프티를 살해했다. 1991년 바쓰-라인주에 있는 작은 베드타운인 휜쎄에서는 방으로 날아들어 온 화염병 때문에 두 명의 레바논 여자 아이가 심각한 화상을 입은 사고가 일어났다. 범인들은 세 명의 스킨헤드로 이민자를 공격해서 독일 통일 1주년을 기념하려 했다고 말했다. 이들은 범행을 저지르기 전에 술을 마시고 락 음악을 들었다고 한다. '나는 폭격기 조종사다. 나는 죽음을 심는다'가 그들이 들은 노래의 가사다.

이 노래는 뵈즈 옹클스의 레퍼토리 중 하나로 1993년 초에 그 노래가 수록된 앨범 '성스러운 노래'는 히트차트 50위 안에 들었고 25만장이 팔렸다. '파쇼 밴드'라는 명성은 1984년까지 거슬러 올라간다. 첫 앨범인 '좋은 사람'에는 "나는 아이들이 좋아. 팔다리가 잘려나간 온기 없는 아이들이…"라는 가사의 노래가 실려 있다.

독일 교육부장관은 1992년에 가서야 문제의 앨범 판매를 금지시켰고, 그 후에는 뵈즈 옹클스의 독일 내 콘서트를 금지시켰다. 그러자 뵈즈 옹클스는 공개적으로 극우정당과 거리를 두었다. 나치 하수인들은 뵈즈 옹클스를 '좌파의 돼지'라고 비난한 반면, 사람들은 이 그룹이 상업적인 성공을 바라고 법망을 피하려 한다고 의심했다.

정부가 나치 락그룹에 대해 조치를 취하기 시작하자 몇몇 그룹은 모호한 암호 같은 가사로 정부의 단속을 피하기 시작했다. 스퇴르크라프트의 앨범에는 아돌프 H가 등장한다. 물론 아돌프 히틀러를 의미하는 것이고 '이 시대'는 제3제국을 의미한다. 이 그룹은 한 앨범을 KKK에 헌정했는데 KKK가 무슨 의미냐는 질문에 '부도덕한 공산주의자들'이라고 주장했다. 활동금지를 당하는 것이 두려워 본색이 드러나지 않도록 조심하지만 생각은 달라진 것이 없었다.

앨범이 불법으로 판매됐기 때문에 나치 락그룹의 활동금지 조치는 별다른 효과가 없었다. 그런데 왜 이들을 더 빨리 막지 않았을까? 1970년대 좌파 테러에는 그토록 신속하게 행동한 독일정부가 스킨헤드에는 왜 관대했을까? 네오나치 단체에서 활동하고 있는 스킨헤드를 가려내기 힘든 것은 사실이지만 스킨헤드를 극히 일부현상으로 치부하고 사회에 미치는 영향에 눈을 감았기 때문이다.

나치 락그룹은 1989년 이전에는 지역적으로 서독 스킨헤드 사이에서만 퍼져 있다가 1989년 11월 베를린 장벽이 무너지면서 동독에서 진정한 르네상스를 맞게 된다. 동독의 스킨헤드는 '잔인한 상어', '에드빈과 폭격기' 같은 그룹을 결성했다. 그룹의 리더들 중에는 서독에서 온 네오나치 운동원도 있었다.

동독을 무시하는 서독의 오만에 저항하다

청소년을 군대조직처럼 교육하는 사회주의 체제에서는 운동장이나 문화센터에서 극우경향이 쉽게 받아들여진다. 동독 패망 후 젊은이들은 방향을 잃고 분노했다. 열렬한 스탈린주의자에서 철저한 민주주의자로 변신한 자신들의 아버지와 사회지도자들에 대해 분노했고 자신들을 이등시민으로 취급하는 오만한 서독인들에 분노했다. 그리고 대량실업과 물질적 빈곤이 이들의 분노에 불을 붙였다. 이런 상황에서 외국인이 독일 통일에 좌절한 사람들의 희생양이 됐다.

동독은 의무적으로 반파쇼 교육을 실시하고 있지만 극우파는 이미 통일 이전부터 존재했다. 1970년대 말 디스코텍에서 펑크음악이나 오이음악영국에 기원을 둔 일종의 락이나 펑크 음악 - 역주에 맞추어 서로 격렬하게 몸을 부딪치며 포고댄스를 추면서 나치식 경례를 하는 젊은이들을 볼 수 있었다. "동독경찰은 펑크족이 퇴폐적이고 무정부주의자들이라고 생각했지만 스킨헤드는 착한아이들로 여겼다"고 동독 범죄학자인 베른트 바그너[02]가 말했다. 오랫동안 스킨헤드는 상대적으로 당국의 감시망에서 벗어나 있었다. 축구장에서 나치경례를 하고 인종차별 욕설을 하는 젊은이들이 크게 위협적으로 보이지 않았다.

그런데 1987년 동베를린에서 엘리먼츠 오브 크라임과 피르마의 콘

---

02 Klaus FARIN, Eberhard Seidel-Pielen, 〈Rechstruck Rassismus im neuen Deutschland〉, Rotbuch Verlag, Berlin, 1992년에서 인용.

서트 도중 극우청년들이 야구방망이를 들고 난동을 벌이는 사건이 일어났다. 그 이후 경찰은 관용적인 조처를 취하는 대신 탄압을 했다. 범죄자들은 체포됐고 중형이 선고됐다. 스킨헤드를 감시하는 기구가 조직됐다. 하지만 1989년 11월 이후부터는 경찰과 당국의 태도가 방관으로 바뀌었다. 1990년 11월 25일 50여개 스킨헤드 락그룹 중 하나가 베를린 근처 에베르스발데에서 앙골라 출신의 안토니오 아마두를 때려죽였다. 하지만 범죄현장에서 멀지 않은 곳에 있었던 경찰은 아무런 조치를 취하지 않았다.

시민들도 암묵적으로 공모했다. 1991년 드레스덴에서 나치 스킨헤드들이 모잠비크인인 조르지 고몬다이를 전차 승강장에서 밀었지만 주위에 있던 승객들은 아무런 도움을 주지 않았다. 특히 통일로 새로 생겨난 독일 서부의 주州는 극우파에 매우 호의적이고 폭력사건도 많이 발생한다.

1992년 베를린 영화제에서 토마스 하이제 감독의 다큐멘터리 〈고장났어. 가자Stau, jetzt gaht's lost〉가 큰 주목을 받았다. 이 영화에서 감독은 할레에 사는 스킨헤드들의 목소리를 담았다. "왜 잘 알지도 못하는 이민자들을 증오하는가?"라는 질문에 동독의 청년은 이렇게 대답했다. "절망 때문이에요."

관대하고 민주적인 나라의 이미지를 회복하기 위해 사회가 나서다

답은 본능적으로 나왔다. 생각은 논리가 없고 혼란스러웠다. 그룹의

'중심인물'이라는 자가 마르크스와 히틀러를 들먹이며 사회를 강하게 비판했다. 책에서 읽은 파쇼사상과 학교에서 배운 자본가들의 자본착취에 대한 마르크스 이론을 뒤섞어 그리고 서독의 식민주의자들을 언급하며 결론을 내렸다. "폭력적인 것은 시스템이지 우리가 아니다."

그렇다고 서독에 외국인 혐오자들이 없다는 뜻이 아니다. 수 주 동안 모든 스킨헤드들이 이민자들 사냥에 나섰다. 첫 인명피해는 자르지방에 있는 난민신청자들의 숙소에 화재가 나면서 발생했다. 1992년 12월에 슐레스비히-홀슈타인주(州)의 묄른에서는 3명의 터키 여성이 네오나치가 일으킨 방화로 숨졌다. 대중의 분노는 촛불행진으로 나타났다. 정계, 언론, 재계 등 모든 단체가 관대하고 민주적인 독일의 이미지를 회복하기 위해 동참했다.

거대한 세계적 음모의 기원들

거대한 세계적 음모를 믿게 만들고 서민층의 분노를 다른 데로 유도하기 위해서는, 엘리트층과 서민층 사이에 있는 단절과 지도자들이 거짓말을 하고 무언가 말하지 않고 있다는 사실에 주안점을 두어야 한다… '정치에서의 편집증적 스타일'은 시대와 대륙에 따라 여러 다른 형태를 띠고 있다.

리처드 호프스태터 | 역사학자
1944년 사회진화론을 비판한 〈미국 사상 속의 사회진화론Social Darwinism in American Thought〉을 썼다.

첨예한 계급투쟁과는 항상 거리가 먼 미국 정치는 때로 일부 사람들에 대해 격렬한 분노를 분출할 수 있는 통로 역할을 해왔다. 가령 극우파의 배리 골드워터 지지 운동은 극소수 사람들의 격앙된 증오심을 이용해 어떤 정치적 영향력을 행사할 수 있는지 보여주는 좋은 예다.[01] 이 운동의 배후에는 다채롭고 긴 역사를 자랑하지만 우익만

---

01 미국 애리조나주 공화당 소속 상원위원 배리 골드워터는 1964년 공화당 대통령 후보로 선출됐다. 린든 존슨 민주당 후보에게 패하긴 했지만 그는 미국의 보수주의를 재확립하는 데 기여했다. 로널드 레이건이 정계에 입문한

의 전유물이라 할 수 없는 하나의 '사유 양식'이 자리잡고 있었다. 미술사학자가 '바로크'나 '기교파'라는 명칭을 사용하듯이, 나는 이 사유 양식을 '편집증적 스타일'이라 명명하고 싶다.

'편집증적 스타일'이라는 표현이 경멸적으로 들릴 수도 있다. 고의성이 없지 않다. 사실 편집증적 스타일은 선한 목적보다는 악한 목적에 더 잘 어울리기 때문이다. 물론 상식적인 정치 프로그램이나 합리적 명분이 편집증적인 방식으로 옹호되지 말란 법도 없다. 가령 수돗물 불소 첨가 반대 운동은 다양한 종류의 광신자 집단을 끌어들였다. 그중에는 독극물에 대해 과도한 두려움에 사로잡힌 사람들도 있었다. 과학자들이 몇 가지 증거를 제시하며 불소화는 위험하므로 중지해야 한다고 결론내릴 수도 있다. 그럴 경우 불소화를 공중보건이라는 미명 하에 사회주의를 퍼뜨리려는 음모로 여기는 이들은 자신의 생각에 더욱 확신을 갖게 될 것이다. 이들은 대중이 공산주의자들의 술책에 더 쉽게 넘어가도록 신경을 무디게 만드는 화학약품을 개발해 수돗물에 첨가하는 회사가 있다고 믿는다.

편집증적 스타일은 과거에도 있었고 미국 밖에도 있었다. 근대 역사를 살펴보면 예수회 혹은 프리메이슨, 국제자본가와 유대인, 공산주의자 등이 거대한 음모를 획책한다는 식의 생각이 많은 나라에서 유행했다. 존 F. 케네디 대통령 암살 직후 유럽인들의 반응을 생각해 보라. 미국인들 뺨칠 만큼 뛰어난 편집증적 해석 능력을 보여줬다.

것도 그에게 받은 영향 덕분이다.

그런데 현대 역사에서 편집증적 스타일이 유일하게 승리를 거둔 곳은 독일이었다.

18세기 말 미국에서는 반체제적 사건을 모두 '바이에른 일루미나티_{일루미니즘, 18세기 후반 독일에서 생겨난 계몽주의 비밀결사체 또는 그 조직원}'의 소행으로 여기며 공포에 사로잡힌 사람이 많았다. 1776년 잉골슈타트대 법학교수 아담 바이스하우프트가 시작한 일루미니즘 운동은 이성의 법칙에 의해 통치되는 인류의 도래를 궁극적 목표로 삼았다. 프랑스혁명에 대한 반동 경향이 유럽 전역으로 퍼져가는 와중에 성직자를 중심으로 한 일부 보수주의자들은 이 운동에 반대하는 활동을 펼쳤다.

미국인들은 1797년 〈일루미나티, 프리메이슨, 독서모임 간 비밀회합에서 모든 종교와 유럽 정부들에 대항해 음모가 꾸며진 증거〉라는 제목의 책을 통해 일루미니즘을 알게 됐다. 이 책의 저자인 스코틀랜드의 저명한 과학자 존 로비슨은 바이스하우프트가 시작한 이 운동이 탄생한 순간부터 당시까지 걸어온 발자취를 세밀하게 추적했다. 로비슨은 일루미니즘의 도덕성과 정치적 영향을 분석하는 과정에서 전형적인 편집증적 환상 속으로 비약한다. 그는 이 단체가 "모든 종교기관을 해체하고 유럽의 정부들을 전복한다는 구체적인 목적을 위해 설립됐다"고 주장한다.

로비슨은 프랑스혁명의 주역들 역시 일루미니즘 단체 소속이었다고 주장한다. 그는 이 운동이 "유럽 전역에 걸쳐 선동을 획책하는 거대한 악마적 음모이며, 여성을 타락시키고, 감각적 쾌락에 사로잡힌 문화를 전파하고, 소유권을 부정하는 등 반종교적인 경향을 보인다"고 비판했다. 로비슨은 이 단체 회원들이 아이를 사산하게 만드는 차를 재배하거나, 얼굴에 살포되면 장님이 되거나 심지어 죽을 수도 있는 비밀 약품을 개발하거나, "침실 안을 페스트균 증기로 가득 채우는 방법"[02] 등을 고안하고 있다고 믿었다. 일루미나티가 대서양을 건너와 미국에 들어왔다는 어떤 증거도 없었지만 이런 종류의 상상은 삽시간에 미국 전역으로 퍼져나갔다. 광범위한 국제 조직망을 통해 음모가 꾸며지고 믿을 수 없을 만큼 효율적인 방식으로 은밀하게 악행이 준비되고 있다는 식의 논리가 편집증적 스타일의 전형적인 예라고 할 수 있다.

그로부터 몇 십 년 뒤 이번에는 가톨릭 세력이 미국의 가치를 파괴하기 위한 음모를 꾸미고 있다는 루머가 떠돌기 시작했다. 1835년 출간된 두 권의 반가톨릭 서적은 그 새로운 위험에 대해 잘 묘사하고 있다. 전신기 발명가이자 화가인 새뮤얼 모스가 쓴 〈미국의 자유에 대항한 외국의 음모〉가 그중 하나다. 그는 이 책에서 "한 가지 음모가 존재한다"고 주장하며 "이 음모는 이미 실행단계에 접어들었다. 우리는 매우 취약한 상태에서 공격받고 있다. 우리가 가진 전함, 요새, 무기로는 그들을 이길 수 없다"고 경고했다. 교황권지상주의를 신봉하는 반동 진영과 종교적·정치적 자유를 추구하는 진영이 전쟁을 치르는 상황에서 자유의 보루인 미국이 교황과 군주들의 공격 표적이 되는 것은 불가피하다는 논리였다.

---

02 John Robison, 〈Proofs of a Conspiracy〉, 뉴욕, 1789.

모스는 오스트리아의 메테르니히[03] 정부가 이 음모의 중심에 있다고 주장했다. "오스트리아는 미국에서 행동을 개시했다. 오스트리아는 엄청난 음모를 진행하기 위해 거대한 계획을 준비해두었다."[04] 한 프로테스탄트 활동가는 다음과 같이 설명했다. "예수회 활동가들이 온갖 우스꽝스러운 모습으로 정체를 감춘 채 미국 전역에 암약하고 있다. 교황제를 부활시키기 위한 최상의 조건, 최적의 수단을 마련하기 위해서다. 서부 지역의 경우 예수회 활동가들은 마리오네트 공연단, 댄서, 음악 교수, 온갖 사진이나 장식품 등을 팔고 다니는 행상, 크랭크 오르간 연주자 혹은 이들과 비슷한 직업의 사람들로 변장하고 다닌다."[05]

모스는 이 음모가 성공하면 합스부르크가 자손이 미국의 황제 자리에 오르는 것은 시간문제라고 경고했다. "유럽 전제군주들의 재정적·지능적 수단들"의 도움을 기대할 수 있는 가톨릭이야말로 구대륙이 미국에 영향력을 행사할 수 있는 유일한 매개라는 것이다. 또한 이민자들 대다수는 교육수준이 낮고 무식해, 미국 제도의 운영 방식을 제대로 이해하지 못하기 때문에 예수회 활동가들의 음모를 돕는

---

03 클레멘스 폰 메테르니히(1773-1859). 유럽의 절대왕정 수호에 앞장섰던 오스트리아 외교관. 나폴레옹 몰락 뒤 빈 체제를 구상하는 과정에서 중요한 역할을 했다.

04 Samuel F. B. Morse, 〈Foreign Conspiracy Against the Liberties of the United States〉, 뉴욕, 1835.

05 Ray A. Billington, 〈The Protestant Crusade 1800-60〉(뉴욕, 1938)에서 재인용.

역할을 하게 될 것이라고 했다. 모스는 '유럽의 전제군주들'에게서 돈을 받고 미국으로 건너온 이민자들이 미국 사회를 혼란과 폭력의 도가니로 만들어 감옥에 죄수들이 넘쳐나고 세금이 몇 갑절로 불어날 것이라고 경고했다. 다른 책의 저자 리먼 비처는 이 이민자 물결이 투표소로 향할 경우 "나라의 장래가 경험이 미천한 이들의 손에 맡겨지게 될 것이고, 유럽의 가톨릭 열강들의 지도에 따르는 10% 정도의 유권자들이 선거 결과에 영향을 주고, 정치를 혼란에 빠뜨리고, 나라를 분열시켜 전쟁과 살인을 부추기고, 단결력을 와해하고, 우리의 자유주의적 제도를 파괴할 것"[06]이라고 우려했다.

"애국자가 아니면 모두 간첩"

시간을 훌쩍 뛰어넘어 현대의 우익세력에 대해 살펴보자. 매스미디어의 출현으로 편집증적 스타일에 큰 변화가 찾아왔다. 예전에는 음모의 주체가 주로 외국인이었다면 오늘날 극우파들은 국내의 배신자들이 나라를 위협하고 있다고 믿는다. 과거에는 프리메이슨 반대세력이 막연하게 묘사한 배신자, 다양한 모습으로 변장한 예수회의 비밀요원, 대중이 모르는 교황의 사절, 고의적으로 통화위기를 조장하는 베일에 싸인 국제금융가집단 등이 음모 세력이었다면 현대에 와서는 프랭클린 루스벨트·해리 트루먼·드와이트 아이젠하워

06　Lyman Beecher, 〈A Plea for the West〉, 신시내티, 1835.

대통령, 국무장관, 대법원 판사가 음모세력이 되었다. 조지프 매카시 상원위원은 1945-51년 미국의 힘이 상대적으로 감소한 것은 결코 "순수한 우연의 결과가 아니라 차례로 단계를 밟으며 진행된 의도적인 행위의 결과", 즉 배신자들이 꾸민 음모의 결과라고 믿었다. 미국인들로 하여금 "국내에서는 소련의 술책에 놀아나게 하고, 국외로부터는 군사적 공격을 받도록 하는 것"[07]이 이 음모의 궁극적 목적이었다는 것이다.

이 예들을 통해 편집증적 스타일의 근본적인 성격 몇 가지를 파악할 수 있다. 가령 우리 삶의 양식을 훼손하고 파괴하려는 거대하면서도 섬세하게 조직된 조직망의 이미지가 가장 중심을 이룬다. 혹자는 역사에서 이런저런 음모가 존재해온 것이 사실이며, 그것을 인정한다고 해서 편집증이라고 볼 수 없다고 반박할 것이다. 그런데 편집증적 담론을 만들어내는 것은 역사에서 이런저런 음모를 찾아내는 행위가 아니라 광범위하게 진행되는 거대한 음모가 역사적 사건을 추동하는 힘이라는 믿음이다. 이들에게 역사는 거의 초월적이라고 여겨지는 한 세력이 꾸며낸 음모에 불과하고, 그것을 막아낼 수 있는 길은 끝없는 십자군전쟁뿐이다. 편집증적 담론의 신봉자들은 이 음모가 최종적으로 세계 종말로 귀결할 것이라고 믿는다. 그들은 항상 자신이 역사의 결정적 전환점 앞에 서 있고, 지금 당장 저항을 조직하지 않으면 안 된다고 생각한다.

---

07 Joseph McCarthy, 〈America's Retreat from Victory〉, Devin-Adair, 뉴욕, 1951.

완벽한 악인으로 간주되는 적은 도덕심이 결여된 초인으로 묘사된다. 곳곳에 암약하는 이들은 사악하고, 힘이 세며, 잔인하고, 육체적 쾌락과 사치에 탐닉한다. 자유롭고 활동적이며 악마적인 이들은 역사의 정상적인 물줄기가 악한 방향을 향하도록 만든다. 그들은 경제위기를 조장하고, 은행 파산에 대한 공포심을 퍼뜨리고, 경기후퇴와 공황을 초래한 뒤 이익을 얻고 쾌감을 느낀다. 이런 식으로 편집증적 역사 해석은 개인에게 특권적 지위를 부여한다. 중요한 역사적 사건을 역사적 흐름의 일부가 아니라 개인적 의지의 산물로 파악하는 것이다.

---

* 이 글은 1964년 〈하퍼스 매거진〉에 실린 유명한 에세이 '미국 정치의 편집증적 스타일'에서 발췌한 글이다. 2012년 9월 6일 프랑수아 부랭 출판사에서 〈편집증적 스타일: 음모이론과 미국의 극우파〉라는 제목으로 프랑스어 번역본이 처음 나왔다.

전쟁범죄를 부정하는
일본 만화

아베 신조 일본 총리가 전범들의 신주가 안치되어 있는 야스쿠니 신사를 공식 참배했다. 오래된 역사 수정주의에 근거한 것이다. 이러한 일본의 역사 수정주의는 만화에서도 찾아볼 수 있다.

필립 퐁스 | 〈르몽드 디플로마티크〉 도쿄 특파원
저서로 〈에도에서부터 도쿄까지, 역사와 현대성D'Edo à Tokyo, Mémoires et modernité〉 (1998)이 있다.

'대동아전쟁'(1930-1945)에 대한 일본의 책임을 강조하는 역사를 격렬하게 부정하는 '역사 수정주의'가 1990년대 중반부터 일본에서 확산되고 있다. 일제의 팽창주의는 1895년과 1910년에 대만과 대한제국의 합병으로 시작해서 1931년에는 만주에 만주국이라는 괴뢰국을 세워 청의 마지막 황제 푸이를 집정執政의 자리에 앉혔다.

역사 수정주의는 일부 주류 언론의 지지를 등에 업고 교과서 시장에서 영향력을 갖기 위해 모색 중에 있고 이미 대중매체인 만화 시장에서는 성공적으로 자리를 잡았다.

수정주의의 만화 시장 침투는 수정주의 전면공격의 일환으로 진행된 일이다. 일본 우파는 언제나 과거 책임론에 반박했고 일본의 침략 사실을 부정했다. 일본군대가 저지른 만행도 부정하거나 최소

고바야시 요시노리는 격주간지 〈사피오〉를 읽다가 '전쟁론'을 쓰게 됐다. 주인공은 리더가 되어 대중들에게 장황하게 설명하면서 새로운 역사를 쓰고 있다. 이 역사에는 일본제국주의도 없고 학살도 없고 위안부도 없다. 대신 아시아를 식민화하려는 '백인 인종차별주의자들'과의 전쟁만이 있을 뿐이다. 본 기사에 나온 그림은 만화 '전쟁론'에서 발췌했다.

화했다. 1950년대 중반에는 교육부가 좌파 성향의 교원노조에 대응하기 위해 교과서에 대한 검증제도를 재도입하기도 했다.

교육부의 '검열'에 반대한 이네가와 사부로 교수[01]는 소송을 제기했는데 32년 후인 1997년에 가서야 대법원에서 부분적으로 인정을 받았다. 하지만 이후에도 교과서를 둘러싼 갈등은 계속됐다. 돈이 되는 교과서 시장에 진출하려는 수정주의자들의 첫 시도가 실패로 끝났고 두 번째 시도도 성공하지 못했다. 2001년 8월 고등학교 교과서 선정을 책임지고 있는 지방교육위원회는 거의 만장일치로 수정주의 교과서를 채택하지 않았다.[02] 하지만 2000년대 초반에는 몇 번의 성공을 거두기도 한다.[03]

고바야시 요시노리는
진보적 반체제 인사로 시작했다

'신오만주의'라 이름 붙여진 고바야시 요시노리의 만화에서부터

---

01 저명한 역사가인 이에나가 사부로(1913-2002년)가 출간한 〈신 일본사〉는 검열을 받았다. 1930년대 일본의 중국 '침략'과 난징학살에 대해 기술했기 때문이다.

02 Cf. Arnaud Nanta, '일본 수정주의의 역사 L'actualité du révisonnisme historique au Japon' Ebisu, n° 26, 2001년 봄-여름호, Maison franco-japonaise, Paris.

03 참조: Tetsuya Takahashi, '야스쿠니 신사와 일본의 선택적 기억 Le sanctuaire Yasukuni ou la mémoire sélective du Japon' 〈르몽드 디플로마티크〉 프랑스판 2007년 3월호.

"유럽과 미국 백인들은 동아시아를 식민화했고 유색인종을 원숭이로 생각하는 인종차별주의자다. 이자들에게 본때를 보여준 일본 군대에 박수를 보내야 한다." l "도쿄재판. 패전 후 승전국인 미국, 영국, 중국, 소련은 국제법도 무시하고 패전국인 일본을 재판을 통해 집단폭행한 것이나 다름없다."

역사 수정주의가 만화에 등장하게 된다. 신오만주의는 큰 성공을 거둔 요시노리의 여러 만화에 자주 등장하는 신조어다.

만화를 이용해 정치적 메시지를 전달하려 했던 작가는 고바야시만이 아니다. 1920년대에는 프롤레타리아 만화가 있었고 전후에는 노동자와 억압받는 계급을 위한 만화가 있었다. 1960년대는 미일안전보장조약 체결 반대투쟁과 학생운동, 사회투쟁의 시대로, 이때는 계급투쟁의 관점에서 본 일본 역사를 소개했다. '참여' 만화의 시대였다.

1970년대 만화는 이데올로기의 몰락으로 쇠퇴의 길을 걷게 된다.

대신 찬란한 일본 역사를 실어내는 도구로 전락하게 된다. 양적으로나 질적으로 기념비적인 작품이라 할 수 있는 세키가와 나쓰오와 타니구치 지로의 '도련님의 시대'가 좋은 예이다. 이 만화는 20세기 초반 일본의 위인들을 친근한 인물로 소개해서 큰 인기를 얻었다.

제2차 세계대전에 관한 주제가 만화에 등장한 것은 1960년대부터였다. 나카자와 게이지의 '검은 비를 맞으며', '맨발의 겐,' 그리고 미즈키 시게루의 '도망일기' 같은 평화의 메시지를 담은 만화는 이제 고전이 됐다.

1990년대 초반부터는 자위대의 지위 같은 첨예한 주제를 다루는 만화가 등장하기 시작했다. 가와구치 가이지의 '침묵의 함대'는 일본 잠수함 함장이 잠수함이 독립영토라고 선언한다. 하지만 본격적인 수정주의 만화는 격주간지 〈사피오〉에 1995년부터 연재된 고바야시의 '전쟁론'이었다.

'전쟁론'이 처음 출간 됐을 당시 고바야시의 나이는 42세였고 그때 이미 유명작가였다. 논쟁적인 주제를 주로 다뤘기 때문이다. 1990년 초반 에이즈 바이러스에 오염된 혈액제제로 혈우병 환자들이 사망한 사건과 1995년 3월 옴진리교 신도들이 도쿄 지하철역에서 사린가스를 살포한 테러 사건과 관련해 정부를 강하게 비판했다. 고바야시는 1990년대 중반, 동경대학교 교육학과 후지오카 노부카츠 교수가 주도하는, 역사를 자유주의적 시각으로 보는 학파의 역사수정주의 조류에 합류했고, 반서구와 외국인혐오로 유명한 독일학 학자인 니시오 간지를 중심으로 1997년에 결성된 '새 역사교과서를 만드는 모임'의 회원이 됐다. 유명한 TV해설가이기도 한 그는 의도

"도쿄재판 과정에서 일본이 저질렀다고 날조한 범죄 중의 하나가 난징학살이다. 30만 명의 목숨을 빼앗아간 히로시마와 나가사키 원폭투하처럼 중대한 범죄조차도 일본인 탓으로 돌리고 있다." | "내가 '오만주의'를 보여줄까?" "전쟁은 총으로만 하는 것이 아니다. 정보전, 선전전이 있다. 오늘날 같은 평화 시에도 전쟁은 계속된다."

적으로 논란을 불러일으키고 감언이설로 자신의 의견을 주장하고 있다.

고바야시는 태평양전쟁 후의 대만을 '신오만주의' 시리즈의 소재로 삼았다. 최신작 '대만론'이 2001년 중국어로 번역됐는데 일본이 대만을 식민화한 것은 대만에게 좋은 일이었다고 한 것에 대해 모욕감을 느낀 대만정부가 고바야시를 몇 주 동안 기피인물로 지정하고 입국을 금지시켰다.

고바야시 만화의 성공은 같은 수정주의자인 후지오카 노부카츠 교수의 '교과서가 가르쳐주지 않는 것'의 성공과 마찬가지로 여러 이유로 설명될 수 있지만, 무엇보다도 민족주의적 성향의 우파가 냉전이 끝나고 급부상 했다는 것으로 설명될 수 있다. 정치인과 지식인으로 구성된 우파는 재계, 종교계 그리고 산케이 신문과 같은 우파 언론의 지지를 받고 있다.

현재는 잊어버리고 과거회복을 통해 '아름다운 일본'을 꿈꾼다.

과거를 회복하는 일은 일본의 우월성을 선전해서 젊은 세대에게 '애국심'을 불러일으키는 것이 목적이다. 하지만 그 이면에는 역사에 대한 논란을 뛰어넘는 여러 쟁점이 숨어있다. 가장 문제가 되고 있는 것은 전쟁포기를 규정하고 집단자위권을 제한한 일본 헌법 9조의 개정에 관한 것이다.

수정주의는 경제위기와 그에 따라 높아지는 사회 비용으로 어두어진 사회 분위기를 틈타 활개를 치기 시작했다. 취약해진 일부 여론은 과거 회복을 '아름다운 일본'의 전통적 가치를 다시 돌아보게 해준다는 문화적 특수성을 주장하고 또한 세계화의 물결에 저항하게 해준다는 문화적 메시지를 적극적으로 수용했다. 이 메시지는 일본이 19세기 개항할 때부터 계속 반복되어 왔다.

유능한 포퓰리스트인 수정주의자들은 '이야기' 역사에 일본인들이 열광한다는 사실을 잘 이용했다. 일본 역사의 탐구자라 할 수 있

"정보의 수용자인 우리 모두는 철저한 관찰자가 되어 반일 선전에 대항해야 한다. 우리는 (난징학살의 경우가 그렇듯) 조작된 사진처럼 우리를 세뇌시키는 정보를 찾아내야 한다."

는 시바 료타로1996년 작고의 엄청난 성공에서 볼 수 있듯이[04] 역사소설은 일본 대중문학의 심장이라 할 수 있다. 물론 고바야시의 만화는 위대한 역사소설과는 거리가 멀지만 대중이 좋아할만한 일화로 가득 차 있다.

역사가들이 일본 역사의 가장 어두운 시절을 연구하고 있는 지금, 일본에 부족한 것은, 언론이 앞 다투어 선전하고 있는 과거부정에 대응할 수 있는 대중을 대상으로 한 이야기다.

---

04 〈마지막 쇼군Le Dernier Shogun〉(Philippe Picquier Poche, Arles, 2011년), 〈원숭이 주군 히데요시Hideyoshi, seigneur Singe〉(Philippe Picquier, Arles, 2012년) 등이 불어로 번역 출간됐다.

텔레비전과 광고로
정신을 사다

파쇼독재정권은 정권을 유지하기 위해 신뢰도 낮은 공식 정보만으로 만족하지 않고 TV드라마 같은 대중문화를 활용해서 소문을 퍼뜨렸다. 이러한 심리조작은 저자가 살았던 브라질이나 칠레에서는 일반화된 것이다.

아르망 마틀라르 | 파리 8대학 명예교수
앙드레 비탈리스와 함께 〈국민 프로파일링Le Profilage des populations〉(2013)을 출간했다.

    라틴아메리카의 군사정권은 계급동맹에 기반을 두고 있기 때문에 가장 광범위한 계층을 소외시켰고 그 결과 강력한 사회적 기반을 구축할 수 없었다.

    그래서 노동자와 농민이라는 '적'을 패배시킬 필요가 있었고, 프티부르주아 전체를 규합하는 것이 점점 더 어려워지자 사람들의 생각을 통제하고 관리해야 했다. 그래서 심리전이 시작된 것이다. 심리전은 위에서 집중적으로 선전공세를 펼쳐 부족한 아래의 합의를 보완하는 것을 말한다.

    이 시기 칠레에서 지출된 광고비용이 위의 주장을 증명하고 있다. 수도 산티아고에 소재한 한 광고회사의 1975년 매출은 2년 전보다

두 배가 증가했고 일간지 〈엘 메르쿠리오〉의 자회사이며 칠레 제1의 광고회사는 그해 250만 달러가 넘는 매출을 올렸다. 전년 매출은 27만 4천 달러에 불과했다. 다음 해 1976년에는 350만 달러 가까운 매출을 기록했다.[01] 미국의 광고회사들도 국민통합당 정권의 떡고물을 받아먹기 위해 대거 칠레로 다시 돌아왔다. 1970년 아옌데 정권이 들어서자 칠레를 떠난 J. 월터 톰슨 광고회사도 이때 돌아왔다. 표현의 자유가 전혀 없는 나라에서 갤럽조사 같은 일반대중을 대상으로 하는 설문조사가 급격히 증가한 것도 선전전이 강화되고 있다는 증거였다.

칠레의 광고비 지출 증가는 광고회사 매출의 증가를 생활수준의 상승으로 연결하려는 시스템 경제학자들의 주장을 입증한다.

파시스트 정권의 화려한 외양을 지속적으로 과시할 수 없는 상황에서 펼쳐지는 선전활동의 소란스러운 구호 뒤에는 국민의 지지가 부재하다는 사실이 숨겨져 있다. 그렇기 때문에 전체주의 교리로 국민을 무장시키는 데 꼭 필요한 기초조직의 부재 문제를, '정치 무관심'을 조장하고 '전통 가치'를 강조하는 선전활동을 통해 보완하려 하고 있다.

'내부의 적'을 분열시키고 신뢰성을 무너뜨리기 위한 심리전의 새로운 무기이자 새로운 커뮤니케이션 도구는 하이테크만큼 중요한 '소문'이다. 1973년 칠레 군대에서 제작한 교육책자에 적힌 소문

---

01 미국 광고업계 전문지 〈Adevertising Age〉, 1977년 4월 18일.

의 정의는 다음과 같다. '소문은 중간층에서 시작된 소식으로 중간층 자체를 표적으로 삼고 있다. 소문은 믿을만한 것이 못되고 출처를 찾기가 불가능하다. 소문이 일단 두려움, 공포, 희망, 욕망, 증오 같은 기본적인 감정과 결합되면 급속하게 퍼진다. 소문이 효과를 발휘하기 위해서는 단순하고, 간결해야 하며, 상상력이나 기억을 쉽게 자극할 수 있도록 구체적이어야 한다. 그리고 사실인 것처럼 단정적으로 말을 해야 하고, 대중이나 표적이 되는 대상이 반응을 잘 할 수 있는 감정이나 기분에 호소해야 한다.'

심리전에서 소문을 다시 활용하는 것은 좌파세력이 지하활동을 할 때 채택한 새로운 형태의 투쟁의 변증법적 결과다. 독재정권의 소문조작은 배포수단에 접근이 불가능했던 레지스탕스의 새로운 정보배포 방식을 다시 활용한 것이다. 심리전의 이론가들은 미디어를 통해서든 입소문을 통해서든 조직적인 소문조작을 계획하면서 적이 사실정보에 접근하지 못하도록 했다. 적은 정보가 사실인지 확인해주는 출처, 즉 권력에 접근할 수 없다. 위에서 언급한 군 교육책자에 인용된 적이 만들어낸 소문의 예를 보면 다음과 같다. '수천 구의 시체가 마포초 강 위로 떠올랐다', '군인들이 고문을 하고 가택수색을 했다', '여자들이 강간당하고 살해당했다' … '삶은 소중하다.' 왜 이런 소문은 퍼뜨리지 않았을까?

적이 내보낸 정보의 신뢰성을 어떻게 무너뜨릴 수 있을까

정보의 기능을 재정의하고 있는 군 교육서의 한 구절을 보면 자유를 제한하고 적에게서 나온 정보의 신뢰성을 떨어뜨려야 할 필요성을 읽을 수 있다. "전쟁은 국민의 희생을 요구한다. 정보제한도 희생 중 하나다. 국가의 안전이 위협 받고 있기 때문에 예외적인 조치가 취해져야 한다. 이 조치 중 하나가 조국을 위해 싸우는 사람들의 시각에 힘을 주는 방식으로 정보를 제공하는 것이다. 불행하게도 그 같은 조치는 부정적인 효과를 낳기도 하는데, 정보가 독점되면서 나타나는 자연스러운 반응은 (적은 이 반응을 기회로 이용한다) 정보의 공식적인 출처와 상관이 없거나, 적어도 다른 의견을 표출하는 출처를 찾게 되고, 정보가 '입에서 입으로' 전달되는 비공식 경로가 발달하게 된다. 이 방식으로 유통되는 정보는 과거에는 많은 사람이 신뢰했지만 지금은 현대적 커뮤니케이션 수단의 발달로 퇴조하고 있다. 지금은 비공식 경로로 배포되는 정보는 보통 '공식 정보와 반대 방향'을 취한다. 이것이 비공식 경로의 특징이고 정보내용에 열정이라는 요소가 덧붙여진다. 거기에 과장이 더해져 신뢰성과 권위를 가지고 있는 공식 배포 경로와 부딪히게 되면 속칭 '소문'이라 불리는 구두정보는 일반적으로 부정확하고 매우 저속해진다. 소문은 정보조작의 한 요소로서, 간접 공격의 목적으로 소문을 활용하려는 사람들에 의해 조작되면 매우 위험한 것이 된다."

라틴아메리카의 모든 '예외적인' 체제는 '국가안보'를 위해 '혁명전쟁'의 지지자, 다시 말해 '체제 전복자들'에 대해 심리전을 펼치고 있다.

전쟁의 합리성은 대중문화의 합리성과 모순된다. 이전에 매스커뮤니케이션은 학교, 가족, 정당정치제도, 노조 등과 같은 안토니오 그람시가 '시민사회'라고 부른 것의 일부로서 기능했다. 국가와 마찬가지로 매스커뮤니케이션은 독점이라는 폭력적인 힘을 숨기고 중개자 역할을 담당했다. 사회가 안정됐을 때 커뮤니케이션 수단은 대의기구가 조직되는 방식과 같은 원칙으로 조직된다. 여론이 커뮤니케이션의 기능과 의회의 기능을 정당화해준다.

지배계급이 '집단적 의지'를 창출하고 지성과 도덕의 방향성을 제시할 능력을 잃은 상황에서는 자유국가의 고유 임무인 정보전달 기능이 사라진다. 그리고 시민사회 체제는 군의 규범과 부딪힌다. 이제는 더 이상 60년대처럼 '진보를 위한 동맹'[02]이 만들어낸 모호한 유토피아의 세계, 곧 중산층이 기준인 소비모델에 국민을 참여시키는 것이 중요한 것이 아니라, 모든 전쟁이 그렇듯 적을 패배시키는 것이 지상과제로 떠올랐다.

전쟁에는 당연히 적이거나 적이 될 수 있다고 의심받는 사람 또는 일군의 사람인 표적이 있다. 적대감 혹은 공격의 개념은 심리전의 기본이다. 심리전 이론가들도 인정하고 있다. "적대감이 유일한 공격무기다. 애국심과 정의감은 기본적으로 방어적이며 심지어 그것이 작동하기 위해서는 공격성이 필요하다." 유럽에서 파쇼주의가 발호할 때 조셉 괴벨스는 10년 전에 탄생한 미키마우스가 독일 땅에

---

02   Alliance for Progress. J.F. 케네디 대통령이 추진한 미국의 라틴아메리카 개발 원조 계획.

들어오는 것을 금지했다. 괴벨스는 미키마우스를 "미국 대중의 이미지를 본 뜬 퇴폐적인 캐릭터"라고 말했다. 하지만 시대는 변했다. 군부 독재자들은 대중문화의 또 다른 단계인 문화상품이 국제화되는 시대를 살고 있다. 이제는 심리전의 극장을 폐쇄하기가 훨씬 힘들어졌다. '시민사회'에 속해 있는 다른 현실을 보여주는 통신사의 기사, TV드라마, 잡지, 만화가 지속적으로 계엄령이 내려진 나라들에서도 유통되고 있다. '예외적인' 체제도 제국주의의 대도시와 문화적 교류를 막을 만큼 확고하지는 못하다.

대중문화는 계급동맹이라는 특이한 시스템 내에서 대의민주주의의 규범과 합법성과 조화를 이루며, (환상적인 생각이기는 하지만) 여가활동과 정신활동에 대한 접근을 민주화하고 여론의 관심 범위를 확장해야 할 필요성을 가지고 만들어진다. 소위 '민주적'이고 '여러 계급을 아우르는' 프로그램으로 인해 미디어와 대중문화의 메시지는 검열에도 불구하고 종교기관과 함께 사회모순을 공개적으로 표현할 수 있는 몇 안 되는 공간이 된다.

독재자에게는 조직된 지성이 필요하다

미디어 플랫폼TV. 신문. 라디오은 국민적 합의, 정당, 의회가 존재하지 않은 상황에서 군사독재 체제에 '조직된 지성'을 제공하는 역할을 한다. 동시에 이 플랫폼은 자유국가의 선전활동과 이데올로기의 소비 행위 사이에 단절이 일어나는 가운데, 그 체제가 자유국가로부터 물려받은 조직 형태의 무게와 부딪치는 공간이기도 하다. 자유국가에서 맡게 된 이데올로기가 모호한 미디어의 역할을 그람시는 합의를 만들어 내는 '교육하는 국가'로 정의했다. 이러한 미디어의 갈등어린 특성은 칠레와 브라질 같은 나라에서 선명하게 표출됐다. 예를 들어, 기자 협회는 언론의 군사적 개념에 가장 강력하게 반대하고 있다. 국제적으로는 북남미 언론 소사이어티가 좋은 예다. 북미와 남미 언론사 사주들의 모임이자 아옌데 정권 반대 운동에 적극적으로 참여했던 이 단체는 이제는 칠레와 브라질 군사정권에 책임을 묻고 있다.

이러한 자기 내부의 모순에서 벗어나기 위해 미디어는 파쇼의 퇴행적 정책에 부합하는 프로그램을 더 많이 제작하고 군이 선전하는 가치와 태도, 정치와 도덕의 '쇄신'의 노력에 걸맞은 프로그램을 수입하고 있다.

고문은 심리적으로 개인을 파괴한다

실제로 TV에서 스포츠 중계, 게임쇼, 드라마 방영이 증가했다.남미 국가에서의 드라마 제작이 최근 두세 배 증가했다 다국적 기업의 시각과 목표가 구현되고, 국가에서 외국 자본이 원하는 개발 모델 주위로 사람들의 정신을 모아주는 문화 컨텐츠를 '국유화'해야 할 필요성이 대두된다는 것은 역설이 아닐 수 없다. 이것이 바로 다국적 시대에 대중문화의 세계화의 논리가 보여주는 모순이다.

라틴아메리카에서 고문 관행을 말하지 않고 정보에 대해 논의할 수 없다. 고문 자체가 거대한 정보 생산 시스템의 일부이기 때문이다. 고문은 단순히 불법 조직망에 대한 정보를 캐내기 위한 수단이 아니라 체포된 투쟁가와 조직 사이의 연대감을 파괴하기 위한 것이다. 히틀러는 〈나의 투쟁〉에서 심리전에 대해 "우리의 전략은 적을 내부로부터 파괴하고 스스로 무너지게 하는 것"이라고 말했다. 고문으로 받아낸 자백은 사람을 심리적으로 무너뜨리고 죄책감을 갖게 해 소속된 조직에서 자신의 정체성을 잃게 한다. 개인을 조직적으로 붕괴시키는 것은 국가 행위의 규범이 됐다. 국가의 이러한 조직적인 행위는 노동자와 농민을 더 착취하기 위해 필요한 개인주의의 붕괴 모델로 돌아가려는 의도에서 기인한 것이다.

극우 우생학 논리에 동원되는 노벨의학상

국민전선의 대표였던 장마리 르펜은 자신의 이론을 정당화하기 위해 알렉시 카렐의 인종주의 이론을 다시 꺼내 들고 양성우생학을 선전했다. 양성우생학은 우수한 지능을 가진 존재에 가치를 부여하는 것이다.

파트릭 토르 | 철학자
주요 저서로 〈다윈주의와 진화 사전Dictionnaire du darwinisme et de l'évolution〉(1996) 등이 있다.

'카렐사건'은 90년대 초 국민전선이 프랑스 의사인 알렉시 카렐의 복권 운동을 벌이면서 시작됐다. 알렉시 카렐은 나치 부역자였으며 혈관 봉합술 및 장기이식술 개발로 1912년 노벨의학상을 받았고 1935년에는 우생학점 관점에서 사회문제를 해결하자는 선언문인 〈인간, 미지의 존재L'Homme, cet inconnu〉를 쓴 인물이다. 국민전선은 알렉시 카렐을 '생리학의 아버지'이며 최고의 인문학자로 포장했다.[01]

---

01 당시 국민전선의 당 대표였던 브뤼노 메그레Bruno Mégret가 1991년 11월 2일 생리학에 대한 국민전선의 주장을 소개할 때 언급함.

알렉시 카렐의 복권 운동 뒤에는 노벨상을 받고 비시정권의 인텔리겐차였던 인물을 전면에 내세워 세력을 확장시키고자 하는 국민전선의 잘 기획된 의도가 숨어있다. 카렐의 신념, 공개적 발언, 제도적 노력은 반민주적이고, '생물학 지상주의'이고, 무솔리니와 히틀러 의 파시즘과의 통합을 기도한 행위였다.

국민전선은 1991년부터 언론기사나 공개발언을 통해 카렐의 이론을 공격적으로 전면에 내세우기 시작했다. 이런 분위기를 참지 못한 프랑스 정신의학 창설자 중의 한 명이며 프랑스 남부에서 레지스탕스로 활약했던 뤼시엥 보나페는 알렉시 카렐의 본 모습을 보여주는 책[02]을 출간했다. 이 책은 리용 출신으로 미국으로 이민을 가서 조국을 위해 다시 돌아와 페텡 원수(제2차 세계대전 당시 프랑스 친독파의 수장 – 역주)의 실력자가 된 의사의 이름을 딴 거리나 공공건물의 이름을 바꾸게 할 정도로 큰 성공을 거두었다.

알렉시 카렐이 비시정권 하에서 친나치 정당인 프랑스국민당 당원이었다는 사실을 아예 언급하지 않는 책들도 있다.[03] 몰라서 그랬을 수도 있고 아니면 조심스럽게 진행되고 있는 카렐의 복권 계

---

02 Lucien Bonnafé, Patrick Tort, 〈인간은 미지의 존재인가? 알렉시 카렐, 장 – 마리 르펜, 가스실 L'Homme, cet inconnu? Alexis Carrel, Jean-Marie Le Pen et les chambres à gaz〉, Paris, Syllepse, 1996년.

03 Cf. Alain Drouard, 〈사회과학의 미지의 인물. 알렉시 카렐 재단, 1941-1945년 Une inconnue des sciences sociales. La Fondation Alexis-CARREL, 1941-1945〉, Maison des sciences de l'homme – INED, Paris, 1992년.

획에 해를 끼치지 않으려는 것일 수도 있다. 하지만 〈인간, 미지의 존재〉를 읽으면 카렐의 주장이 어떤 논리에 근거하는지 금방 이해할 수 있다. 1941년 미국에서 프랑스로 돌아와 페텡 정권의 지원을 등에 업고 인류문제연구를 위해 프랑스재단의 대표가 된 카렐을 자발적 출산을 장려한 양성우생학자라고 말하는 것은 몰상식할 뿐 아니라 나치 희생자에 대한 씻을 수 없는 모욕이다.

카렐은 유대인들이 파리 북부에 있는 드랑시 수용소에 강제 수용되고 있던 그 순간에도 재단의 '혈통 생물학' 팀을 파리로 보내 파리와 파리 근교 이민 가정의 '생물학적 특질'을 연구하게 했다. 1943년 재단의 기관지에 발표된 연구팀의 보고서에는 이렇게 적혀있다. "잘 알고 있는 것처럼 프랑스는 많은 수의 이민자를 받아들였다. 바람직한 이민자들도 있고 그렇지 못한 이민자들도 있다. 생물학적 관점에서 바람직하지 못한 이민자들의 존재는 프랑스 국민에 위협이 되고 있다. 그래서 재단은 이민자들이 인종에 적합한 조건에서 살 수 있도록 하는 이민자 동화 방식을 모색하고 있다. 현재 이민자 일부, 특히 북아프리카, 아르메니아, 폴란드에서 온 이민자에 대한 인구조사와 거주지 조사가 진행 중에 있고 이시-레-물리노에 살고 있는 아르메니아 이민자에 대한 심도 높은 연구도 이루어지고 있다."

우생학 옹호자들은 우생학을 '양성' 우생학과 '음성' 우생학으로 구분하기를 좋아한다. 그렇게 함으로써 '냉혹한' 학문이라고 비난받는다 해도 특정 우생학을 존중받을 만한 학문으로 만들 수 있기 때문이다(그러나 우생학은 개념적으로나 실제적으로 '구분'될 수 없다).

  우생학의 목적은 '열등한' 개인의 생존에 영향을 미치지 않으면서 '우등한' 개인의 증가를 장려하는 것이다.

  우생학을 좀 더 가까이 들여다보자. 우생학은 1860년 중반에 영국인 통계학자 프랜시스 골튼이 창시한 학문이다. 골튼은 자신의 친척인 찰스 다윈이 1859년 출간한 '종의 기원'을 읽고 크게 감명을 받아 다음과 같은 논리를 제안했다(다윈은 최종적으로 우생학에 동의하지 않는다고 밝혔다). 자연선택은 자연 상태에서 이로운 변화를 선택함으로서 종의 다양성을 보장하고, 가장 적합한 개체의 증가를 장려하고 동시에 가장 부적합한 개체를 도태시키는 것을 말한다. 같은 방식으로 인간사회에서도 지능과 관련해 자연선택 현상이 일어난다. 그런데 선진문명은 자연선택의 자유로운 기능을 방해해서 '열등한' 존재를 보호하고 계속 재생산하게 함으로써 결과적으로 퇴행의 위험을 초래하고 있다. 결함을 보완하고, 위험을 줄이고, 짐을 덜기 위해 인위적인 선택을 제도화하는 것이 필요하다.

  그렇다면 소위 말하는 좋은 우생학과 나쁜 우생학을 어떻게 구분할 수 있는가? 관례적으로 '열등한' 개인의 생존과 삶의 조건에 영향을 미치지 않으면서 '우등한' 개인의 확산을 장려하는 것을 '양성 우생학'이라고 하고 반대로 '음성 우생학'은 생물학적 소질을 개선하기 위해 퇴행적이라고 여겨지는 개인이나 집단의 신체적 상태를 훼손하자는 주장이나 행위를 말한다. 이 행위는 번식을 금지시키는 것에서부터 단종斷種, 전면적인 신체적 제거까지 다양하다.

우생학을 치료목적의 임신중절과 같은 의료행위와 동일시하는 것은 속임수다

'음성' 우생학은 몇몇 대상에게 신체적, 법적 훼손을 가하거나 다른 수단을 통해 강제적으로 생식 기능을 중단시키는 것이다. 골튼의 이론에 비추어 우생학의 기본 제안을 살펴보자면, 양성우생학과 음성우생학의 구분은 필요가 없다. 골튼이 제안한 인위적인 선택은 언제나 몇몇 개인의 생식 기능을 제거하는 것을 의미하기 때문이다. 게다가 골튼식 엘리트주의의 지지자들과 칼 피어슨 같은 후계자들이 주장하는 것은 '좋은 혈통과 나쁜 혈통의 출산율을 조정하는 것'을 선택하자는 것이다.

이렇듯 글을 읽을 줄 아는 사람이라면 누구나 현대 우생학의 유명한 창시자가 한 말에는 그 유명한 '구분' 개념이 없다는 것을 알 수 있다. 그런데 현대 우생학의 수사적 모래성은 바로 우생학의 구분 개념 위에 세워져 있다.

우생학 옹호자들이 주장하는 또 다른 속임수는 우생학을 공중보건과 관련한 행위와 정책, 그리고 치료목적의 임신중절과 같은 의료 행위와 동일시한다는 데 있다(이와 관련해 우리는 무거운 역사적 대가를 치렀다). 현재 공중보건 정책의 원칙은 우생학의 원칙과는 달리 가장 보호받지 못하고 있는 계층의 신체건강을 지켜주고 병 앞에서 모두가 평등한 조건을 가질 수 있는 방향으로 가고 있다.

치료 목적의 임신중절은 중대한 병리증상을 피하기 위해 매우 모호한 사법적 테두리 안에서 의사와 환자 사이에 개인적인 차원에서 논의되는 것이다. 최종 결정은 의사 개인의 윤리관에 달려 있다. 그런데 치료 목적의 임신중절을 정의 그대로의 우생학, 그리고 역사에서 경험한 우생학과 동일시하는 것은 전혀 다른 차원의 행위를 일반화하려는 작전에 불과하다.

록펠러 재단과의 연관성

카렐의 우생학이 독일식 우생학보다는 미국식 우생학에 가깝다는 주장을 옹호하는 사람들이 있다. 그들의 눈에는 1910년대 미국에서 시행됐던 단종법斷種法이 나중에 유럽에서 시행됐던 것보다 더 인간적으로 보였던 모양이다. 여기서도 '양성' 단종법과 '음성' 단종법으로 구분하자는 것인가? 어떤 무지로도, 어떤 기만으로도 록펠러 재단카렐은 록펠러 재단 연구소의 소장이었다과 독일의 에른스트 루딘 혈통과 인구 연구소 사이에 교류와 재정적 지원이 있었다는 사실을 지울 수 없다(루딘은 1933년 인종위생학 소사이어티의 의장이었고 나치정권 하에서 가장 활발하게 활동했던 우생학 이론가 중 한 명이다).

찰스 다윈은 1871년에 우생학은 문명화된 인류의 본능적, 윤리적 진화에 반대되는 것이라 말하며 우생학과의 관계를 분명하게 부인했다.[04] 그럼에도 불구하고 다윈을 우생학의 아버지로 만들려는 한심한 시도는 계속되고 있다. 하지만 이러한 시도를 반복하는 사람들의 주장은 그들의 지성이 의심받을 만큼 충분하게 반박됐다.

---

04 〈The Descent of man〉에서. Cf. 〈다윈과 다윈주의Darwin et le darwinsime〉, Presses universitaires de France, Paris, 1997년, 〈다윈을 위해Pour Darwin〉, PUF, 1997년.

여순 사건 때 자식을 잃고 오열하는 가족들. 뒷편에 우뚝 서있는 사람은 미 임시군사고문단원인 랠프 블리스Ralph P. Bliss 소령. 미 임시군사고문단은 여순 사건 진압작전을 지휘했다.

| 5부 |

한국 극우는 어디로?

우리사회의 정치권력이 우경화를 띠면서, '극우'성향을 띤 국민들이 증가하고 있다. 극우란 보수 성향에 깊이 치우친 것을 말하는데, 쉽게 말해 '극단주의+우파'라고 볼 수 있다. 때론 그 정도가 지나쳐 민주주의 원리 중 하나인 '다원성'을 부정하기도 한다. 이 같은 우경화 징후는 비단 '선거판'뿐 아니라 사회 전반에 걸쳐 포착된다. 그중에서도 이명박 정권 이후, 극우성향 단체들의 폭력적인 언행이 증가했고, 박근혜 정권 하에서도 극우단체들의 폭행과 위협 사건이 이어지고 있다. 온라인상에서도 우경화의 경향이 활발하다. 흔히 '일베'라 불리는 '인터넷 커뮤니티 일간베스트 저장소'는 한국 여성들을 싸잡아 조롱하거나, 민주화 운동과 특정 지역을 비하하고, 특히 5·18 광주 민주화 운동을 부정하는 등 수많은 사회적 갈등을 야기하며 대표적인 극우성향 사이트로 분류되기에 이른다. 광화문에서 단식운동을 벌이는 세월호 유가족 곁에서 '폭식 투쟁'을 벌인 광경은 그야말로 극우 행태의 극치였다. 일베의 등장은 곧 '젊은 보수의 등장'을 의미한다. 대한민국의 우경화는 단순 '우향우'가 아닌 '극우'로 치닫고 있다는 점에서 '일본의 우경화'와 닮은꼴이다. 한국 극우의 실체와 그 향방을 살펴본다.

넷 우익,
극우담론 확산의 징후?

'넷 우익'이 새롭게 조명받고 있다. 진중권이라는 시대의 논객과 '일베일간베스트저장소'에서 추천된 네티즌이 인터넷으로 생중계되는, 공개적인 토론을 벌이게 된 사건 이후로 이러한 주제에 대한 논의가 활발히 벌어지게 됐다. 논란이 된 커뮤니티를 자주 이용하는 이용자들로서는 조금 난감한 상황이기도 할 것 같다.

김민하 | 정치평론가
저서로 〈레닌을 사랑한 오타쿠〉, 공저로 〈안철수 밀어서 잠금 해제〉, 〈우파의 불만〉, 〈당신들의 대통령〉 등이 있다.

 '넷 우익'으로 불리는 사람들이 주목받는 이 현상은 새로운 것인가? 아니면 우리가 과거에 겪었던 어떤 경험의 또 다른 단면인가? 이것은 한 번쯤 생각해볼 만한 주제가 아닐 수 없다. 언젠가부터 우리는 분명 인터넷이란 것에 대하여 진보적 대중이 다수인 가상공간이며 이들의 이러한 성향이 마음껏 드러날 수 있는 어떤 조건을 갖춘 것으로 평가하고 있었기 때문이다. 이러한 평가는 소셜네트워크서비스SNS로 대표되는 인터넷의 위력을 확인한, 불과 얼마 전의 몇몇 선거 국면에서도 마찬가지였다. 하지만 순식간에 우리는—어떤 편협한 표현대로라면—인터넷의 구석 공간에 서식하는 '괴물'과 마주하게 됐다. 도대체 그 몇 개월간 무슨 일이 벌어진 것인가?

꿈틀대기 시작한 '괴물'

우선 이 현상의 본질을 깨닫기 위해 시간을 좀 거슬러 올라가야 할 필요가 있다. 인터넷에서 일어난 특징적 현상들을 짚어나가면 오늘날 우리가 마주하게 된 '넷 우익'들의 정체를 알 수 있는 통찰을 얻게 될지도 모르니 말이다.

인터넷을 통한 어떤 '정치적 현상'으로 평가받을 만한 최초의 기록으로 무엇을 꼽을 수 있을까? 나는 이에 대해 주저 없이 〈딴지일보〉를 이야기하고 싶다. 김대중 정권의 출범과 함께 세간의 관심사가 된 〈딴지일보〉는 당시로서는 파격적인 합성 그래픽물을 활용한 정치인 풍자와 '씨바'로 대표되는 적나라한 욕설 등으로 인기를 끌었다.

이러한 풍자적 표현들이 인기를 끌 수 있었던 이유는 무엇일까? 굳이 평가하자면 그것은 일종의 '해방감'이라는 단어로 정리해볼 수 있을 것 같다. 군부독재의 종식은 그간의 권위적인 중압감에 눌려 있던 국민이 각기 서로 다른 방식으로 해방감을 만끽할 수 있는 조건을 만들어줬다. 김영삼 정권 시기 'YS는 못 말려'라는 게임이 등장하고 대통령을 소재로 한 우스개가 선풍적인 인기를 끌기도 했다. 〈딴지일보〉 역시 김대중 정권의 탄생과 함께 표현된 또 다른 '해방감'의 모습이었다고 말할 수 있다. 과거의 군부독재 정권과 보수정치의 주요 인사들을 통쾌하게 비꼬고 놀리는 모습에서 많은 사람들이 카타르시스에 가까운 감정을 느꼈던 것이다.

이러한 흐름은 2002년 대통령 선거를 맞이하면서 조금 양상을 달리하게 된다. 이때 가장 많이 인구에 회자된 것은 이른바 '아햏햏' 현상인데, 이것은 이제 와 떠올려보자면 슈티르너류의 해체주의적 냉소였던 셈이다. '디시인사이드'라는 디지털카메라 커뮤니티에서 크게 유행한 이 현상은 주로 난감한 상황이나 뭐라 표현할 말이 없는 상황에서 '아햏햏'이라는 의미 없는 문자를 내뱉는 행위가 하나의 현상으로 자리잡은 케이스다. '아햏햏'이라는 게 좋다는 건지 싫다는 건지 무엇을 어쩌자는 건지 알 수 없었기 때문에 '해석할 수 없는 네티즌 특유의 어떤 특징'으로 이해하는 경우도 많았으나, 지금에 와서 생각해보면 이러한 표현도 결국 어떤 시대상을 반영한 것이 아니었나 싶다.

일례로 '병욱대첩'이라는 사건을 보자. 이것은 서울대 학생 커뮤니티에 병욱이라는 학생이 과외비를 담합하자는 취지의 글을 올린 것이 발단이 돼 디시인사이드를 비롯한 인터넷 이용자들이 일제히 분노해 봉기한 사건이다. 이 사건으로 인해 서울대 학생 커뮤니티는 과도한 트래픽을 견디지 못해 접속이 제한되는 지경에 이르렀다. '누가 뭐라 해도 나는 아햏햏'이라며 세상과는 담을 쌓은 듯한 도인의 풍모를 흉내 내던 네티즌들이 세속적 정의감으로 뭉쳐 큰일을 내고야 만 것이다. 물론 그 큰일의 실체라는 것은 과외비를 담합하자는 글에 '아햏햏햏하다'는 둥 '고구마 장사 하게 십원만 달라'는 둥 맥락과는 하등의 상관이 없는 글을 계속해서 써대는 것에 불과했으나 어쨌든 그 결과는 불의를 응징한 것으로 해석할 수 있다.

이후 디시인사이드의 이용자들 사이에서는 불의를 향한 일종의

자력구제를 놀이의 형식으로 공유하는 문화가 생겨나기 시작했다. '네티즌 수사대가 신상을 턴다'와 같은 표현이 전형적이다. 이런 일들을 하게끔 만드는 사건을 부르는 말로 '막장'이라는 말이 한때 유행했다. 디시인사이드의 수많은 갤러리에 막장 갤러리가 추가됐고 이곳 이용자들의 엽기적 행태는 코미디 갤러리에 전파됐다.

이러한 현상을 어떤 일관된 틀로 설명할 수 있을까? 나는 여기에 '사이버 민중주의'라는 이름을 붙여주고 싶다. 정치적 상황에서 민중주의보다 일반적인 용례로 '인민주의'라는 표현이 있을 것이다는 체제의 부조리로 인한 대중의 분노와 이로 인한 직접적인 어떤 행동들로 표현된다.

인터넷에서 일어난 사건·사고들은 대개 시대의 부조리를 담고 있다. 대중은 군부독재 정권을 겪으면서도 국가의 권위를 신뢰했지만 1997년 외환위기는 이러한 신뢰를 송두리째 뒤엎었다. 이때부터 국가와 기득권의 권위에 대한 풍자와 비판이 본격적으로 힘을 얻게 됐고, 국가가 자신의 역할을 시장에 위임하는 동안 방치된 민중은 스스로의 정의를 직접 구현할 수밖에 없는 입장으로 내몰리게 됐던 것이다. 이러한 시대상을 반영한 것이 앞서 서술한 인터넷상의 사건들이었고, 이러한 시대적 맥락 때문에 이런 사건들은 필연적으로 막연한 진보적 가치와 우호적 관계를 맺을 수밖에 없는 상황이 됐던 것이다.

그러는 동안 디시인사이드의 정치·사회 갤러리에서 주목할 만한 변화가 일어나게 된다. 애당초 인터넷에 가장 강력한 우군을 보유했던 정치인은 노무현 전 대통령이었다. 디시인사이드 정치·사회 갤러리의 이용자들 역시 대부분 노무현 전 대통령의 지지자였다. 노무현 정권의 어느 날, 이들은 한나라당 대변인을 지냈던 전여옥 당시 의원을 불러 오프라인 모임을 추진해 혼을 내주기로 했는데, 혼을 내주기는커녕 전아무개의 입담을 이기지 못하고 화기애애한 장면을 연출한 것에 그치게 된 사건이 일어나자 이용자들의 성향이 뒤바뀌기 시작했다. 정치·사회 갤러리의 다수 이용자가 노무현 전 대통령을 지지하는 집단에서 극우·보수적 언사를 여과 없이 늘어놓는 반동적 인자들로 인적 구성이 변화하게 된 것이다.

사실은 이것이야말로 국내 인터넷 공간에 의미를 가지는 '넷 우익'이 처음 등장한 사건이라고 평할 수 있다. 이들은 2008년 촛불 정국 때 진보신당 측의 인터넷 방송을 진행하던 진중권과 전화를 이용한 공개적인 토론을 벌이면서 수면 위로 떠올랐다. 최근에 일어났던 진중권을 중심으로 한 공개토론의 축소판이 이미 벌어졌던 셈이다. 이런 흐름들이 디시인사이드 등의 재미있는(?) 게시물을 선별하여 게시하는 '일간베스트저장소'에 모이게 되어 오늘날의 구도가 생겨난 셈이다.

시대적 부조리에 대한 또 다른 불만 양식

이들의 특징은 민주정부 10년간 성취된 정치적 올바름에 대해 노골적인 반감을 표시하고 저항한다는 것이다. 특히 자신들이 생각하는 부정적인 여성상에 대한 극렬한 적개심을 갖고 있으며 한동안 죄악시됐던 특정 지역에 대한 지역주의적 비하를 다양한 방식을 통해 공개적으로 표명한다. 또한 진보적 가치를 감성적으로 표현하는 것을 '감성팔이'라고 부르며 알레르기적 반응을 보이기도 하는데, 이들이 보이는 이러한 특징 역시 앞서 이야기한 사례들처럼 어떤 시대적 부조리를 내포하고 있는 것이라고 볼 수밖에 없다.

민주정부 10년간 서민들의 삶이 개선되지 못했다는 것이 이들의 행동 방식을 이해하는 첫 번째 열쇠이다. 과거의 인터넷 현상들이 국가와 기득권의 권위가 해결하지 못한 어떤 상황들에 대한 반감을 표출하는 것으로 이루어졌다면, 이들이 만들어내고 있는 현상은 민주주의와 자유주의, 진보적 가치를 전면에 내세운 정부가 해결하지 못한 것들에 대한 불만의 표출이라고 볼 수 있다.

이들이 내세우는 서사는 한마디로 표현하자면 본인들이 속고 있거나 부당한 대우를 받고 있다는 것이다. 상당수의 여성이 남성을 속여서 얼마 남지도 않은 남성들의 금전을 갈취하려는 부도덕한 존재이고, 촛불시위란 아무것도 모르는 사람들이 자칭 진보의 선동에 속아 나라를 망칠 일을 저지른 경우라는 것이다. 그리고 이 모든 부조리를 통해 이득을 보는 자들은 우리가 이제는 진보라고 부르는, 전통적으로는 민주·평화·개혁 세력이라 불렸던 자들이고 이들의 정치적 기반이 바로 특정 지역이라는 것이다. 때문에, 그들을 응징해야 한다!

만일 민주정부 10년 동안 국민 대다수가 만족할 수 있는 사회적 환경이 조성됐더라면 이들의 이러한 생각은 별 의미 없는 외침에 지나지 않았을지도 모른다. 그런데 상황은 그렇게 되지 않았고 결국 우리가 이들의 존재를 나름 심각한 사회적 현상으로 지금 다루고 있다. 바로 이 상황 자체가 이들의 존재를 이해하는 두 번째 열쇠이다.

"사민주의의 위기가 유럽 극우 발흥의 모태"

이쯤에서 최근 유럽의 상황을 떠올려볼 필요가 있겠다. 유럽은 나날이 고조되는 이민자들에 대한 증오와 이에 기초한 극우세력의 성장 덕에 사회민주주의 최후의 보루로서의 영광을 잃어가고 있다. 대다수 국민이 자신의 삶에 만족하며 함께 평화롭게 살아가는 줄만 알았던 노르웨이에서는 이민자들을 적대하는 한 청년이 집권 노동당 학생 캠프에 총기를 난사하는 사건이 일어났다. 시민혁명의 종주국으로서 전 세계 좌파의 경외를 받고 있던 프랑스는 2005년 방리유 사태를 시작으로 전면에 드러난 이민자 문제를 해결하지 못해 머리를 싸매고 있고, 사회적 불평등과 양극화에 시달리는 국민이 오히려 극우 정당인 국민전선에 표를 던져 극우 정치세력의 유례없는 성장을 방기하고 있는 상황이다.

이들이 겪고 있는 곤혹스러움의 공통점은, 사회민주주의를 내세우던 국가들이 위기에 봉착했을 때 국가와 지배층이 이것을 현명한 방식으로 해결하지 못하고 민중에게 고통을 전가한 것으로부터 이 모든 사태가 시작됐다는 것이다. 유럽의 민중은 당장의 고통에서 벗어나기 위해 사회민주주의자들의 정책에 따라 해결책을 모색해왔지만 이것이 양극화 심화와 신자유주의 개혁 조치의 도입으로 귀결됐음을 알게 되자 더 이상 사회민주주의를 지지하지 않게 됐고, 이런 상황이 유럽 도처에서 계속 벌어지고 있는 것이다. 민중이 사회민주주의적 틀을 통해 문제를 해결하는 것을 포기했기 때문에 그들에게 남은 '민중주의적' 선택지는 극우 정치의 틀에 따라 문제의 해결법을 재구성해보는 것뿐일 것이다. 바로 이것이 극우 정당의 자양분이 됐고 극우 정치 영향력의 신장으로 이어졌다고 보는 것이 타당한 분석이다.

이러한 상황을 한국의 인터넷 세계에 대입해보면 우리가 지금 분석하고 있는 대상과 그 대상들이 하고 있는 행위 자체의 의미가 드러난다. '넷 우익'의 발아는 한국의 민중 또한 진보적 정치 세력에 냉소를 보내고 있으며 자신들을 둘러싼 고통의 의미를 극우 정치의 틀로 해석하려는 움직임을 보이고 있다는 점을 반영하는 것이다. 한국 사회에서 극우 정당과 극우 정치는 신당을 창당하는 것이든 기존 정치 세력에 기생하는 것이든 선거에 출마하는 것이든 늘 그 존재를 드러내려는 시도를 하고 있다. 이들에게 '넷 우익'의 존재는 훌륭한 아군이 될 것이다. 아마도, 우리는 조만간 한국에서 국민전선의 탄생을 목도하게 될지 모른다.

일베가
능욕당한 국가를 구한다?

김수진 | 서울대 여성연구소 책임연구원.
저서로 〈신여성, 근대의 과잉〉이 있고, 논문으로 〈아이디주체와 여성의 정치적 주체화: '나꼼수 – 비키니 시위' 사건을 중심으로〉외 다수가 있다.

윤보라 | 서울대 협동과정 여성학전공 박사과정
〈온라인 외모관리 커뮤니티와 20-30대 여성들의 정치 주체화: '2008 촛불' 맥락을 중심으로〉로 석사학위를 받았다. 이외에 글 〈일베와 여성혐오: '일베는 어디에나 있고 어디에도 없다'〉가 있다.

'세월호' 침몰 사고가 일어난 지 10일이 흘렀다. 글을 쓰고 있는 이 순간에도 한국사회는 비통과 우울, 그리고 분노로 뒤덮여 있다. 고통의 시간을 견디고 있는 우리를 혼란과 분노로 몰아넣은 사건은 또 있다. 사고 발생 뒤 나흘째부터 이 사건에 대한 '일베'의 목소리와 일베식 해석의 프레임이 여기저기서 터져 나오기 시작했다. 실종자 가족들을 '유족x'이라 조롱하고 희생자들을 성적으로 모독한 사실이 기사화됐고, 이어서 경찰수사가 시작됐다. 불과 1여 년 전 5·18 광주민주화운동을 극단적으로 폄훼한 일베 게시물에 우리 사회가 경악했던 것처럼, 사람들은 이번에도 일베를 두고 "인간이 아니요 악귀들", "암덩어리 기생충", "수구 꼴통이 길러낸 막가파"라며 성토했다.

얼마 지나지 않아 새누리당 국회의원의 아들이 페이스북에 "국민

정서 자체가 굉장히 미개하다"고 쓴 글이 알려지고, 같은 당 국회의원이 실종자 가족을 "외부 선동꾼"이라고 모는 주장을 SNS에 퍼나른 해프닝까지 벌어졌다. 당사자들의 재빠른 사과로 사태는 급히 마무리 됐으나 패륜과 막장, 벌레라는 딱지로 일베를 진압하는 듯이 보였던 처음의 사태와 지금의 분위기 사이에는 미묘한 온도차가 있다.

국회의원 아들이 구사한 '미개 국민론'은 일베 사이트에서 이미 정련된 논리와 정확하게 조응하며, '선동꾼' 추정 또한 일베가 중요하게 제기한 주제였다. 이들은 나름의 기준에 따라 자료와 지식을 수집하고 유통시키면서 특정한 논리와 이론을 구축하고 있다. 그리고 이 논리와 이론은 그들이 부정하고 혐오하는 '감성'에 기반해 있다.

방송통신심의위원회가 일베사이트의 폐쇄까지를 염두에 두고 제재 심의를 한다고 한다. 어떤 결론이 날 지 모르겠지만, 지난해 일베 때문에 몸살을 앓던 때와 결국 같은 문제에 봉착할 것이다. 몇몇 일베 유저를 구속한다고 해서 도려내고 잘라낼 수 있는 것이 아니다. 일베는 이미 우리 곁에 있다. 일베식의 생각과 언어, 그리고 정동 affection, 情動은 한국 사회의 깊은 곳곳에 존재한다. 일베의 논리를 단순히 '루저들의 배설'로 치부하는 분석은 결코 사태의 본령에 가닿지 못한다. 우리는 일베에 대해 충분히 알지 못하고, 제대로 알지 못한다. 이번 세월호 사건때 일베의 이념과 정동은 열흘이라는 짧은 시간에 압축적으로 나타났다.

〈유족들 만행 정리〉,
"이젠 연민이고 뭐고 극혐"

그렇다면 일베가 생각하는 세월호 사건은 어떤 모습일까? 한 장의 그림이 이를 요약해준다. 4월 18일, 〈현재 진도 세월호 침몰 현장 계급도〉라는 제목으로 2,800여개가 넘는 높은 추천을 받은 이 일베 게시물은 금세 온라인 곳곳으로 퍼졌다가 곧 삭제됐다. 조선시대 왕족의 가마와 리어카를 합쳐놓은 이 탈 것의 가장 상단에 세월호 선장이 십자가에 매달려 있고, 그 아래에 유족 부부가 왕관을 쓴 채 앉아 "우리의 슬픔은 어떤 것보다 크다"고 말하고 있다. 정부는 유족 부부에 씌어진 차양막 뒤에서 부채질을 하는 하인으로 전락한 채 "ㅅㅂ 내가 침몰시켰나…;;"라고 혼잣말을 한다. 탈것의 하단에는 페이스북과 트위터로 채찍질하며 대정부 비판 선동을 하는 네티즌이 서 있다. 가장 앞에서 힘들게 가마를 끄는 이는 유디티UDT와 해경이다. 대기업은 뒤에서, 민간 어부와 미해군은 옆에서 이 거대한 탈 것을 힘들게 밀고 있다.

일베는 처음부터 유가족들을 경멸하고 조롱한 걸까? 사고 직후 일베 또한 실종자들의 무사귀환을 바라고 자식을 잃은 학부모들을 동정하기도 했다. 현 상황에 대한 일베의 논리는 사고 후 이틀간 공무원이 뺨을 맞고, 해수부 정책관이 멱살을 잡히고, 총리가 물을 맞고, 급기야 실종자 가족이 대통령을 욕하는 동영상이 속속 퍼지는 과정에서 신속히 정립됐다. '미개한 국민론'은 실종자 가족이 대통령 앞에서 무릎을 꿇은 4월 17일자 일베 게시물 댓글인 "너무 미개해서 아직도 저렇게 감정적으로 행동하는 게 거진 90% 먹히는 나라임"이라는 글에 이미 등장하고 있다. 〈유족들 만행 정리〉 같은 게시글들이 올라오면서 이번 사건을 대하는 일베의 총론이 정해진다. "이젠 연민이고 뭐고 극혐이다."

일베의 시각에서 실종자 가족은 자신의 슬픔만 앞세우고 국가기관을 무시하고 공적인 노력을 무시하며 나아가 청와대까지 '진격'할 수 있는 비이성적인 존재들이다. 같은 날 게시된 〈유족충이랑 김치년 공통점〉을 보자. 이 게시물은 화난 실종자 가족으로부터 뺨을 맞는 정부 관리의 사진과 함께, '유족충'과 '김치년'의 공통점을 시사하는 상황을 나란히 제시하였다.

이에 따르면 유족은 자기 자식을 구하려고 목숨을 걸고 있는 잠수부를 욕하고, 최선을 다하고 있는 정부 관리를 때리며 심지어 대통령을 욕해도 자식이 죽었기 때문에 이성을 잃은 게 당연하다고 주장하는 사람들이다. 그런데, 이는 여자가 도둑질을 해도 생리증후군 때문이므로 문제가 없고, 다른 남자와 바람을 펴도 그것은 남자친구가 잘못해줬기 때문이므로 자신의 책임이 아니라고 말하는 것과 마찬가지다. 한마디로 유족과 여성의 공통점은 두 존재 모두 비이성적이며 이익 추구를 위해서는 자신이 져야 할 책임을 타인이나 공적 질서에 떠넘기는 데 있다는 것, 요컨대 시민적 공공윤리가 부재하다는 주장이다. 아무런 관련성이 없어 보이는 유족과 여성은 일베의 세계에서 이렇게 만난다.

일베가 구사하는 논리는 일견 일관되어 있다. 이들의 주장에 따르면 혐오는 혐오할만한 속성에 대해서 가해진다. 이런 점에서 고故 박지영 씨와 '김치년'은 같은 한국여성이라 하더라도 전혀 다른 존재이다. 이들은 사비를 털어 승무원 박지영씨의 장례식장에 근조화환을 보내는 한편, 젊은 여성들이 이 승무원의 이름도 정확히 모른 채 SNS의 말만 믿고 정부만 일방적으로 비판한다고 주장한다. 일베가 볼 때, '팩트fact'도 정확히 모르면서 선동(당)하는 여성들이 무식하고 개념 없는 우중愚衆의 세계에 속해 있다면, 박지영 씨는 죽음을 통해 이 우중의 세계로부터 성스러운 국가의 세계로 (아마도) 옮겨간 존재이다.

일베의 세계에서 혐오의 요소들은 호남, 좌파, 여성의 속성이 서로 겹쳐지고 호응하는 곳에 존재한다. 이 혐오받아 마땅한 존재들은 무식함과 무지함으로 국가질서 전복을 꾀하고, 특정 사건이 터지면 무조건 트집을 잡는다. 자신들의 막무가내식 요구가 관철되지 않을 경우 거짓 유언비어까지 마다하지 않은 채 선동하며, 자신의 처지와 감정을 앞세우다가 다시 선동당한다. '미개한 국민'은 이렇게 완성됐다.

일베 팩트주의,
능욕당하는 국가 구출을 주장

그동안 일부 지식인들은 일베를 얕은 사고력을 가진 반反지성적 집단이라고 일축했다. 하지만 일베에 모여든 이들은 오히려 '좌파'를 반지성주의라고 공격한다. 일베가 구사하는 혐오의 논리를 뒷받침하는 가장 중요한 이념은 '팩트'이다. 이들은 '좌파'가 선동과 감성에 의존하는 반면 자신들이야말로 '팩트'에 근거한 이성적 판단을 보유하고 있다고 믿는다. 일베가 집착하고 있는 '팩트'라는 단어는, 세계에 대한 이성적인 태도와 전문가들만이 판정할 수 있는 진리의 담지체라는 의미를 함유하고 있다. 게시물을 작성하고, 어리석은 사람들의 좌표를 일베에 보고하고, 일베에 와서 분탕치는 이들을 저격하는 일련의 일베식 실천 모두가 팩트에 입각해야 한다. 일베에게 '팩트'란, 언제나 완전무결하며 진실을 말해주는 최종심급의 심판자이다.

그런데 일베가 처한 딜레마는 팩트주의에 의존하면서도 자신들이 구축한 완전무결한 판타지의 세계를 온존시키려면 조작과 자작을 피할 수 없다는 데 있다. 이 딜레마의 근본적 원인은 '팩트'란 언제나 불완전하다는 사실에 있다. 해석을 동반하지 않는 '사실'이란 존재할 수 없기 때문이다. 하나의 사실은 언제나 그것을 둘러싼 서로 다른 입장과 감성을 지닌 주체들에 연루되어 있고, 이 상이한 주체들이 가하는 해석의 차이, 나아가 적대를 피할 수 없다. 해석과 감성에서 온전히 분리해낸 흠집없는 완전무결한 팩트의 세계는 사실상 불가능하다.

일베가 해경, 해양수산부, 중앙재해대책본부 같은 정부기관의 책임 문제를 두고 보이는 태도는 팩트주의의 딜레마를 잘 보여준다. 실종자 가족들과 많은 사람들이 이번 사고를 대처하는 정부의 말과 행위에 대해 불신을 쌓아가고 있을 때, 일베는 거꾸로 능욕당하는 국가권력을 이 미개한 국민으로부터 구출해야 할 대상으로 전환시켜 갔다. 그리고 그것을 정당화하기를, 바로 적대적인 세력 '좌파'들이 노무현을 감싸는데 일베라고 못할 게 뭐있느냐고 말한다. 해경의 교신 기록 편집 의혹은 김어준 출처, 한겨레발(發) 보도라는 점에서 간단히 무시될 수 있다. 따라서 정부의 잘잘못을 사실에 입각해서 따지는 노력은 이제 끼여들 여지가 없다. 결국 일베의 팩트주의는 자체의 불가능성을 스스로 폭로한다.

이제 이들이 신봉하는 팩트주의가 한계에 부딪힐 때, 우파들도 선동 못할 게 뭐 있는가라는 말이 절로 흘러나온다. 그리고 "팩트 없는 선동으로 활개치고 다니는" '좌좀좌파좀비'들을 떠올리며 가상의 사건과 상황을 상상하고 괴벨스의 선동론을 실천한다. "문장 한 줄로도 가능"한 선동 앞에서 쩔쩔매는 '좌파'를 묘사하는 이 가상의 시나리오는 통쾌한 재미를 준다는 이유로 베스트글로 등극한다. 그 글이 사실인지 아닌지는 중요하지 않다. 사실상 조작도 상관없다.

이들은 이 조작을 단지 일베식 표현의 자유가 묻어난 웃음일 뿐이라며, 유머라는 방패 뒤로 안전하게 숨는다. 팩트주의와 팩트의 본래적 불완전성 사이에 드리워진 간극을 향락의 언어와 조롱의 웃음으로 메운다. 이도 저도 안 되면 '드립유머'이고, 이 드립은 재미가 있는 한 절대 일베 안에서 기각되지 않으며, 일베식 이데올로기를 안전하게 전파하는 무기가 되어 준다. 그렇기 때문에 사람들이 경악하는 이들의 포르노그라피적 상상력은 성역이나 금기 없이 무한대로 뻗어나갈 수 있었다.

스스로 패륜아임을 감추지 않고, 웃음과 조롱으로 무한대로 뻗어나가는 일베의 상상력은 아이러니하게도 비장함의 미학 앞에서 멈춰서서 그곳에 매혹됨을 감추지 못한다. 이들이 매혹되는 비장함은 어떤 상상된 국가, 비극을 무결점의 완전체로 승화시킨 국가로부터 출원한다. 이 비장한 국가의 체현자인 박근혜 대통령은 비극적 서사의 주인공으로 호출되고, 천안함 사건의 군인은 웅장한 음악과 함께 영웅으로 설파된다.

그러므로 일베가 단지 타인의 고통에 공감을 못하는 감성적 소통의 무능력자들이라고 단정해서는 안 된다. 이들이 세월호 사고의 유족들에 대한 감정이입을 '감성팔이'라고 부르며 거부하는 것은 감성의 주파수를 다른 곳에 맞추겠다고 하는 선언에 다름 아니다. 이로써 팩트주의 - 완벽한·비장한 국가 - 탈팩트주의의 원환적인 폐쇄적 구조가 완성된다.

'일간베스트 저장소'는 증오와 혐오의 정치에 불을 지피는 우파적 주체화의 공장·저장소이다. 일베는 이 공장·저장소에서 자신들의 신념인 팩트주의의 대척점에 있는 감성의 언어를 집요하게 구사한다. 일베의 이념이 진정으로 기반하고 있는 것은 역설적이게도 팩트주의가 아니라 정동의 은밀한 관계이다. 따라서 일베의 이념은 우파적 이념의 내용뿐 아니라 그것과 무관해 보이는 표면에도 거주하고 있을지도 모른다.

이 표면, 노골적인 향락의 언어와 정동의 언어는 생각보다 힘이 세다. 이 언어는 일베 저장소 바깥 어느 곳에서도 가공될 수 있을 만큼 규칙성과 체계성을 갖고 있고, 이미 많은 이들을 사로잡았다. 이런 상황에서 우리가 처한 어려움은 일베의 언어가 펼치는 에너지가 공동체와 시스템, 그리고 국가를 어떻게 재구성할 수 있을지에 대한 토론의 가능성을 봉쇄한다는 것이다. 이 봉쇄된 공간에서 반복되는 것은 선이냐 악이냐의 이분법과 순응이냐 전복이냐라는 프레임이다. 우리가 이 봉쇄된 공간에서 벗어날 수 있는 길은 무엇일까?

한국에서 '빨갱이'는 어떻게 만들어졌나

한국 사회에서 '좌익'으로 낙인찍히는 것은 정치적·사회적인 사형선고와 다름없다. 이 용어가 사용되는 그 순간부터 주장의 정당성은 일거에 박탈되고, 대상자들은 침묵에 빠져든다.

김득중 | 성균관대, 건국대 강사
공저로 〈죽엄으로써 나라를 지키자〉(2007·선인)가 있고, 저서로 〈'빨갱이'의 탄생 - 여순 사건과 반공국가의 형성〉(2009·선인)이 있다.

2002년 새천년민주당 대선 경선. 이인제 후보가 노무현 후보 장인의 빨치산 활동을 공격했다. 정치권에서 늘 있어왔던 '색깔 공세'였고, 이러한 공격은 늘 상대편을 수세에 몰리게끔 했다. 이에 대해 노무현 후보는 "그러면 사랑하는 내 아내를 버리라는 말이냐", "그렇게 되면 후보를 사퇴하겠다"고 반격했다. 이 발언으로 전세는 역전됐고, 이인제 후보는 결국 대권의 꿈을 접어야 했다.

왜 이 발언이 사람들의 마음을 움직여 노무현을 지지하도록 했을까? 노무현은 장인의 좌익 활동을 변호하지도 않았고, 자신에 대한 공격이 근거 없는 색깔론이라고도 주장하지 않았다. 하지만 그의 짧은 대답은 정치권에서 횡행하던 색깔론 공격을 무력하게 했다.

노무현은 한국 현대사에서 '좌익'과 '빨갱이' 이미지가 어떻게 형성됐는지 알 수는 없었겠지만, 결과적으로 그의 발언은 좌익 공격 논리의 가장 약한 고리를 파고든 셈이었다. 노무현의 대답은 '좌익도 결국은 인간'임을 주장했기 때문이다.

한국 사회에서 좌익 세력은 모든 사회 혼란의 원인이자, 폭력적이고 비인간적인 존재로 취급된다. '빨갱이'는 이러한 뜻을 담고 있는 멸시적 용어이다. 이같은 이미지와 인식은 어떤 역사적 과정을 거쳐 만들어졌을까?

죽여도 되는 존재인 '빨갱이'

먼저 '공산주의자사회주의자'와 '빨갱이'는 전혀 다른 내포와 맥락, 이미지로 사용되는 용어이며, 이 용어들은 한국 현대사의 진행과 맞물려 형성되어 있다는 점에 유의할 필요가 있다. 일제 식민지 시기에 공산주의자는 독립을 가장 앞장서서 추구하는 사람이었고, 해방 직후에도 공산주의자는 진보적 정책을 추구하는 사람들로 여겨졌다. 이때까지만 해도 공산주의자는 우익 세력의 정치적 경쟁자일 뿐이었다.

한국에서 '빨갱이' 이미지가 만들어지는 계보학적 과정을 추적할 때, 맞닥뜨리게 되는 결정적인 사건은 '여순 사건'이다. 1948년 10월 19일, 대한민국 정부가 수립된 지 두 달 만에 여수 주둔 국군 14연대가 '제주도 토벌 출동반대'를 외치며 봉기를 일으킨 이 사건은 군인 봉기에 호응한 지역 좌익 세력·학생·주민들이 합세하면서 '대중 봉기'

로 발전했다.

여순 사건은 봉기와 정부 진압 과정에서 수많은 군인·경찰과 민간인이 죽임을 당한 유혈 사건이었다. 진압군은 각 지역을 점령한 뒤, 주민들을 국민학교 운동장에 모아 협력자 색출을 시작했다. 우익과 경찰에게 지목된 지역 주민들은 재판도 없이 즉결 처형됐다.

당시 상황에 대해 한 증언자는 "거기는 아주 지옥이었어. 칼빈으로 막 쏴 죽이더라고. 끌려온 사람한테 앉아 있는 사람 중 반란군 협조자를 골라내라고 하더니 지목당한 사람을 옆으로 끌고 가서 쏴 죽였어요. 지목당한 사람을 가차 없이 사람들이 있는 앞에서 칼빈총으로 쏴버렸어요"라고 말했다.

지역에서 존경받는 중학교 교장, 지방 검사 등은 봉기군을 피해 숨어 있었는데도 공산주의자로 몰려 죽었고, 한 국회의원은 인민재판에 참가했다는 누명을 받았으나 가까스로 탈출해 목숨을 건질 수 있었다.

14연대 군인들의 봉기로 죽은 사람들보다 정부군 진압 과정에서 죽은 사람들이 훨씬 더 많았음에도, 이같은 사건의 실상은 제대로 알려지지 않은 채 오히려 사실과는 정반대로 보도됐다.

정부는 피해자들 대부분이 좌익에 의해 죽었으며, 좌익을 '살인마'라고 선전했다. 당시 신문들은 정부의 보도자료를 아무런 비판 없이 충실히 지면에 옮겼다. 특히 신문에 실린 사진은 좌익의 주민 학살을 생생하게 전해줘 전 국민이 좌익 만행에 공감할 수 있게 했다. 사건이 진압된 뒤, 여수·순천을 방문했던 문인과 종교인들도 공산주의자들이 참혹한 학살을 자행한 짐승보다도 못한 존재이며, '악마'이자

'비인간'이라고 주장했다. '빨갱이'라는 단어는 정부·언론·문인·종교계의 지식이 총망라돼 형성된 담론의 응결체였다.

이러한 과정을 통해 '빨갱이'라는 낱말에는 이념적 요소가 빠지는 대신 '유혈'과 '비인간'의 이미지가 선명하게 각인됐다. 정치적 경쟁자인 '공산주의자'로부터 죽어도 좋은 존재인 '빨갱이'로의 전환, 빨갱이를 핏빛 어린 폭력적 존재로 형상화한 계기는 이처럼 여순 사건이었다. '빨갱이'란 용어는 도덕적으로 파탄난 비인간적 존재, 짐승만도 못한 존재, 국민과 민족을 배신한 존재를 천하게 지칭하는 용어가 됐다. 그렇기 때문에 공산주의자는 어떤 비난을 하더라도 감수해야만 하는 존재, 죽임을 당하더라도 마땅한 존재, 누구라도 죽일 수 있는 존재, 죽임을 당하지만 항변하지 못하는 존재가 됐다.

반공주의가 압도적인 이데올로기로 자리잡고, 국가보안법과 반공법이 존재하는 상황에서 정부가 생산한 여순 사건에 대한 공식적인 역사는 한 번도 도전받지 않았다. 영화, 사진과 언론, 교과서, 책자 등을 통해 여순 사건에 대한 반공주의적 해석은 60년간 일방적으로 유통되고 반복적으로 재생산됐다.

여순 사건에서 죽임을 당한 사람들과 유족들은 왜 자신이 죽어야 하는지, 왜 자기가 빨갱이로 규정됐는지 알 수 없었다. 자신의 역사를 이해할 수 없었고, 설명할 수 없었던 것은 단지 죽임을 당한 사람들에게만 해당되는 것은 아니다. 빨갱이가 어떻게 만들어졌고, 어떤 기능을 했는지, 이념적 대립이라고 인식했던 좌우 대립의 밑바탕에는 어떤 정치공학이 작동하고 있는지를 한국 현대사 연구는 설명하지 못했다.

반공체제 탄생시킨 여순 사건

여순 사건은 분단 정부 수립과 국가 건설 과정의 중요한 성격을 드러내주는 '감춰진' 기반이자, 대한민국 반공체제를 탄생시킨 한국 현대사의 핵심적 사건이다. 여순 사건은 한국의 '국가 건설' 과정과 성격, 한국 민주주의와 '정치'의 성격, 한국 사회에 그동안 존재했고 지금도 존재하는 '폭력'의 비밀을 드러내준다.

여순 사건의 협력자 색출은 국가 폭력을 통한 '편 가르기'가 어떻게 이뤄지는지, 적으로 규정된 사람이 어떻게 처리되는지를 보여주었다. 협력자 색출 과정과 대량 학살은 누가 '민족'과 '국민'으로 인정받을 수 있는지를 시험하는 민족 구성원의 자격 심사 과정이었다. 반란군뿐 아니라 '반란 주체들로 간주된 자들=협력자'는 '빨갱이'로 간주돼 국민으로 인정되지 않았고, 죽임을 당해야 하는 존재이자 국가 건설에서 뿌리 뽑혀야 하는 잡초 같은 존재로 취급됐다.

외국의 경우에도 '아카赤', '코미commie' 등 공산주의자를 폄하하는 뜻이 내포된 용어들이 있지만, '빨갱이'처럼 죽여야 하는 대상, 비인간적인 존재를 지칭하는 것은 아니다. 한국의 '빨갱이'라는 용어는 세계 반공주의 역사에서 가장 노골적인 적대감을 표시하는 경우라 할 수 있다.

왜 대한민국은 극단적 반공주의 국가가 됐을까? 분단 정권이라는 약점을 가진 이승만 정권은 공산주의자들이 정권을 타도할 수 있다는 두려움, 이에 동조한 대중들에 대한 공포 그리고 저항 가능성을 봉쇄해야 한다는 압박을 강하게 느끼고 있었다. 대중은 '우리 편'이 아니면 '적'이라는 극명한 이분법적 인식은 봉기 지역 주민 전체를 적으로 상정하게 했다.

정부 진압군에게 죽임을 당한 사람들 모두가 공산주의자가 아니었다. 여순 사건에서 군경에게 학살당한 사람들은 "공산주의자라서 죽임을 당한 것이 아니라, 죽은 다음에 공산주의자가 됐다."

국가 폭력과 숙청은 대중의 저항 가능성을 선제적으로 제거하는 대중 억압으로 이어졌다. 폭력의 대상은 공식적으로 설정된 외부의 적공산주의 집단인 북한이 아니라 내부의 대중으로 확대됐다. 이런 측면에서 이승만 정권의 반공주의는 공산주의자를 겨냥하고 있다기보다는 저항 가능성이 있는 대중을 상대로 하고 있었다. 그렇기 때문에 반공 체제가 어느 정도 완성돼 좌익 세력이 사라진 것처럼 보일 때에도, 빨갱이는 계속 만들어졌다.

대중에 대한 폭력으로 시작된 반공주의는 국가보안법 등 법제적 장치와 각종 반관·반민 단체를 중심으로 주민 생활을 구석구석 통제하는 사회 조직화를 통해 점차 모양을 갖춰나갔다. 이제 대한민국 거주자는 '반공 국민'으로 탄생됐고, '반공 도덕'과 애국심을 가슴 속 깊이 새겨갔다.

어느 사회든 어떤 이념에 대해 긍정적이거나 부정적인 태도를 취할 수 있다. 이런 논의가 활발해지는 만큼 사회는 민주적으로 성숙하며 발전 가능성을 탐색할 수 있는 기회를 더 많이 갖게 된다. 그러나 한국의 반공주의는 이념에 따라 형성되지 않았다. 반공주의는 '공산주의를 반대한다'라는 것 이외에는 그 안에 어떤 특정한 이념을 가지고 있지 않은 공허한 울림이었고, 그 공허함을 감추기 위해 군경에

의한 노골적인 국가 폭력이 사용됐다. 반공주의는 정치의 핵심을 '적'과 '아'의 구별로 보는 인식에 기초하고 있기 때문에, 통합보다는 배제의 정치를 구사했다. 그것의 논리적 결말은 대중운동의 억압, 민주적 과정에 대한 무시, 전쟁 불사와 상대편에 대한 파괴와 전멸이었다. 여순 사건에서 최초로 시작된 국가 폭력은 4월 혁명, 1980년 광주민중항쟁 등 한국 현대사에서 주기적으로 그 모습이 재현됐다. 역사로부터 배우지 못하고, 바꾸지 못했기 때문이다.

'좌빨'이란 폭력적 언어의 횡행

반공주의의 부정적 유산을 살펴보는 것은 '우리 자신'을 성찰하는 작업이기도 하다. 대한민국 국민은 여순 사건이라는 국가 폭력의 세례 속에서 태어났고, 폭력의 논리는 정치 과정에 내장됐다. 대한민국 형성 과정에서 폭력에 익숙해지고 몸에 받아들인 국민이 국가 외부에 있다고 간주되는 타자에게 폭력을 구사하는 것은 불가능한 일이 아니다. 정치 과정에서 적대와 폭력을 일상적으로 경험한 대한민국 '국민'이 탈바꿈하는 길을 모색하려면 반공주의가 남겨놓은 유산을 곱씹어 살펴봐야 한다.

지금도 인터넷에서는 '좌빨좌익 빨갱이'이라는 용어가 횡행한다. 우리 편과 적을 선명히 구분하면서 일체의 소통을 외면하는 이 용어는 얼마나 폭력적인 과정을 통해 탄생됐는가? 그러나 대한민국은 아직도 자신의 역사에 대해 무감각하다. 60년 전 여순 사건이 남겨놓은 유산은 아직도 극복되지 못하고 있다.

대한민국역사박물관을 비판한다

이동기 | 〈역사비평〉 편집위원
서울대 서양사학과 졸, 독일 예나대 역사학 박사. 저서로 〈대안인가 망상인 가? 1949-1990년 분단 독일의 국가연합통일안Option oder Illusion? Die Idee einer nationalen Konfoderation im geteilten Deutschland 1949-1990〉이 있다. 냉전사와 평화·인권사에 관심을 가지고 연구 중이다.

2012년 12월 19일 대선을 앞두고 한국 사회는 다양한 정치 논쟁과 정책 논의가 활발했다. 경제민주화와 복지 정책 논쟁뿐 아니라 대북 정책을 둘러싼 대결도 뜨거웠다. 검찰 개혁이나 정치 개혁의 내용과 방식도 많은 사람들의 눈길을 모으고 있다.

주요 대선 후보들은 심지어 과학기술이나 보건의료, 주택 문제와 관련해서도 정책을 제안하고 있는 실정이다. 이에 반해 '역사 정책'은 기껏 뒷자리를 차지하거나 아예 관심 밖의 대상이다.

그런데 역사 정책은 앞의 여러 정책들과 무관하지 않으면서 나름의 독자적 차원과 영역을 갖고 있기에 더 적극적인 관심이 필요하다. 대선을 맞이해 정치 지도자들과 정당들이 제시하는 미래 구상과 강령적 계획은 결국 우리가 공동체의 지난 삶을 어떻게 기억하고 평가하느냐의 문제와 직접 맞닿아 있기 때문이다. 여러 분야와 영역의 정책들은 현재로 이어지는 다양한 역사적 흐름 중 어떤 것을 연속하고 상승시키며, 반면 어떤 것을 단절하고 전환하느냐의 문제와 연관된다. 그렇기에 정권 교체기를 맞이해 우리 정치공동체가 지향해야 할 기본적인 가치와 규범의 역사적 근간을 확인하는 일을 소홀히 해서는 안 된다. 국가 범죄에 대한 과거사 정리, 주변국과의 역사 분쟁, 역사 교과서 문제, 역사 기념과 기록물 보존 정책 등 다양한 역사 정책 주제들에 대해 전문가들과 시민단체 및 정치가들이 머리를 맞대고 토론하며 더 많은 논의의 장을 열어야 한다.

특히 2012년 12월 21일 개관한 대한민국역사박물관에 대해서는 시민사회와 정치가들이 더 전향적으로 관심을 갖고 토론할 필요가 있다. 역사박물관은 단순히 과거 유물의 골동품 창고가 아니다. 역사박물관, 특히 현대사박물관은 공동체의 미래지향과 현재적 정체성을 포괄하는 기억과 경험의 전승 공간이다. 현재 우리가 어떤 삶의 방향을 찾아나갈지, 향후 우리가 어떤 사회와 나라를 꿈꾸며 만들어 나갈지의 문제는 우리가 과거로부터 지금까지 살아온 삶을 집단적으로 어떻게 기억하고 전승하느냐에 달려 있는 것이다. 그 집단적 기억의 공간인 역사박물관 건립 자체가 '역사적 행위'임에 유의해야 한다.

지난 5년간의 폐정이 대부분 그러하듯, 발단은 다시금 이명박 대통령이었다. 2008년 8월 15일 이명박 대통령이 8·15 경축사에서 '현대사박물관' 건립을 공표함으로써 논란이 시작됐다. 같은 해 10월 17일 이명박 정부는 현대사박물관 건립 사업을 새 정부 100대 국정 과제의 하나로 삼았다. 그러다 역사학계와 일부 언론의 비판과 냉담 속에서 이명박 정부는 2009년 2월 대통령령으로 역사박물관이 아니라 국가홍보관 성격의 '국립대한민국관'을 건립하기로 방향을 선회했다. 그런데 2009년 10월 '국립대한민국관 건립위원회 규정'을 일부 개정하여 '대한민국역사박물관'으로 명칭을 개정할 것을 결정하며 대한민국역사박물관 건립에 본격적으로 나섰다. 건립위원회는 국무총리실 소속으로 들어가며 추진단은 문화부 소속으로 결정됐다.

여기서 두 가지 사실을 기억할 필요가 있다. 먼저 이명박 정부가 현대사박물관을 발의하게 된 맥락이다. 기실 현대사박물관 건립 발의는 지난 민주정부 시절 과거 청산 작업의 성과와 비판적 역사인식의 대중적 확산에 대한 강력한 역공세라고 볼 수 있다. 보수 우파 세력은 2008년 권력 장악 후 앞 시기 민주정부 시절 어렵게 확산된 사회의 비판적 역사의식을 하찮고 주변적인 것으로 만들며 그것을 새로운 '국가적 역사 기획'의 틀 안에서 전면 무력화하고자 했다. 그렇기에 이명박 정부의 현대사박물관 건립 제안은 역사 교과서 개정을 통해 학교 교육에서 역사인식 틀을 변화시키려는 시도 못지않게 심각하고 막중한 일이었다. 국가 정체성 강화와 '국민 통합'의 서사 기획을 통해 비판적 역사인식과 성찰적 역사의식을 파편화하고 그 의미를 상대화 내지 축소하려고 한 기획이었다.

두 번째는, 역사학계나 시민사회에서 어떠한 요구나 발의나 논의가 없었음에도 대통령이 일방적으로 위로부터 현대사박물관 건립을 제안한 사실 자체가 갖는 문제점이다. 물론 민주주의 사회에서는 어떤 정치적 주체도 '공적 역사'의 영역에서 자신의 역사 정책 구상을 공적으로 발의하고 제안할 권리가 있다. 하지만 역사학계나 시민사회에서 어떤 요구나 사전 구상이 없었던 역사박물관, 특히 애초부터 논란과 반대가 많을 현대사박물관을 어떤 종류의 앞선 공적 논의나 검토도 존재하지 않은 상태에서 일방적으로 제안한 것은 그 당파의 정치적 의도를 충분히 가늠케 하는 대목이다.

졸속과 부실의 건립 과정

아울러 이명박 대통령과 대한민국역사박물관 건립 주체들은 발의와 제안 단계를 넘어 건립의 구체적 추진과 착수 및 실행 단계에 이르러서도 졸속성과 준비 부족의 문제점을 그대로 드러냈다. '대한민국역사박물관 건립위원회위원장 김진현'와 대한민국역사박물관 건립추진단은 2010년과 2011년 형식화된 정치 구호와 다를 바 없는 강령적 주장을 담은 작은 팸플릿'대한민국역사박물관 건립 기본계획' 외에 내용적 체계를 갖춘 구체적인 건립 계획안을 제시한 적이 없었다. 다만 "고난과 역경을 딛고 발전한 대한민국의 자랑스러운 역사를 후세에 전승하고 국민의 자긍심 고양 및 사회통합으로 국가 미래 발전의 원동력을 확보"한다는 취지를 되풀이 선전했다. 그러고는 곧장 2010년 10월 "국고 451억 원2012년 5월 현재 448억 원을 투입해, 광화문 문화체육관광부 부지6,446㎡에 동 청사를 리모델링하여 건축 연면적 9,500㎡2012년 10월 현재 별관 부지 포함 총면적 1만 434㎡의 규모"의 박물관 착공을 개시했던 것이다. 2010년 3월 12일 공표한 '건립 기본계획' 및 전시주제대주제, 중주제, 키워드 소개는 내용도 문제지만, 일국의 현대사박물관 건립 기본계획이라고 하기에는 그 자체가 너무 빈약했다. 대한민국역사박물관 홈페이지에 공개된 내용은 '대한민국의 태동, 기초 확립, 성장과 발전, 세계로의 도약'의 4개 대주제를 핵심 근간으로 이루어졌지만 앙상한 뼈대 이상의 것이 아니었다. 최근 국회에서 논란이 됐던 '대한민국역사박물관 전시주제 해설 기초자료 용역보고서역사문화사 발간'가 박물관 홈페이지에 공개된 것은 2012년 여름이었다. 그 이전까지 건립위원회는 제대로 된 전시 내용을 갖지도 못한 채 빈약한 주제어에 덧붙인 소에세이 같은 것을 갖고 건립을 추진한 셈이다.

더 심각한 문제는 문화부나 대한민국 역사박물관 건립위원회 측이 건립 과정에서 보인 비민주적 일방성과 관료적 폐쇄성이다. 이미 건립 초기, 즉 2010년 초 일방적으로 1948년 8월 15일을 뉴라이트식으로 해석해 대한민국 건국일로 내세우려다 광복회의 강력한 저항을 받은 것은 잘 알려진 일이다. 건립위원회 측은 처음부터 한국현대사 전문 연구자들이나 연구기관 및 유관 시민단체들과 공식적인 토론이나 소통을 하겠다는 생각을 갖고 있지 않았다. 2011년 이전에도 대한민국역사박물관 사업에 대해 비판과 반대를 표명한 역사가가 없지 않았고, 2011년 8월부터는 비판적 역사학계가 다양한 방식으로 건립 과정과 전시 내용에 대해 반복적으로 비판했음에도 그들은 어떤 대화와 소통, 조정과 합의의 노력도 보이지 않았다. 공청회는 한 번도 열리지 않았고 어떤 공개 토론회도 개최되지 않았다.

게다가 건립 과정에서 드러난 또 하나의 심각한 문제는 전문성 부족과 전문가 배제다. 역사박물관은 일차적으로 역사인식의 객관성에서 출발해야 한다. 과잉 정치화된 진영 간 대결적 역사인식의 차이 때문에라도 전문적 역사학자들의 학문적 검토와 조정이 전시 사업의 대전제이자 기본원칙이다. 건립위원회 위원들은 모두 이명박 대통령이 위촉했는데 19명의 민간위원들과 10명의 당연직 정부기관 위원들로 구성됐다. 역사박물관을 만드는 사업인데 위촉된 19명의 민간위원 중 역사학 전공자는 4명밖에 되지 않는다. 21명의 전문위원 중에는 역사학 전공자가 더러 있지만 이 중 한국현대사에 대해 전문적 업적을 남긴 사람은 6-7명에 불과했다.

건립 과정과 주체 구성이 이렇다보니 전시 계획의 내용이 파행적인 것은 당연했다. 그런데 먼저 확인해둘 것이 있다. 최근 비판가들 중 일부가 대한민국역사박물관을 '제2의 박정희기념관' 내지 '독재 미화관'이라며 경각심을 높이고 있는데, 전시 내용을 보면 꼭 그렇지는 않다는 사실이다. 대한민국역사박물관의 핵심 추진 세력을 극우파로 무작정 몰기도 어렵고, 전시 내용도 극우적 역사관과는 좀 차이가 있다. 이미 보수 우파의 수장 박근혜 대선후보조차 '과거사를 사과'할 수밖에 없는 시대적 조류를 놓고 본다면, 박물관 건립 주체들이 독재를 미화하는 반민주적 역사상을 그대로 내세울 수는 없었을 것이다. 또 비판과 저항이 점점 강력히 조직되고 있는 상황도 그들로 하여금 애초의 일방적 기획에서 부분적으로 후퇴하게끔 만들었다.

전시 내용의 몰역사적 '역사관'

이 말은 대한민국 역사박물관의 전시 구상이 '박정희기념관만큼 위험하지 않다'는 것을 의미하는 것이 아니다. 아울러 '독재를 미화하는 정도로까지 막 나가지 않았으니 다행'이라는 의미를 함축하는 것도 아니다. 오히려 그 반대다. 즉 문제는 더 심각하며 상황이 더 복잡해졌다는 말이다. 대한민국역사박물관 측이 현재 준비하고 있는 전시 내용의 근본적인 문제는 그것이 단선적인 국가 성공 사관에 기초해 개방적이고 다원적인 역사상을 부정하며 성찰적이고 비판적인 역사의식을 봉쇄한다는 점이다. 전시 계획의 근간인 단선적이고 유기체적인 국가 성장 논리는 민주주의 사회에서 국가를 자유롭고 독립적인 시민들이 다원적인 영역에서 다양한 삶을 영위하는 공간으로 인식하는 것을 방해하고 교란한다.

국가 '성공' 신화와 '기적의 역사'라는 자기도취적 역사관은 사회의 다원적 경험과 기억들을 부정할 뿐 아니라 사회의 위기와 파국, 특히 정치적 억압과 국가 범죄 및 그로 인한 희생과 피해의 역사를 주변으로 내몬다. 물론 박물관 측의 전시 계획을 보면 '산업화'와 함께 '민주화'도 전시의 한 축으로 자리잡고 있다. 그래서 표피적으로 보면 마치 그 전시가 국가 범죄와 인권유린의 역사 및 반독재 저항과 민주화운동도 포함하고 있는 듯하다. 그러나 최종적 '결과'와 지배 엘리트 중심의 역사 전시로 인해 파괴와 희생은 항상 상대화되며 주변적이고 부차적인 의미만을 지닐 뿐이다. 이를테면 전시 계획을 보면, 1970년대는 반민주적 유신 통치 시대로 제대로 드러나지 못한 채 1987년 6월 항쟁과 노태우의 '6·29 선언'으로 귀결되는 민주화운동의 전사^{前史}쯤으로 간주된다. 그렇게 되면 1970년대의 유신 체제가 인권유린과 헌정 파괴를 낳은 '범죄정권'이었음이 분명하게 드러나지 않는다. 아울러 민주화도 최종적으로는 대통령들의 업적으로 귀결될 뿐이다. 또 대한민국역사박물관은 '건국 – 부국 – 선진화'의 협소하고 단선적인 역사인식에 근간한 전시 구성 속에서 해방 후 친일파의 재등장이 지닌 의미, 각 시기별 국가 범죄의 상흔과 희생, 다양한 대안적 정치

세력과 그들의 구상, 시민사회와 민중의 조직운동과 다양한 일상적 삶의 양상, 그리고 남북관계와 통일의 전망 등은 사실상 어떤 정당한 역사적 지위를 받지도 못한다.

무엇보다 대한민국의 태동, 기초 확립, 성장과 발전, 선진화 등의 기괴한 '기승전결' 키워드를 내세워 분명한 시대 구분을 회피하는 것에 이미 국가 범죄와 그로 인한 희생과 파괴 및 민중 저항과 사회운동의 역사를 '탈맥락화'하려는 의도가 깔려 있다. 박물관 측은 '산업화 이후 민주화 달성'이라는 정치적 서사를 내세워 각 시기별 엄정하고 규범적인 평가를 피하고자 했다. 게다가 대한민국의 역사를 도대체 '성공'과 '기적'으로 볼 수 있느냐를 떠나 한 국가의 역사를 '성공'이라고 규정하는 것 자체도 황당하기 짝이 없다. 학문적으로 성립 불가능한 규정일 뿐이다. 요컨대, 대한민국역사박물관 측이 내세운 성공이니 기적이니 하는 허황되고 자기도취적인 역사상은 지금까지의 공식적인 단선적 지배사관을 강화하는 이데올로기적 효과와 정치 지배의 정당성 강화로 귀결되는 것에 불과하다. 그렇기에 대한민국역사박물관을 단순히 '제2의 박정희기념관'으로 보고 비판하기보다는, 그것이 기괴한 '성공신화'와 국가 서사에 갇혀 역사의 패자와 희생 및 비극과 위기 또는 대안적 역사 발전의 길들에 정당한 의미를 부여하지 못하고 있다는 사실, 그리고 민주주의 사회의 다원적 기억과 경험들을 유린하고 획일화하는 문제들에 초점을 맞춰 비판할 필요가 있다. 그와 같은 방식의 기괴한 국가 홍보와 과시의 역사박물관은 독재를 적나라하게 미화하는 곳보다 덜 위험하지 않다.

건립 과정의 문제점으로 보나 전시 계획의 내용이 지닌 결함으로 보나 대한민국역사박물관의 개관은 연기되어야 마땅하다. 그럼에도 12월 개관을 강행한 것은, 그 자체가 '부끄러운 과거'로 역사박물관에 전시되어야 할 한 장면이 될 것이다. 개관 후라도 박물관 명칭부터 전시의 기본 방향과 내용, 교육·문화 시설과 아카이브의 결합 등 모든 문제를 원점에서 새롭게 논의해야 한다. 지금 광화문 앞에 세워진 것은 축구장이나 다리가 아니다. 역사박물관, 그것도 '시대를 함께 산' 사람들의 기억과 경험을 다루는 현대사박물관이다. 민주적 소통과 비판적 성찰의 문화 공간이 되어야 한다.

극우기독교는
왜 동성애 반대에 목매나

김진호 | 한백교회 담임목사
한신대 신학대학원에서 성서학 전공. 계간 〈당대비평〉 주간 역임. 저서로
〈시민 K, 교회를 나가다〉, 〈급진적 자유주의자들: 요한복음과의 낯선 여행〉,
〈반신학의 미소〉, 〈예수의 독설〉 등이 있다.

1980년 로널드 레이건이 대통령에 당선되는 데 미국 극우 기독교 단체 '도덕적 다수Moral Majority'1979-89의 역할은 지대했다. 이 단체의 맹활약에 힘입어 기독교는 그 이전까지 민주당 지지율이 좀 더 높았음에도, 가장 든든한 공화당 지지세력으로 부상했다. 또 2000년과 2004년 조지 워커 부시가 대통령이 되는 데 '기독교 연합Christian Coalition of America'1989-의 역할은 가히 결정적이었다. 당시 미국 기독교도의 부시 지지율은 68%와 78%였다.

이 기독교 극우파 단체들의 핵심적 슬로건 중 하나가 바로 '동성애 반대'이다. 즉 동성애 반대론은 미국 기독교를 극우세력 중심으로 결속하게 했고, 나아가 강력한 정치세력으로 부상하게 하는 데 기여했다.

그러나 2008년과 2012년 대선에서 기독교 표는 결속하지 못했고, 기독교 극우세력이 지지하는 이는 대통령이 되지 못했다. 그 실패의 주된 이유 중 하나가 젊은층의 이탈인데, 그것은 동성애에 대한 찬성

기조가 반대를 월등히 앞서게 된 현상과 병행한다. 30살 이하 유권자층의 66%가 동성결혼에 찬성한 것이다. 심지어 30살 이하 공화당 지지자 가운데서도 찬성률이 거의 40%에 육박했다. 요컨대 기독교의 우파 중심 결속이 와해된 것은 젊은층의 동성결혼에 대한 비적대적 태도와 무관하지 않은 것 같다.

실제로 버락 오바마는 선거운동 기간 중에 동성결혼 지지 의사를 밝혔고, 동성결혼의 합법화를 방해한 결혼보호법 폐기를 추진하겠다고 했다. 이런 맥락에서 대통령 취임식 준비위원회는 2013년 1월 21일 오바마 대통령 취임식 때 루이 기글리오 목사에게 축도를 부탁했으나, 그의 동성애 반대 활동 전력이 드러나자 계획을 철회했다.

'동성애'로 결집한 한국 극우 기독교

한국에선 일견 정반대의 양상이 전개되고 있다. 2013년 4월 초, 차별금지법을 발의한 민주당 의원들이 입법을 철회했다. 한기총, 국가조찬기도회 등을 축으로 하는 '동성애자 차별금지법안 저지 의회선교연합'이 주도한 전방위적 반대운동이 주효했다. 즉 차별금지법안 좌초의 주된 이유가 기독교 극우세력이 동성애를 반대했기 때문이다.

이명박 대통령을 당선시키는 데 크게 기여한 한국의 극우 기독교 세력이 박근혜 대통령 당선 과정에는 이렇다 할 목소리를 내지 못했다. 한데 기독교 극우세력은 동성애 반대운동으로 다시 결속된 힘을 보여주었고, 향후 한국 사회의 주요한 정치적 변수로 활약할 수 있다는 자신감을 갖게 됐다.

그러나 과연 그럴 수 있을지 의문이다. 이미 청년층과 지식인층에서 동성애에 대한 비적대적 태도가 빠른 속도로 확산되는 추세여서, 낡은 종교라는 이미지가 더욱 심화될 수 있기 때문이다. 이런 이미지는 개신교 전체를 낙후된 종교로 간주하게 함으로써 결국 개신교의 위기를 더욱 부추길 수 있다.

아무튼 한국에서 기독교 극우세력은, 미국에서처럼 최근 동성애 반대에 사활을 걸고 있는 것처럼 보인다. 그 이유가 무엇인지에 대해서는 동성애 논쟁에 주목해온 많은 비판적 신학자들의 주된 관심거리다.

우선 기독교 극우세력의 주장을 살펴보자. 그것은 다음 세 가지로 요약할 수 있다. 하나님의 창조 질서에 어긋나며 성서의 가르침에 위배되고 가정의 질서를 깨뜨리는 주범인 것이다.

여기서 앞의 두 가지는 동성애 반대론이 마치 초시간적 이유를 갖고 있는 것처럼 가정한다. 가령, 최초의 인간을 하나님이 남자와 여자로 만들었다는 〈창세기〉의 이야기는 가장 강력한 이성애론의 성서적 근거다. 그러나 현대의 성서학은 성서의 창조 이야기를 과학적 사실관계의 진술이 아니라 신학적이고 역사철학적인 해석적 진술이라고 본다. 더욱이 1장과 2-3장의 이야기가 서로 다른 시기, 서로 다른 장소에서 해석된 창조 이야기라는 것은 이론의 여지 없이 합의된 사항이다.

이때 이성애론이 성립하려면 남자와 여자로 창조한 것이 이 두 텍스트가 주장하는 공통된 신학적 해석의 주제여야 한다. 하지만 안타깝게도 그렇게 해석하는 이는, 적어도 성서학자 중에는 없다. 현대적 학문과 소통하는 이라면 말이다.

그밖에 동성애 반대론이 들이대는 몇몇 성서 구절이 더 있다. 하지만 그것이 과연 동성애 반대에 초점을 둔 것인지에 대해서는 찬반양론이 팽팽하다. 설사 동성애 반대 텍스트임이 명백하다고 해도, 그런 텍스트는 불과 몇 개에 지나지 않는다. 반면 성소수자 배제에 대해 반대 논거를 제시하는 성서 구절 또한 그 텍스트 숫자만큼 성서 속에 담겨 있다는 점을 반대론자들은 간과한다.

더욱 큰 문제는 성서 속에 동성애 반대 구절이 하나라도 있는 한 기독교인은 그 말씀에 따라야 한다고 단호히 주장하는 그들이, 성서 속에 더 명료하게 언급된 다른 많은 것에 대해서는 조금도 준수할 의지가 없다는 점이다. 예컨대 '고기를 피째 먹지 말라'는, 해석의 여지 없이 명료한 구절'창세기' 9장 4절을 지키기 위해 '선짓국 반대 기독교운동연합'을 만들려는 극우 기독교 근본주의적 신자는 한 명도 없다.

왜냐하면 그들은 실상 많은 성서 구절을, 사실관계를 지시하는 객관적 진술이 아니라 문화적·신학적 해석의 텍스트로 읽고 있기 때문이다. 그렇기에 명료하지도 않은 동성애 반대 텍스트를 명료한 텍스트라고 주장하면서, 그것을 특별히 성서의 가르침이라고 강조하고 있다.

가부장 교회 권력자의 공포의 산물

그들의 동성애 반대론은 성서에 대한 하나의 해석에 지나지 않는다. 또 그 해석을 지지한다고 해도 성서 자체에서는 주변적인 강조점에 지나지 않는다. 그러니 성서를 가지고 동성애 반대론을 기독교적 가르침의 핵심인 양 주장하는 것은 전혀 신학적이지도 신앙적이지도 않다. 그러므로 동성애 반대론을 극우 기독교 집단이 강조하는 것은 성서에 따른 것이 아니다. 그렇다면 다시 묻는다. 이 강도 높은 동성애 반대 주장은 왜인가?

미국 스펠만대학의 김나미 교수는 한국의 경우 동성애 반대운동이 1990년 이후부터 본격화된 점을 그 하나의 실마리로 본다. 즉 사회와 교회가 1960-90년 고속성장을 구가했는데, 1990년 이후 그 추세가 급격하게 꺾이면서 나타나는 일련의 변화에 대한 반동적 흐름이 바로 동성애 반대운동으로 나타났다는 것이다. 김 교수는 그것을 한국적 근대화의 가부장제적 변화의 흐름 속에서 해석한다.

여기서 앞에서 언급한 동성애 반대론자들의 세 번째 주장이 흥미롭다. 동성애가 가정을 파괴한다는 주장이다. 이것은 기독교 극우주의자들이 가정을 '사랑의 공간'이라기보다는 '증식의 공간'으로 본다는 것을 뜻한다. 더 정확히 말하면 증식이 전제되는 사랑만이 가정의 기독교적 가치라는 얘기다.

이런 생각에는 역시 성서에서 끌어온 얄팍한 지식이 활용된다. 한데 어찌할 것인가. 예수는 가정의 일원이지 않았고, 가족 증식의 가치를 구현한 이는 더욱 아니었다. 결국 그는 의를 위해 스스로 고자가 된 이가 아닌가?'마태복음' 19장 12절 어쨌거나 그는 주님의 총회의 일원이 될 수 없는 사람이었다.'신명기' 23장 1절

그들이 상상하는 가정을 파괴할지도 모른다는 것. 이것이 가부장

적 권력자인 교회 지도자들로 하여금 공포심에 사로잡히게 했을 것이라고 김나미 교수는 말한다. 그래서 동성애공포증으로 나타났다. 세상의 변화를 해석하고 그 변화된 세계에서 하나님의 가치가 무엇이고 하느님의 공의가 무엇인지 살피고 실천하기보다는, 그 변화를 두려워하면서 두려움을 분노로 대치시키고 분노할 대상을 만만한 소수자 가운데 선별해 공격하는 것, 이것이 극우 기독교의 동성애 반대 운동의 정체라는 것이다.

그렇다면 이제 우리는 그들에게 권하지 않을 수 없다. 성숙해지라고. 세계의 변화를 직시하고, 그 변화 과정이 하나님의 가치와 더 부합하게 하는 일에 동참하라고 말이다.

한국에 보수다운 보수가
없는 이유

보수를 살해한 것은 보수다. 보수가 살해한 것은 자신이나
자신의 뿌리가 아니었다. 그들은 진보뿐 아니라 온전한 보수
또한 죽여야 했다.

서해성 | 소설가
성공회대 교양학부 겸임교수. 저서로는 〈직설〉, 〈강씨공씨네 꿈〉 등이 있다.

오늘날 한국의 보수는 그 두 세력을 제거하고 보수가 됐다. 그들의 실체는 반역자였다. 그들에게는 보수라는 페르소나조차 오래도록 버거운 탈이었다. 그들의 정체성이 분열증적인 것은 여기서 말미암고 있다. 그에 따라 가치관 또한 제대로 정립된 적이 없다. 그들의 일반적 특성은 공동체와 관련해서는 반역·매판이고, 일상적으로 나타나는 양태는 탐욕과 비이성이다.

이 괴이한 보수세력에게는 한국을 지배하는 거대한 3대 축이 있다. 우선 민족, 민주, 그리고 인물 전형으로서 아비 부재다. 이는 분단, 지역감정, 연고와 비하라는 3대 증오와 동행하면서 분단 이래 권력, 애국, 자본을 독점해왔다. 3불3대 부재, 3증3대 증오, 3독3대 독점이 보수의 기둥이다. 세 축은 정세와 역사적 조건에 따라 다양한 형태로 출몰하

면서 대중을 지배하고 고통을 강요하고 있다.

망국 친일 세력의 자기모순

1910년 8월 22일 대한제국 조선은 망했다. 남산 북쪽 기슭 한국통감관저 2층 데라우치 침실 옆방에서 체결된 병탄이 공식 발표된 것은 8월 29일 정오였다. 그 일주일 동안 종로 인사동 북쪽 충훈부에서는 망치 소리가 밤낮으로 그치지 않았다. 조선의 마지막 공훈, 곧 합방에 이바지한 공적에 따라 쇠를 두드려 훈장을 만드는 소리였다. 그 소리는 29일 아침까지 이어졌다. 그날 밤 사람이 꽉 들어찬 한양 곳곳의 기생집에서는 노랫소리가 울려퍼졌다. 훈장 수여를 기리는 잔치였다. 그 노랫소리와 함께 오늘날 한국 보수는 탄생했다. 이들은 출생 자체가 기형적이었다. 서구에서 흔히 말하는 부르주아지와는 전혀 다른 족속이 출현한 것이다. 근대의 어떤 혁명도 이들과는 무관했다. 미국의 시민정신을 동경하면서도 독립전쟁 정신은 외면했고, 프랑스 문화를 닮자고 하면서 프랑스혁명 주체에 대해서는 전혀 알려고 하지 않았다. 잉글랜드 의회와 참정권을 읊조리면서도 이것이 민중투쟁의 산물이라는 점에 하등 관심 두지 않았다.

한국 보수의 출생신고에는 아무런 비밀이 없었다. 망국 조선의 가장 슬픈 비밀은 조선의 지배계급이 이를 그다지 슬퍼하지 않았다는 점이다. 당상관 이상 벼슬을 한 자 중에서 독립운동에 투신한 자가 고작 두어 명에 지나지 않는다는 것도 따지고 보면 납득하기 어려운 일이었다. 이들에게 내내 봉록을 준 것은 조선 정부였다. 왕족은 더욱 그러했다. 백성을 뺀 왕토만 보더라도 거대한 부동산이었다. 좁혀 말해 경복궁만 하더라도 그렇다. 이유야 어찌됐든 조선 통치자들은 놀랍게도 종이 한 장에 도장을 찍어 나라를 넘겼다. 정말로 부동산 거래하듯이. 대신에 민중은 그해 불현듯 조선 천지에 피어난 이방에서 온 풀꽃에 '망초'라 이름 붙여주고 이를 잊지 않고자 했다. 망국초였다.

이 망국 친일에 뿌리를 둔 세력에게는 생래적으로 민족이 있을 수 없었다. 이것이 첫 번째 자기 부재다. 해방 이후 민주주의 또한 있을 수 없었다. 친일파의 뒤를 잇는 군사독재 세력과 결탁을 한 혈통인 이들은 민주주의를 파괴하거나 탄압한 장본인이었다. 이것이 두 번째 자기 부재다. 따라서 한국 보수는 아비라 부를 아비가 존재하지 않는다. 아비라 부르자니 그가 곧 친일파인 까닭이다. 여지가 없는 후레자식들이다. 이것이 세 번째 부재다. 족속 내에 아비가 없는 자들이 아비로 섬긴 게 이방의 아비, 일본과 미국 등 외세였다.(〈한겨레〉, '보수를 향한 비평'2012년 2월 18일, '광복절에 쓰는 아비론'2012년 8월 19일, 서해성 참고) 그 유구한 역사는 '당나라에 신라국이 있어有唐新羅國'라고 새긴 쌍계사 진감국사비 첫 줄에서 시작해, 유원고려국有元高麗國을 거쳐, 명나라가 망한 뒤에도 유명조선국有明朝鮮國을 넘어 하물며 숭정기원후崇禎紀元後라고 제 나라 문서와 묘비에 새겨온 내력으로 짐작하고 남는다. 적에게 쫓겨 스스로 목을 맨 명의 마지막 임금 숭정제 의종은 중국에서는 1644년에 죽었지만 조선에서는 일제 때까지 연호로 살아 있었던 셈이다. 청을 오랑캐로 여기려는 목적치고는 가당찮게 졸렬하고 사대적이었음을 부인할 길이 없다.

이 세 가지 부재와 부정은 한국 사회에서 근대적 인간형 부재로 이어졌다. 해방 이후 한국인이 섬기고자 한 인물상은 크게 두 가지다. 개화에 애쓴 자와 일제와 맞서 싸운 인간이거나 이를 유추할 수 있는 인물이다. 한국의 5대 국경일인 삼일절, 제헌절, 광복절, 개천절, 한글날은 모두 일제 지배와 직접 연관돼 있다. 이를 순서대로 쓰면 나라를 잃은 처지에 단군을 내세워 항일활동을 전개한 일과 3·1운동, 우리 말글에 대한 탄압, 광복을 맞아 임정을 계승한 헌법을 만들고 새 정부를 꾸린 일로 구성할 수 있다. 친일파들은 이 중 3·1운동 등 동적 가치와 활동들이 적잖이 불편했다. 이들에게 모자를 씌우고 신발을 신기고 넥타이를 채워서 실내로 끌고 들어온 까닭이 여기에 있다. 날은 마지못해 순치해서 기리되 행동은 철저히 거세해버렸다. 해방 정국에서 살해한 김구를 이명박 정권이 지폐 인물로 들어가는 걸 막는 데서 이들이 항일을 여전히 얼마나 두려워하는지 잘 말해주고 있다. 한국에서 '진보'라 부르는 세력이 보수의 몫인 게 분명한 황현, 안중근, 경주 최부자, 이회영, 김구, 장준하의 사회적 제사까지를 모시는 처지가 된 게 이 때문이다. 친일파, 군사독재와 싸우는 상황에서 이들은 상대적으로 진보적일 수밖에 없었다. 마땅히 아비가 되어야 했던 항일운동가들은 이 과정을 거치는 동안 역사의 아버지로 등극할 수 없게 됐다. 일제에 저항한 사회주의운동 계열은 말할 것도 없었다. 그나마 남은 인물마저 본질을 일그러뜨리기 일쑤였다. 한국 인물사에서 가장 두드러지는 특징은 부모 봉양, 스승 말 잘 듣기, 국가에 충성하기, 그리고 문文을 숭상하는 태도다. '군사부일체'로 요약할 수 있는 이는 봉건 조선의 생활 이데올로기에서 한 치도 벗어나지 않고 있다.

일제의 인물상 또한 별반 다르지 않았다. 충과 효. 목적은 권력에 대한 비저항과 충성이었다.

친일파와 분단 세력의 같은 뿌리

안중근이 진짜로 사망한 것은 해방 뒤다. 그는 1910년 봄 뤼순 사형장에서 한 번 처형됐고, 해방 조국에서 새로 거세됐다. 외적을 행동으로 저격해온 그는 일제강점기 내내 살상력과 명중률이 가장 높은 저항 인격이었다. 식민지배와 함께 발사된 그의 행동 덕분에 경술년 국치의 낯은 덜 남루할 수 있었다. 나아가 그는 이봉창·윤봉길 등 행동파 후배들을 낳은 데서 알 수 있듯, 가장 생동하는 저항의 교과서로 40년 가까이 작동해왔다. 그가 쏜 것은 제국주의 침략자만은 아니었다. 안중근의 총알 관통력은 반역자와 매판 세력에게 두루 공포였다. 안중근뿐 아니라 행동파들의 특성은 해방 뒤 문약한 안방 선비형으로 묘사되거나 타고난 재능으로 대체됐다. 이 영웅사관은 단지 근대적 인물형에 대한 무지에서 비롯된 것만은 아니었다. 이토 히로부미를 쏜 안중근의 브라우닝 M1900 단총에서 화약을 빼낼 필요가 있었던 것이다. 그의 총알은 해방 정국을 장악한 친일파의 심장 또한 조준해왔기 때문이다. 현재의 안중근들이야말로 이들로서는 상상조차 하기 싫은 존재일 수밖에 없었다.

아비가 될 수 없었던 자들이 택한 길은 반성과 성찰이 아닌 역사적 윤리성을 지닌 가치와 인물에 대한 증오였다. 친일파는 해방과 함께 친일파가 아닌 모든 사람과 세력을 하나의 이름으로 규정했다. '빨갱이'. 임정 출신의 보수주의자들조차 예외가 아니었다. 그가 항일이었으므로. 그들은 우익 빨갱이였다. 이 말은 오늘날 '종북' 타령으로 변형·유통되고 있다. 친일파와 분단 세력은 이렇듯 뿌리가 하나다. 합리적·역사적 기여와 배경을 일거에 배제한 이 낙인은 모든 악을 손쉽게 정당화해주었다. 증오가 해방 이후 한국 사회의 가장 뚜렷한 지배 정서가 된 것은 역사와 사회적 악이 지배자로 등장하면서 생긴 일이다. 이는 어떤 이데올로기보다 강력한 힘으로 한반도 남쪽에서 권력을 행사해왔다. 3대 증오는 분단 체제에 기초한 동족 증오와 이를 이용한 반대자나 자기 비밀을 알고 있는 세력 제거, 증오를 내부로 향한 지역감정이라는 갈등통치술, 세 번째는 연고라는 친밀을 통한 타방 배격의 증오와 비하다. 비하는 외세에 대해 한없는 동경과 숭배를 하는 내면이기도 하다. 3대 증오는 기득권의 이익 유지·확장과 맞물리면서 현재의 힘으로 박동하고 있다.

  증오는 친일 세력에게 면죄부이자 면허증이었다. 이들은 단지 특정 이념이나 세력에 반대하는 일을 넘어 극단적 혐오와 증오를 대중에게 요구해왔다. 이를 통해 증오 세력은 친일파 숙청과 청산을 차단하고 일제강점기와는 비길 수 없이 높은 지위를 차지할 수 있었다. 한낱 고등계 형사가 치안 최고책임자로 올라선다는 건 일제 치하에서는 상상조차 못 할 불경스러운 일이었다. 박정희 사망 때까지 육군 참모총장은 팔로군 소년병 출신 정승화만 빼면 모조리 일제에 교육받은 군인들이었다. 해방 직후 미군이 가히 신의 반열에 가까운 우러름을 받기에 이른 데는 이런 내력이 있다. 정치, 행정, 치안, 군사, 종교라고 다르지 않았다. 해방은 반역자들에게야말로 진짜 해방이었던 것이다. 이를 유지할 수 있는 역사적·사회적 명분은 어디에도 없었다. 이에 등장한 치명적인 정치·사회적 독약이 증오다.

이 증오가 내부로 향한 게 지역증오, 곧 지역감정이다. 군사정권과 함께 민중과 민중의 대립을 조장해내는 갈등통치가 일반화됐다. 전통적으로 이민족 통치 술책인 이이제이以夷制夷를 자기 땅에 이식해서 시행한 것이다. 낙동강을 따라 일정 기간 고착된 한국전쟁의 전선은 결정적 근거로 활용됐다. 인공 치하를 겪은 곳은 사상적으로 오염된 지역으로 분류됐다. 따라서 낙동강 이남·이동 지역만이 순결한 땅으로 남게 된 것이다. 박정희 3선 개헌 이후 이는 신라에 의한 삼국통일 등 한반도 지배의 정당성과 연동해서 분단 체제의 내부 동력으로 작동했다. 동족 증오가 지역감정으로 치환되면서 잉태한 내부 분단이었다. 권력지배의 장기적 지역 편중은 명백히 여기에 기초해 있다. 지역감정은 단순히 영호남 대립만은 결코 아닌 것이다.

친일파의 애국독점과 동족 핍박

한국 사회에서 연고란 사적 이익을 공동체 이익인 양하는 데 가장 심각한 모순의 뿌리가 닿아 있다. 이는 분단 세력, 지역 세력이 형성한 동맹체적 성격을 지닌다. 다른 자들에 대한 비하는 이 권력을 유지하는 데 반드시 필요한 전도된 정서적 기제다. 이들은 국가보다 연고를 공동체로 위장해 우선시하고 사랑해왔다. 친일연고는 분단연고, 지역연고와 어우러졌고 학연은 이를 매개했다. 이는 수평적인 향촌 동향 의식과는 전혀 다른 것이다. 연고가 없는 자는 자연스럽게 기득권에서 배제될 수밖에 없었다. 연고사회는 일반 대중에게 공동체 결핍감을 경험하게 하고 주권의식 약화를 거쳐 일상적 정치 혐오에 도달하게 한다. 그와 비례해서 연고에 의한 지배와 통치는 간편해지는 것이다. 국가가 주권자인 대중을 보호하기보다 지배 관리, 요컨대 징세 대상이자 징병 대상으로 간주할 뿐인 사회에서 자기를 지키고 신분 상승을 꾀할 길이 달리 없기도 했다. 이들은 특정 지역을 내부 식민지적 발상과 배제로 지배하면서 외세에 대한 높은 동경을 숭상해왔다는 점에서 필시 식민지적이다.

3대 부재와 3대 증오는 권력 독점, 애국 독점, 자본 독점이라는 3대 독점과 안팎으로 맞물리면서 한국을 지배해왔다. 친일파가 애국을 독점해온 일은 기이한 변종 애국임이 틀림없다. 권력과 자본을 독점하기 위해서 애국은 반드시 전유물이어야 했다. 역사에서 윤리적이지 못한 변종은 늘 사적이다. 오늘날 공공가치와 제도를 내다팔고 의무만 남기는 사적 국가가 출현한 것은 우연이 아닌 것이다. 이들에게 대한민국은 사유물인 까닭이다.

한국 보수의 내면은 의로운 역사적 맥락을 가지고 형성된 적이 없다. 황당한 언설로 대중을 자주 놀라게 하는 건 그들의 배경에 비춰 보아 그다지 괴상쩍은 일만은 아니다. '박작대기'라 불린 친일파 박중양의 언행은 도리어 시사하는 바가 있다. 그는 해방 뒤 끌려간 반민특위 건물 정문을 보고는 "아, 고코가무카시노 다이이치긴코다네. 소! 소!아, 이곳이 옛날의 제일은행이구나. 그래! 그래!"라고 했다. 이 말은 5·18 광주 청문회에서 등장한 '기억이 나질 않는다'는 무뇌아적 파렴치보다는 초지일관한 것이다. 반민특위에서조차 일본말로 서슴없이 내뱉는 극력 친일분자의 이 행동에는 적어도 정체성 혼란이 빚어내는 히스테리가 전혀 없다. 얼마 전 낙마한 한 장관 후보자가 미국 신문에 당연히 영어로 'A return to South Korea, thwarted by nationalism민족주의에 의해 좌절된 한국으로의 귀환'이라고 한 것은 난데없다기보다는 이를 잇고 있다. 한국에서 내셔널리즘이라도 꼴을 갖추고 존재한 적이 없었던 것은 이러한 태도와 인식 때문이다. 근래 청문회에서 임명직 후보자들이 윤리적 문제에 대해 추궁을 받으면 오히려 어리둥절한 표정을 짓는 데는 긴 내력이 있다. 이들에게 윤리란 제 이익을 정당화하는 방책에 지나지 않았기 때문이다.

한국에는 보수가 없다. 이는 커다란 비극이다. 보수를 참칭한 자들은 동족을 겁박하는 일 말고는 달리 용기를 보인 적이 없다. 외적이 쳐들어왔을 때 그들은 외적 편이 되어 동족을 핍박, 제거했던 자들이다. 노블레스 오블리주 따위를 말하는 건 아직도 한낱 사치일 뿐이다. 이민족과 싸운 경험이 전무한, 역사적 책무를 수행해본 경험이 거의 없는 보수다. 대신에 정치, 사회, 경제, 문화, 언론, 일상 등 모든 면에서 동족과 비무장 민간인을 상대로 지속적으로 일그러진 전쟁을 벌여왔다. 양식 있는 보수의 부재는 대화와 양식 있는 사회와 일상을 어렵게 한다. 보수는 역사의 거울을 들어 제 얼굴을 정면으로 봐야 한다. 적어도 아비 없는 역사, 증오의 역사는 청산해야 한다. 그리하여 보수 없는 비극을 끝내야 한다. 그것이 보수만이 아니라 한국 사회의 비극인 까닭이다.

오늘 보수가 살해해야 하는 건 자기 역사다.

진화하는
한국의 보수주의

2012년 대선 기간을 통과하면서 우리가 목격한 것은 무엇인가? 박근혜 정부의 출현은 보수주의의 전면화를 증명하는 것처럼 보이기도 한다. 진보와 보수라는 익숙한 대립 구도에서 다시 보수가 집권한 것처럼 보이기 때문이다.

이택광 | 경희대 영미문화전공 교수
영국 셰필드대학 영문학 박사. 계간 〈미래와 희망〉 편집위원. 저서로 〈마녀 프레임〉, 〈임박한 파국〉, 〈당신들의 대통령〉 등이 있다.

농담처럼 운위되던 '이명박 뒤에 박근혜가 있다'는 명제는 현실화됐다. 그러나 이 상황을 단순히 '보수의 승리'라고 말하기 어려운 측면이 있다. 왜냐하면 그 익숙한 진보와 보수의 대립 구도는 이미 사라지고 없었기 때문이다.

정확하게 지난 대선은 그 사실을 보여줬다. 물론 이런 현실을 진보는 전혀 인정하지 않았다. 오히려 보수라고 분류된 새누리당이 더 재빨랐다. 진보의 의제를 벤치마킹한 것은 물론, 아예 환골탈태해서 자신들을 새로운 정당으로 포장해버렸다. 동일한 의제를 놓고 겨루는 상황이라면 유권자는 능력을 보고 표를 던질 수밖에 없다. 능력에 신뢰가 포함되는 것은 당연한 일이다.

신뢰를 잃었던 정당이 쇄신의 의지를 보여주면서 다시 지지세를 회복했다는 것은 흥미로운 일이다. 이 사실은 기본적으로 정당의 이념이 유권자의 표심을 좌지우지하지 못한다는 것을 말해주기 때문이다. 보수가 자신을 '진보'라고 포장하는 일은 비단 한국에 국한해서 나타나는 현상이 아니다. 데이비드 캐머런이 주도한 영국의 보수당도 '진보'를 정체성으로 들고 나와서 내각을 장악할 수 있었다.

인민자본주의, 보수의 반격

보수가 진보로 변신하기 시작한 것은 '인민 자본주의People's Capitalism'의 특징이라고 할 수 있다. 비효율적인 '큰 정부'에 저항하는 것이 도덕적 선택인 것처럼 여겨지게 만들었던 것이다. 이렇게 저항하는 이미지를 각인시킴으로써 과거와 단절하는 새로운 보수를 내세웠다. 이런 변화를 추동한 것은 알게 모르게 전개된 보수의 혁신이었다. 이 혁신은 일부 좌파 지식인이 지적하는 것처럼 '뻔뻔스러움'을 노골적으로 드러낸 파렴치한 행동이었다. 사회에 대한 책임의식을 집어던지는 것처럼 보이는 이런 보수의 변신은 레오 스트라우스나 에인 랜드 같은 전투적인 보수주의 철학자를 통해 논리를 획득했다. 특히 랜드는 철학뿐 아니라, 〈아틀라스〉라는 소설을 통해 '세상의 주인'을 자본가로 설정하고 가상의 국가에서 반란을 일으키는 파격적인 내용을 선보였다. 소설의 내용은 정부의 조세제도를 거부하면서 자본가들이 연대해서 파업을 단행하고 세상에서 사라져 버린다는 줄거리로 구성돼 있다.

애덤 스미스 이래 자본가에게 부과된 책임의식을 랜드의 소설은 부조리한 정부 시책에 대항하는 영웅의 저항의식으로 대체시켰다. 과거 프롤레타리아라는 이미지로 대변됐던 가치가 자본가의 것으로 다시 탄생한 것이다. 랜드의 소설은 그냥 허구에 그치지 않고 이후 신자유주의를 이념 지표로 내세운 금융자본의 헤게모니 장악에 명분을 제공했다. 정치적 투쟁뿐 아니라 미학적 투쟁에서도 보수는 우위를 점하기 시작한 것이다.

이런 변화의 조짐은 철학이나 문학의 영역을 넘어서서 대중문화에까지 확대됐다. 1980년대를 풍미한 '람보'라는 캐릭터는 실제로 좌파의 전유물이라고 할 게릴라의 이미지를 차용해서 베트남전에 대해 반대 입장을 표명해온 반전 여론에 일대 반격을 가했다. 이런 방식을 보수의 역전에서 발견하는 것은 어렵지 않다. 기존 가치를 둘로 쪼개서 긍정적인 것과 부정적인 것으로 구분한 뒤 전자를 취하고 후자를 무마시키는 모습을 어렵지 않게 발견하는 것이다.

한국의 경우도 마찬가지였다. 보수는 박정희에 대한 부정적 평가를 이런 방식으로 대처하면서 위기를 넘어갔다. 부정적 박정희와 긍정적 박정희가 있다는 식으로 논리를 구사했던 것이다. 대표적인 것이 '독재자의 딸이라고 해서 독재자일 수 있는가'라는 질문이었다. 여기에 덧붙여서 '연좌제'라는 말까지 등장했다. 독재자의 딸이기 때문에 대통령이 될 수 없다는 말은 '연좌제'라는 것이었다. 이 또한 기존 판단을 혼동스럽게 만드는 사례였다고 할 수 있다. 가치와 사실을 서로 겹쳐서 가치를 통해 사실을 받아들이게 하는 것이 특징이다.

보수의 반격은 기존에 강고해 보였던 보수와 진보의 구도를 뒤흔

들어 놓았고, 급기야 그 구분 자체를 무용하게 만들었다. 물론 이 과정에서 진보는 적절하게 대응하지 못하고 궤멸했다. 특히 한국의 진보는 과거 '87년 체제'로 대표되는 가치에 집착한 나머지 보수의 변화에 효과적으로 대처하지 못했다. '87년 체제'는 무엇이었던가? 이 체제의 가치는 한마디로 '대한민국은 민주공화국이다'라는 명제로 상징할 수 있었다.

'87년 체제' 관성에 매몰된 진보

독재에 반하는 인민주권에 의한 공동의 정치 형태인 공화주의가 곧 '87년 체제'의 이념이었다고 할 수 있다. 국가에 대해 평등 조건을 요구하는 것이 공화주의의 핵심이었고, 대통령 직선제는 이런 이념을 물질화한 제도였던 셈이다. 공화주의에서 언급하는 인민주권은 루소가 말하는 것처럼 일반의지의 표현이다. "일반의지는 공동이익 밖에 염두에 두지 않지만 전체의지는 사적 이익을 염두에 두기 때문에 전체의지는 개별의지의 총화에 지나지 않는다"는 것이 루소의 견해였다. 일반의지는 전체의지와 다르다는 점에서 언제든지 이미 존재하는 정치체를 전복시킬 수 있는 근거를 제공한다.

일반의지는 개별의지에서 지나친 것과 부족한 것을 감산하고 상쇄한 차이의 합계다. 알랭 바디우가 지적하듯이, 이런 일반의지의 문제야말로 오늘날 정치에서 핵심을 이룬다. 일반의지는 공백의 문제이기도 하다는 뜻이다. 공백은 사회의 몫을 분배하는 감산 과정에서 필연적으로 배제될 수밖에 없는 요소다. 이 공백이 국가의 부분집합에 고정되지 않고 방황하기 시작할 때, 정치 상황이 발생하는 법이다. 이 공백의 방황을 붙잡아두기 위한 여러 가지 전략 중 하나가 바로 '시민사회'의 개념일 것이다.

시민사회에서 제시하는 연대의 구성은 공화주의에 내재한 불안의 항구성을 보완하는 역할을 할 수 있다. 말하자면 시민사회는 공화주의를 통해 구성된 국가의 불완전성을 채워주는 요소인 것이다. 그런데 한국의 '87년 체제'는 공화주의에 기초한 민주주의의 확산을 가능하게 만들었다. 이 민주주의는 '모든 인간은 평등하다'는 루소의 명제를 상기시킨다. 한국의 계급갈등은 평등주의를 사이에 두고 발생했다. 평등주의는 필연적으로 평등의 고원을 구성할 수밖에 없다.

어떤 평등 제도도 완전하게 평등할 수 없다. 이것이 바로 플라톤이 지적한 민주주의의 모순이었다. 아테네의 민주주의라는 것이 사실은 과두통치에 근거한 '귀족정'에 불과하다는 주장이 플라톤의 것이다. 민주주의는 결국 통치자와 피치자를 동일한 것으로 상정한다는 역설을 내재한다. 민주주의가 확산될수록 만인이 통치하고 만인이 그 통치의 대상이 된다는 역설이 발생한다. 이런 맥락에서 민주주의는 자기모순을 내장하고 있는 셈인데, 보수는 이런 민주주의의 역설을 이용해서 민주주의 무용론을 곧잘 주장해왔다.

그러나 민주주의야말로 국가를 재구성하고 정치를 복원시켜서 변화를 추동할 수 있는 것이었다. 민주주의에 대한 이념이 없다면 사실상 국가는 변할 수 없다. 한국의 '87년 체제'는 이 사실을 적실하게 보여줬다. 2008년 촛불은 '87년 체제'의 이념이 발현된 사건이었다고 할 수 있다. 물론 이 이념의 귀환을 '소극'으로 판단한 이도 없지 않지만, 실제로 촛불은 한국의 민주주의를 추동하는 공화주의의 실체를 보여준 중요한 계기였다. '87년 체제'가 확산시킨 평등주의는 독재로부터 자본을 해방시켜서 시장주의를 확산시켰다. 이 평등주의 이념은 시민사회의 연대에 대한 요청으로 나아가지 못하고 '소비자민주주의'로 전환됐다. 평등은 곧 동일한 상품을 공평하게 구매할 수 있는 권리로 바뀌었다. 최근 불거진 음원 종량제 논쟁에서도 소비자민주주의는 여지없이 등장한다.

음원권리자, 다시 말해 창작자에게 정당한 대가를 지급하자는 취지로 논의된 음원 종량제에 대한 어떤 기사에서 한 '소비자'는 지나치게 이 논의가 창작자 위주로 이루어지고 있다는 불만을 토로했다. 음원을 창작하는 이를 위한 제도가 창작자의 이익만을 고려한 나머지 소비자의 이익에 무관심하다는 논리다. 이런 논리를 가능하게 만드는 것이 바로 '공평한 소비'를 평등의 핵심으로 이해하는 소비자민주주의라는 이념이다.

평등주의가 만들어내는 평등의 고원을 넓히자는 쪽이 진보였다면, 보수는 그것을 좁히자는 쪽이었다. 그러나 진보 역시 평등의 고원 자체를 없애는 근본적인 방법을 폐기한 것은 마찬가지였다. 더 이상 사회주의나 공산주의라는 것이 대안으로 제시될 수 없다고 생각했던 것이다. 이런 까닭에 진보는 자본주의의 문제를 해결할 수 있는 뚜렷한 대안을 만들어낼 수 없게 됐다. 진보 역시 평등의 고원을 없애자는 쪽이라기보다, 그것을 조금 넓혀서 공정한 경쟁을 통해 진입하게 만들자는 주장을 하는 쪽이었던 것이다.

진보가 궤멸할 수밖에 없는 조건이 여기에 있었다. 2008년 촛불에서 진보의 한계는 명확하게 드러났다. '대한민국은 민주공화국이다'는 노래가 거리를 가득 메웠지만, 실제로 이 공화국의 요체는 '명박산성'으로 드러났다. '명박산성'을 넘을 것인가 말 것인가. 논란은 결국 거기에서 멈추었다. 국가는 호출되지 않았다. '87년 체제'의 공화주의가 제공한 불편한 진실이 '명박산성'에서 여지없이 폭로됐던 것이다. 공화주의가 요구한 저항은 그렇게 공화주의가 제공하는 불편한 진실에 대한 외면으로 종결됐다. 말하자면 공화주의가 허락하는 인민주권의 주장을 통해 문제를 해결하는 것에 누구도 동의하지 않은 것이다.

진보의 궤멸과 보수의 진화

그렇다면 남는 문제는 사회 합의를 통해 연대의식을 구성하는 것이었다고 볼 수 있다. 인민이 아닌 시민의 호출이 이 지점에서 필요했다. 그런데 '87년 체제'의 관성에 빠져 있던 진보는 여기에 적절하게 호응하지 못했다. 오히려 보수언론이 당시 상황을 민주주의의 완성이라고 칭송하면서 시민의식의 성숙을 주문했다. 상황의 변화를 간파한 쪽은 진보라기보다 보수였다. 이 보수를 보통 '합리적 보수'라고 부르는 경향이 있는데, 이들이 보여준 향후 행보는 진보의 자리를 점유하면서 새로운 보수의 가치를 표방하는 방향으로 나아간 것이다.

의회제도는 일반의지를 국가에 고정하는 역할을 한다고 볼 수 있다. 따라서 의회제도를 강화하는 선거는 공화주의의 불안을 관리하는 장치이기도 하다. 보수가 의회제도에 근거하는 것은 당연하다. 진보는 의회제도로 재현될 수 없는 다른 정치가 있고, 그것을 통해 끊임없이 제도의 한계를 확장시키려고 하는 입장이라고 할 수 있다. 의회제도를 부정하는 것이 사실상 불가능하다고 해도, 이러한 태도가 정치적 상황에 대한 올바른 판단을 낳는다. 그러나 한국의 진보는 더 이상 정치적 기능을 할 수 없었다. 1980년대 반독재 투쟁 과정에서 성장했던 진보의 가치는 김대중 정부와 노무현 정부를 거치면서 자신의 이념 기반을 상실했다. 특히 노무현 정부는 영국의 토니 블레어 정부와 마찬가지로 진보의 의제를 보수에게 넘겨버리는 결정적 역할을 했다. 당시에 회자된 '좌측 깜빡이 켜고 우회전하는 정부'라는 표현은 시의적절했다고 할 수 있다.

리처드 세이무어가 지적하듯이, 블레어 정부는 진보의 의제를 보수의 것으로 만들었다. '혁신'이라는 말은 공공영역의 민영화를 의미했고, '성장발전'이라는 말은 기업을 위한 감세로 나타났다. 진보가 정권을 잡은 기간에 보수의 가치는 축소된 것이 아니라 오히려 자기확장을 가져올 수 있었다. 한국의 경우도 마찬가지였다. 노무현 정부는 과거 진보의 가치와 대립적이던 요소를 대거 진보의 이름으로 도입했다. 대표적인 것이 한-미 자유무역협정FTA 비준이었다. 노무현 정부는 한-미 FTA를 '재벌개혁'이라는 진보의 의제와 결합시켰다.

흥미로운 것은 최근 박근혜 정부의 장관 후보자로 지목됐다가 자진 철회하고 미국으로 돌아간 김종훈이 〈워싱턴포스트〉에 기고한 칼럼에서도 비슷한 문제의식을 느낄 수 있다는 사실이다. 정치에 관심 없던 자신이 정쟁에 휘말려 마녀사냥을 당하고, 그 결과 조국에 봉사하는 것에 회의를 느껴서 미래창조과학부 장관으로 일하겠다는 결심을 포기했다는 주장은 그 뒤 이어지는 한국 재벌과 관료사회의 복지부동을 비판하는 내용과 쌍을 이룬다.

김종훈의 논리는 진보와 보수를 막론하고 한국의 파워엘리트가 자신의 조국에 대해 느끼는 정서를 대변하는 것이라고 볼 수 있다. 이념을 떠나서 한국의 파워엘리트는 고리타분한 사회 분위기에 대해 적대의식을 갖고 있는 것이다. 김종훈을 진보라고 분류하기는 어렵다. 그는 보수에 가까운 인물이었지만, 그가 한국에서 받은 느낌은 평소 진보가 한국의 보수에 대해 토해냈던 불만과 유사했다. 한국 사회에 대한 편견이 작동한 것이다. 이 편견은 기본적으로 한국 사회를 뒤처진 것으로 보고, 선진국을 따라잡아야 한다는 입장에 기인한다.

2008년 촛불에서 확인할 수 있었듯이, 한국의 진보는 '87년 체제'의 한계를 극복하지 못하고 낡은 공화주의의 논리를 고집했다. 그러나 이 공화주의는 정작 '명박산성'이라는 합의를 넘어서지 못했다. 이로써 발본성을 상실한 진보의 이념은 촛불과 더불어 운명을 다했던 것이다. 촛불은 공화주의의 발현이기도 했지만 동시에 시민사회의 구성 내지는 복원을 요청하는 표현이기도 했다. 공화주의만으로 포괄할 수 없는 다른 요소가 촛불에 있었던 것이다. 이 요소가 복지 요구로 발전해 2012년 선거에서 표출됐던 것이라고 하겠다.

이미 확인했듯이, 이런 요구를 발 빠르게 받아 안은 쪽은 진보라기보다 보수였다. 보수의 표상이던 새누리당은 무늬만 바꾸는 것에 불과했다고 하더라도, 여하튼 변화를 모색했다. 그 결과 보수는 표심을 얻는 데 성공했고 효과적으로 의회제도를 방어했다. 민주당은 이 과정에서 거의 모든 의제를 새누리당에 빼앗겼다. 그 이유를 민주당의 무능에서 찾을 수도 있겠지만, 실제로는 가치의 전도 현상 때문이었다고 봐야 할 것이다.

진보의 의제가 보수의 것으로 전환돼버린 상황에서 선거의 승패는 누가 더 보수의 가치에 부합하는지에 맞춰질 수밖에 없었다. 말하자면, 누가 진정한 보수주의를 표방할지가 관건이었다. 진보의 이념이 생명을 다한 조건에서 남은 문제는 보수의 가치를 재정의하는 것이었다. 미국처럼 보수주의와 자유주의가 새로운 가치로 부상할 수도 있었다. 그러나 여전히 '87년 체제'의 잔재는 완강했고, 선거는 독재 대 민주, 또는 박정희 대 노무현이라는 거짓 대립으로 치러졌다. 당연히 잘못된 의제를 내세운 민주당이 패배할 수밖에 없었다.

안철수, 한국 보수주의 분열의 상징

민주당은 더 이상 진보의 대표 정당이라고 말하기 어려웠다. 문제는 민주당에 있는 것이 아니라, 한국 보수주의의 분열에 있었다고 할 수 있다. 기존에 진보와 보수라는 대립 구도를 가능하게 만든 것은 단일한 보수주의였다. 냉전체제에서 만들어진 이 보수주의는 북한을 대항 테제로 삼아서 반공을 국시로 여겼다. 그러나 냉전체제가 해체되고 한국이 고립된 섬사회에서 세계체제로 편입되면서 이렇게 단순한 보수주의는 견뎌낼 수 없었다. 특히 1980년대 이후 전개된 시장주의의 확산은 민주주의 이념의 도입과 더불어서 보수주의 내부에 자유민주주의의 가치를 강제하는 분위기를 만들었다.

한국은 자체적으로 독자적인 시스템을 만들어내기보다 이미 선진국에서 완성돼 있는 것을 도입해서 거기에 적응하는 것을 능력으로 인정해왔다. 전용 아이스링크장이 없다고 개탄했던 김연아가 승승장구하면서 세계 챔피언이 될 수 있었다는 것은 분명 아이러니다. 메이저리그에 진출한 한국 야구선수의 모습에서도 확인할 수 있듯이, 한국에서 중요한 것은 독창성이라기보다 적응성이다. 선진국 시스템에 어떻게 잘 적응하는지 여부가 관건인 것이다. 이를 위해 필요한 것이 바로 '영어 능력'인 것이다.

여하튼 이런 측면에서 한국은 진보와 보수라는 정치이념과 무관하게 외부의 영향에 민감하게 반응하는 양상을 보였다. 1990년대 이후 한국의 변화 방향은 본격적으로 미국 중심의 세계체제로 편입하는 것이었다. 이 과정에서 보수의 가치도 새로운 체제에 적응할 수밖에 없었다. 다양한 보수주의가 발생할 수밖에 없는 조건이 만들어진 것이다. 이런 까닭에 지난 대선은 이명박 정부를 계승한 박근혜 정부가 집권했다기보다, 다른 보수가 헤게모니를 획득한 것이라고 봐야 한다.

또한 주목해야 할 것은 막연하게 진보로 분류되는 현상이 실제로 보수의 분열을 의미한다는 사실이다. '안철수 현상'은 한국 보수의 분열을 노골적으로 드러내는 사례다. 과거 1990년대 초반에 있었던 자유주의자들의 커밍아웃을 연상시키는 보수의 커밍아웃이 지난 선거 기간에 두드러졌다는 것은 무엇을 말해줄까? 말할 것도 없이 보수의 분열이 가속화했다는 것을 의미한다. 진보가 궤멸한 빈자리를 차지하기 위한 보수의 약진이 두드러졌던 것이다.

이런 의미에서 박근혜 정부의 출현이 한국의 보수에 유리한 국면이라고 할 수 있을지 의문스러울 수밖에 없다. 오히려 박근혜 정부는 한국 보수주의의 위기를 보여주는 증상인 것처럼 보이기 때문이다. 당선된 뒤 보여준 내각 구성의 난항과 리더십 부재는 한국의 보수가 내용으로부터 분리된 형식에 불과하다는 사실을 간접적으로 보여줬다. 실제로 인민주권에 대한 공포를 항시적으로 간직하고 있는 한국의 보수 입장에서 필요한 것은 사회적 연대의 강조일 것이다.

'경제민주화'와 '복지제도 확대'라는 의제는 바로 이런 보수의 위기를 무마하기 위한 공약이었다고 하겠다. 그러나 정작 새롭게 등장한 보수 정부는 이 목표를 어떻게 달성할 수 있을지에 대한 복안을 내놓지 못하고 있다. '준비된 여성대통령'이라는 구호가 무색하게 박근혜 정부는 출범 한 달이 지나도록 오리무중에 빠져 있었다. 의욕적으로 추진한 '창조경제'라는 의제도 제대로 설명하지 못하고 있는 형편이었다.

보수의 경쟁이 시작됐다

때늦은 종북 논쟁도 보수의 위기를 부추기는 역할을 하고 있다. 한국의 민주주의는 공화주의에 멈춰 있다는 점에서 진보와 보수를 막론하고 모순의 피해자가 되기 일쑤다. 민주주의 원칙은 우상파괴적인 역할을 하지만, 그렇다고 사회문제 모두를 해결하는 것이 아니다. 보수가 제대로 자신의 위치를 보전하려면 사회적 연대의 가치를 강조해서 발전시킬 필요가 있다. 그러나 종북 논쟁은 결과적으로 공화주의 원리를 더욱 강화할 것이다. 종북 논쟁은 지금 한국의 보수가 추구해야 할 사회적 연대의 가치를 파괴하고, 만인에 대한 만인의 심판이라는 마녀사냥을 호출하게 된다.

종북 논쟁이 보수의 공화주의를 암시하는 것이라면, 진보의 공화주의는 지난 대선을 '패배'로 인식하는 태도에서 드러난다고 할 수 있다. 실패한 혁명으로 선거 과정을 포장하는 정서적인 반응을 영화 〈레미제라블〉에 대한 동정에서 읽어낼 수 있었다. 그러나 선거는 혁명이 아니며, 또한 〈레미제라블〉의 상황은 21세기 한국과 동떨어져 있다. 공화주의가 하나의 판타지로 작동하는 것을 박근혜 정부의 출범을 통해 재차 확인하고 있는 셈이다.

박근혜 정부는 또 다른 보수 정권의 출현이라기보다, 한국의 보수가 자기 한계에 도달한 완성의 순간을 보여준다. 박정희의 딸이 청와대로 돌아감으로써, 한국의 정치는 근대의 기원을 다시 확인할 수 있게 됐다. 한국 보수의 뿌리 같은 것이 박정희이지만, 정작 박정희는 보수주의자가 아니었다. 그는 파시스트였고, 시장주의에 적대적이었다. 박근혜 정부는 이런 측면에서 박정희 체제의 계승이라고 보기 어렵다. 역설적으로 박근혜 정부는 '불가능한 박정희'를 보여준다. 더이상 효용성을 가질 수 없는 박정희를 확인시키는 것이 박근혜 정부다. 민주주의와 시장주의 없이 유지될 수 없는 한국에서 박근혜 정부는 균형을 잃고 표류할 공산이 크다.

이 과정에서 한국의 보수는 과거에 안정적이던 자신의 정체성을 버리고 분열하게 될 것이다. 보수의 경쟁이 바야흐로 시작된 것이다. 진보의 자리를 점하고 있던 보수가 본격적으로 자신의 정체성을 드러내지 않을까 한다. 보수주의자들이 너도나도 등장할 것이다. 새로운 브랜드를 내걸고 말이다. 물론 그 브랜드가 던지는 메시지는 '중도보수'일 테다. 중도보수는 쉽게 말하자면 기존 의회제도를 수렴할 수 없는 보수 정치를 의미한다. 한국 보수의 방향은 어디로 향할까? 아직은 당분간 지켜볼 수밖에 없을 것 같다.

| 출처 |

- G. M. Tamas, 〈헝가리, 신우파의 실험실 Pour et désolation en Hongrie〉, 2012년 2월.
- Remi Nilsen, 〈통념 깬 우퇴위아 섬 대학살: 노르웨이 테러 그 후 Tuerie hors normes, idées ordinaires〉, 2012년 7월.
- Yossi Gurvitz, 〈이스라엘 우파는 어디로 Israël aussi…〉, 미 개제.
- Stefan Durand, 〈이슬람파시즘은 존재하는가 Le fascisme vert n'existe pas〉, 2006년 11월.
- Dominique Vidal, 〈공통적 일탈과 관련된 세 가지 모델 Trois modèles pour une dérive commune〉, 2011년 1월.
- Corina Vasilopoulou, 〈황금빛 여명과 위기의 그리스 Aube dorée, le choc〉, 미 개제.
- Luis Sepúlveda, 〈피노체트, 고통도 없이 영광도 없이 Pinochet sans peine ni gloire〉, 2007년 1월.
- Serge Govaert, 〈불붙는 플랑드르 민족주의 L'irrésistible ascension du nationalisme〉, 2010년 7월.
- Raffaele Laudani, 〈새 옷으로 갈아입은 이탈리아 우파 Une droite italienne respectable…〉, 미 개제.
- Laurent Bonelli, 〈프랑키즘의 악취가 나는 스페인 En Espagne, des relents de franquisme〉, 2011년 1월.
- Christophe Jaffrelot, 〈힌두 민족주의와 하이테크 포퓰리즘 Nationalisme hindou, libéralisme économique et populisme high-tech〉, 미 개제.
- Gilbert Rochu et Yasmina salhi, 〈매력적인 모델이 되고 싶었던 툴롱 Toulon, ville amirale du Front National〉, 1996년 7월.
- Eric Dupin, 〈극우파 마린 르펜의 화려한 '변신' Glissements idéologiques du Front national〉, 2012년 4월.
- Evelyne Piellier, 〈국민전선 지지자들, 혼란, 그리고 마법사들 La galaxie frontiste, ses petites embrouilles et ses illusionnistes〉, 미 게재
- Sylvain Crnépon, Joël Gombin, 〈신화를 만든 극우 국민전선의 약진 Loin des mythes, dans l'isoloir〉, 미 개제.
- Christian de Brie, 〈'대안'없는 좌파의 폐허 위에서 Sur les ruines d'une gauche sans projet〉, 1990년 7월.

- Serge Halimi, 〈다시 정치의 회복을 위해 Revenir à la politique〉, 1998년 5월.
- Edgar Roskis, 〈프랑스 언론의 반민주적 여론몰이 Chronique d'un orphéon médiatique〉, 2002년 7월.
- Patrick Mignon, 〈축구 경기장에서 벌어지는 인종차별과 폭력사태 Racisme et violence dans les tribunes〉, 1992년 6월.
- Brigitte Pätzold, 〈인종차별을 노래하는 독일 락뮤직 Et le rock allemand se fit xénophobe〉, 1993년 6월.
- Richard Hofstadter, 〈거대한 세계적 음모의 기원들 Aux origines du vaste complot mondial〉, 2012년 9월.
- Philippe Pons, 〈전쟁범죄를 부정하는 일본 만화 Crimes de guerre, négationnisme et mangas〉, 2001년 10월.
- Armand Mattelart, 〈텔레비전과 광고로 정신을 사다 Télévision et publicité pour gagner les esprits〉, 1978년 3월.
- Patrick Tort, 〈극우 우생학논리에 동원되는 노벨의학상 Un prix Nobel à la rescousse〉, 1998년 6월.
- 김민하, 〈넷 우익, 극우담론 확산의 징후인가?〉, 2012년 12월.
- 김수진 외, 〈일베가 능욕당한 국가를 구한다?〉, 2014년 4월.
- 김득중, 〈한국에서 빨갱이는 어떻게 만들어졌나?〉, 2009년 7월.
- 이동기, 〈대한민국역사박물관을 비판한다〉, 2012년 12월.
- 김진호, 〈극우기독교는 왜 동성애 반대에 목매나〉, 2013년 6월.
- 서해성, 〈한국에 보수다운 보수가 없는 이유〉, 2013년 4월.
- 이택광, 〈진화하는 한국의 보수주의〉, 2013년 4월.

| 부록 1 | 유럽 내의 극우정당 지지도

• **최근 총선에서 극우당의 득표현황**

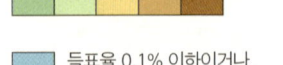

 자료 없음

*폴란드에서 극우정당의 득표율은 낮지만 같은 선거에서 보수성향이 매우 강한 '권리와 정의당'은 29.9%를 획득했다.

정당명은 달라도 유럽의 극우정당은 대부분의 국가에서 약진을 하고 있다. 반면 연립정부에 참여한 극우정당의 영향력은 약화되고 있는데 가장 대표적인 예가 이탈리아와 벨기에다. 그렇다고 극우 이데올로기가 사회에서 영향력을 잃었다는 뜻은 아니다. 마찬가지로 극우정당이 국회에 진출하지 못했다고 해서 그 나라에 극우 이데올로기가 존재하지 않는다는 뜻은 아니다. 스페인이 좋은 예다.

영국 2010년
영국 민족당 (BNP) 1.9%

프랑스 2012년
국민전선 13.6%

스위스 2011년
중도민주연합 26.6%

포르투갈 2011년
혁신민족당 0.3%

스페인 2011년
카탈로니아를 위한 정강 0.2%
(카탈로니아에서는 1.73%)

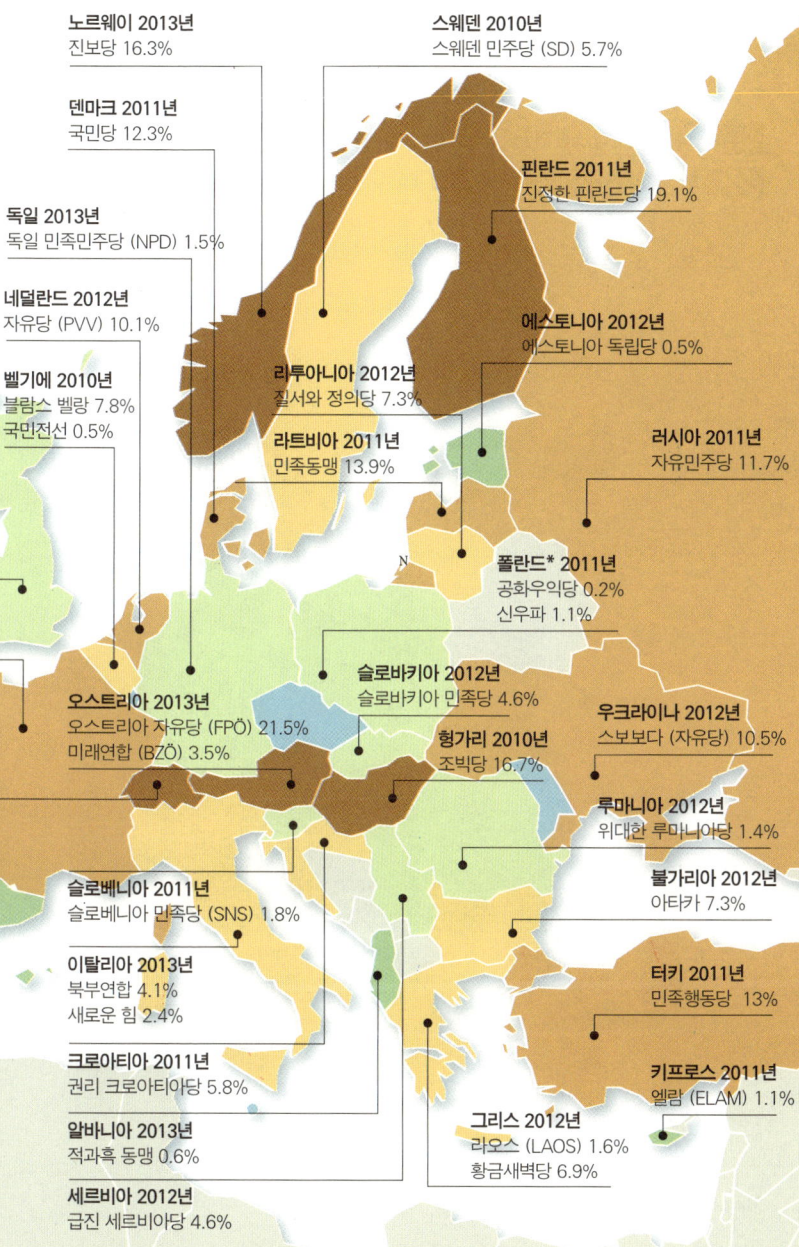

- **각국 국회 극우당 현황**

국회에 극우정당 소속 의원이 한 명 이상 (2014년 1월)
연립정부에 극우정당 소속 장관이 한 명 이상 (2014년 1월)

• 유럽의회 극우당 현황

유럽의회 극우정당 소속 의원 수
(2009-2014년)

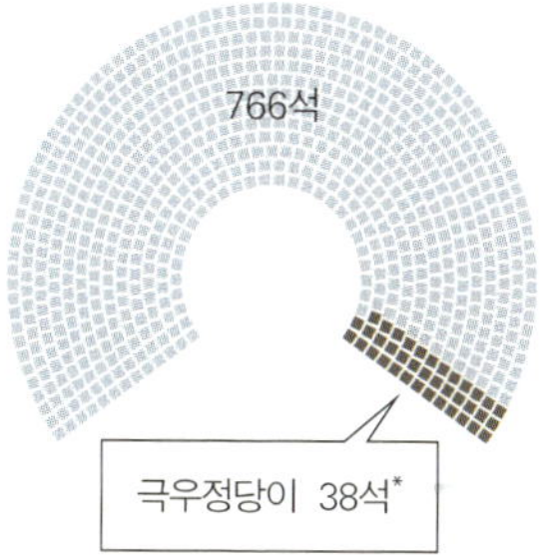

766석

극우정당이 38석*

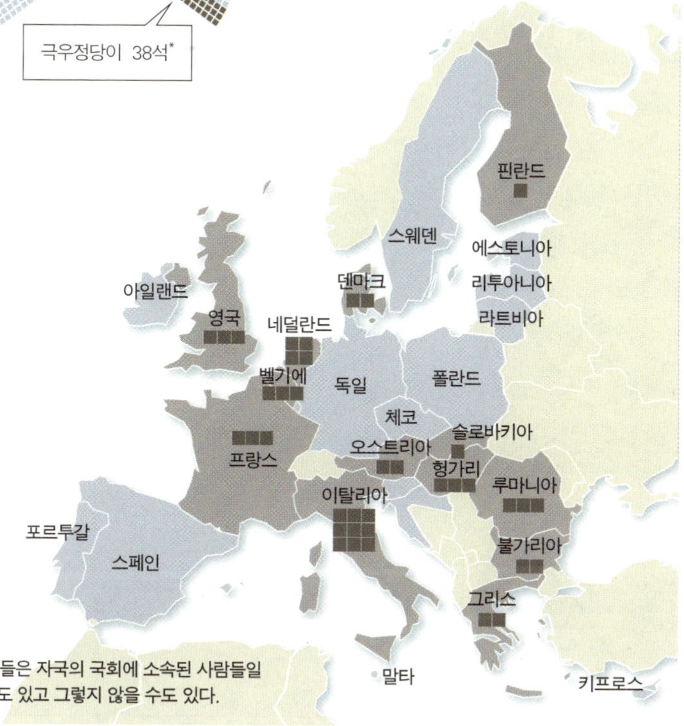

핀란드
스웨덴
에스토니아
아일랜드 덴마크 리투아니아
영국 네덜란드 라트비아
벨기에 독일 폴란드
체코 슬로바키아
프랑스 오스트리아 헝가리 루마니아
이탈리아 불가리아
포르투갈
스페인 그리스
말타 키프로스

* 이들은 자국의 국회에 소속된 사람들일
  수도 있고 그렇지 않을 수도 있다.

• 총선에서 극우정당 득표율

정당마다 다르다. 신 플래미시 연합 N-VA과 황금새벽당이 같을 수 없다. 80년대와 90년대부터 극우정당이 구 공산국가를 비롯해 유럽의 여러 국가에서 약진을 보이기 시작했다. 그 중 스위스가 가장 높은 득표율을 기록했다. 몇몇 국가에서는 후퇴의 조짐도 확인된다.

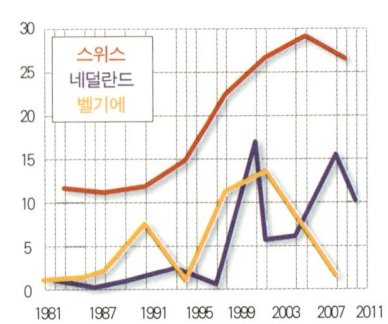

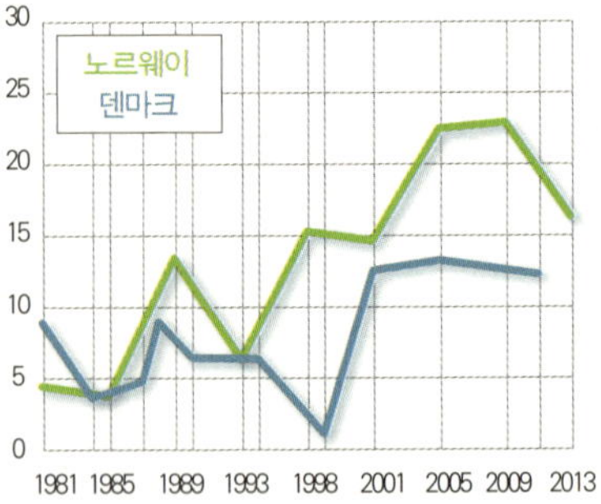

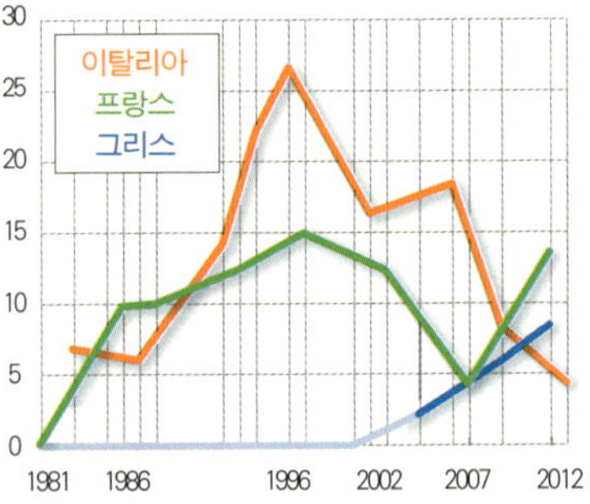

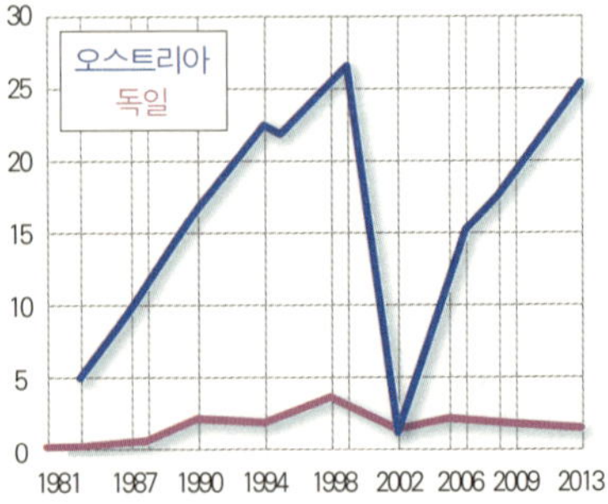

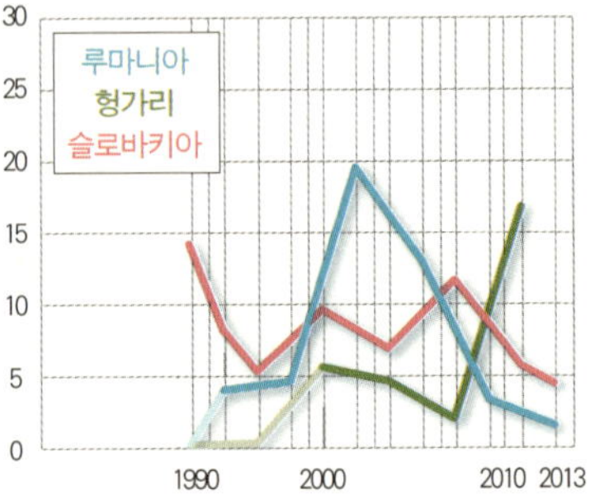

출처: Laurent de Boissieur, www.europe-politique.eu, 2014년.

| 부록 2 | **국민전선의 지지도** ─국민전선의 지지층이 움직이고 있다

국민전선은 대선에서 우파의 전통적 표밭인 프랑스 동부와 서부 내륙에서 거둔 놀라운 성과를 지방선거에도 이어가려 했지만 성공하지 못했다. 반면 전통적으로 우파 약세인 지역인 남부나 파-드-칼레 지방에서 뿌리를 내리기 시작했다.

• 국민전선 득표 현황

대선*에서 얻은 표를 100으로 했을 때 다른 선거에서 국민전선이 얻은 득표 수

*1992년 이후 치러진 모든 대선

설명 : 바-랭 지방에서 국민전선은 대선에서 100표를 얻었다면 다른 선거에서는 20표 이하를 얻었다.

3,8 20 25 33 100

 국민전선의 약세 지역, 드골주의 강세지역

 국민전선의 강세 지역, 드골주의 약세지역

출처 : 내무부, 조엘 공뱅 통계

• 드골주의 강세지역

1965년 대선 1차 투표에서 샤를 드골의 득표 결과 (%)

26,9 40 43 47 63,7

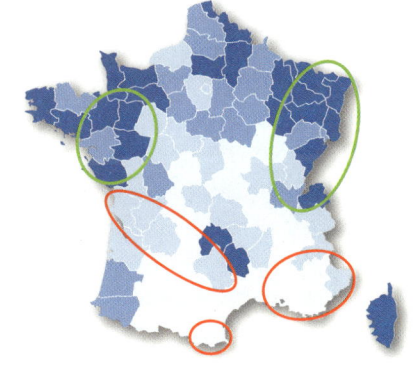

출처 : cdsp.sciences-po.fr, 시앙스포 사회정치센터

• **예전의 공산당 지지자들만이 국민전선에 투표하는 것은 아니다**

공산당 지지표와 국민전선 지지표 사이에 지리적 연관관계는 존재하지 않는다. 공산당의 쇠퇴와 국민전선의 도약 사이에 시기적 일치성도 없다.

공산당 강세 지역

1981년 대선 1차 투표에서 공산당 후보 조르주 마르셰의 득표 결과(%)

4,5 11,5 14,5 19 27,5

출처: cdsp.sciences-po.fr, 시앙스포 사회정치센터

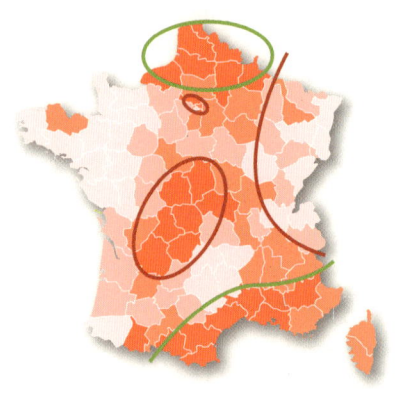

국민전선 강세 지역

■ 2012년 대선 1차 투표에서 국민전선이 선두를 차지한 지역

○ 공산당 표와 국민전선 표가 일치하는 곳

○ 공산당 표와 국민전선 표가 불일치하는 곳

출처: 프랑스 내무부

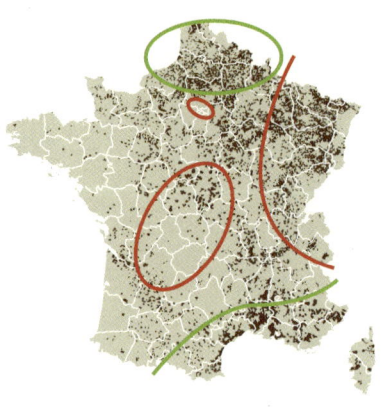

• **노인들만이 국민전선에 투표하는 것은 아니다**

나이가 어리고 학력이 낮은 사람들이 평균보다 훨씬 높게 국민전선을 지지하는 것으로 나타났다. 국민전선이 정치세력으로 부상하기 전 받은 정치학습의 영향으로 노인층에서는 지지층 확산에 한계를 보이고 있다.

18세-24세 사이에서 국민전선 득표현황

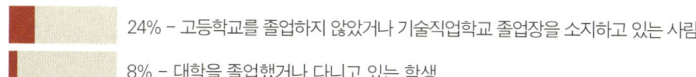

24% – 고등학교를 졸업하지 않았거나 기술직업학교 졸업장을 소지하고 있는 사람

8% – 대학을 졸업했거나 다니고 있는 학생

65세 이상에서 국민전선 득표현황

12.5% 모든 범주 포함

출처: 2012년 대선 후 여론조사, Cevipof/OpinionWay, 조엘 공뱅 통계

• **노동자들만이 국민전선에 투표하는 것은 아니다**

노동자들이 국민전선에 투표하기 시작한 것은 90년대부터 상반기부터다. 이전에는 상인들을 중심으로 한 부르주아가 주요 지지층이었다.

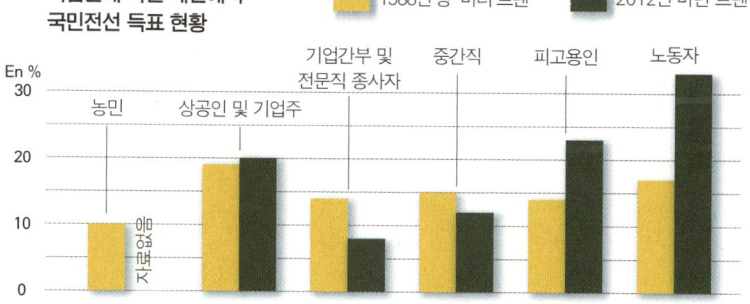

출처: Sofres/Cevipof 선거 후 여론조사, 1988년, 투표당일 여론조사 TNS Sofres/Sopra Group/TriElec-Sciences Po Bordeaux, Grenoble et Paris/TF1/Métro 2012년

• 가난한 사람들만이 국민전선에 투표하는 것은 아니다

소득불평등이 가장 심각한 도시와 국민전선 득표율이 높은 도시와 일치한다. 니스, 엑상프로방스, 마르세유처럼 주민들의 평균 소득이 부유한 편에 속해도 국민전선에 투표하는 것으로 나타났다. 도시의 사회적, 직업적 요인을 고려하면 이 현상은 더욱 두드러진다. 릴이나 몽펠리에는 국민전선 득표율이 높은 지역이다.

출처 : 프랑스 내무부, 통계청(INSEE), 조엘 공뱅 통계

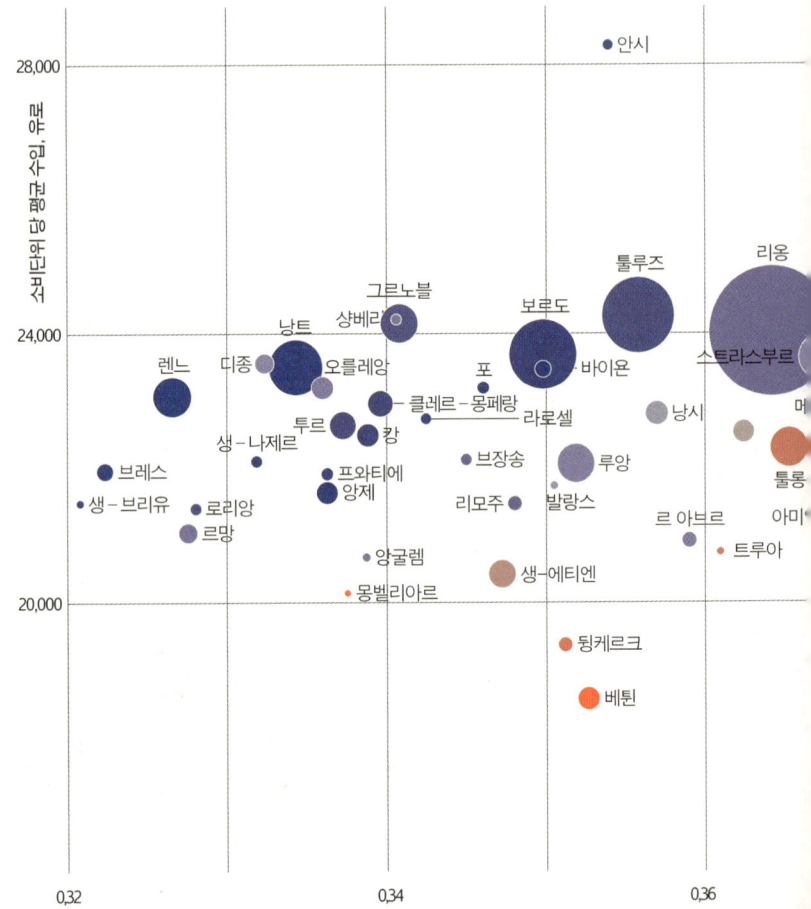

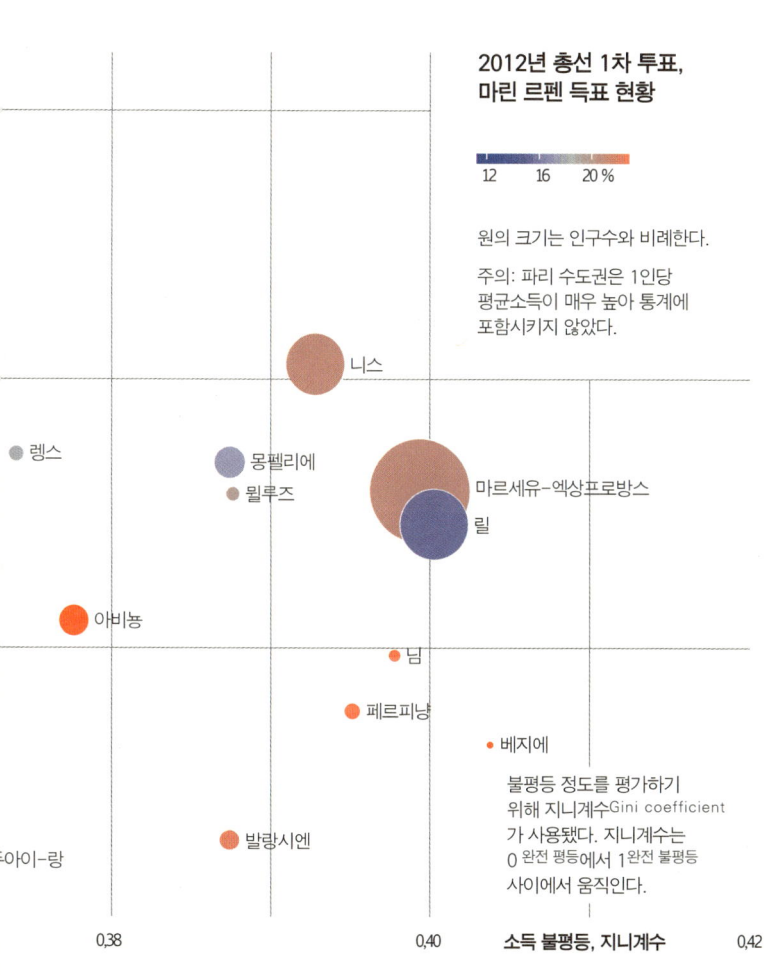

• **서민들만이 국민전선에 투표하는 것은 아니다**

국민전선에는 노동자 지지기반이 있긴 하지만 전통적으로 여러 계층이 혼재해 있다. 경제위기와 세계화에 대한 두려움으로 인한 지지층의 변화를 확인할 수 있는데 어떤 지역에서는 기업간부들이 점점 더 많이 국민전선에 투표하고 있다.

2012년 마린 르펜에 투표한 노동자 표

설명 : 노동자의 표는 동부 지역 전반에서 프랑스 전체 평균보다 높다.

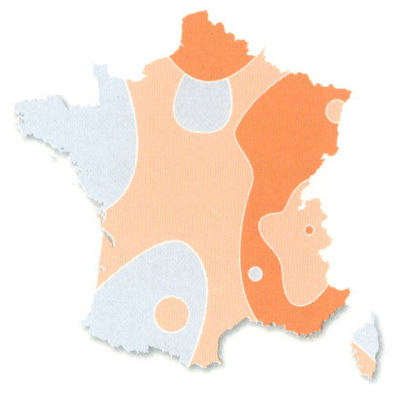

2012년 마린 르펜에 투표한 기업간부 표

조엘 공뱅 통계

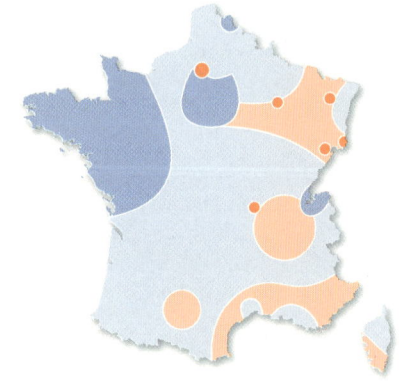

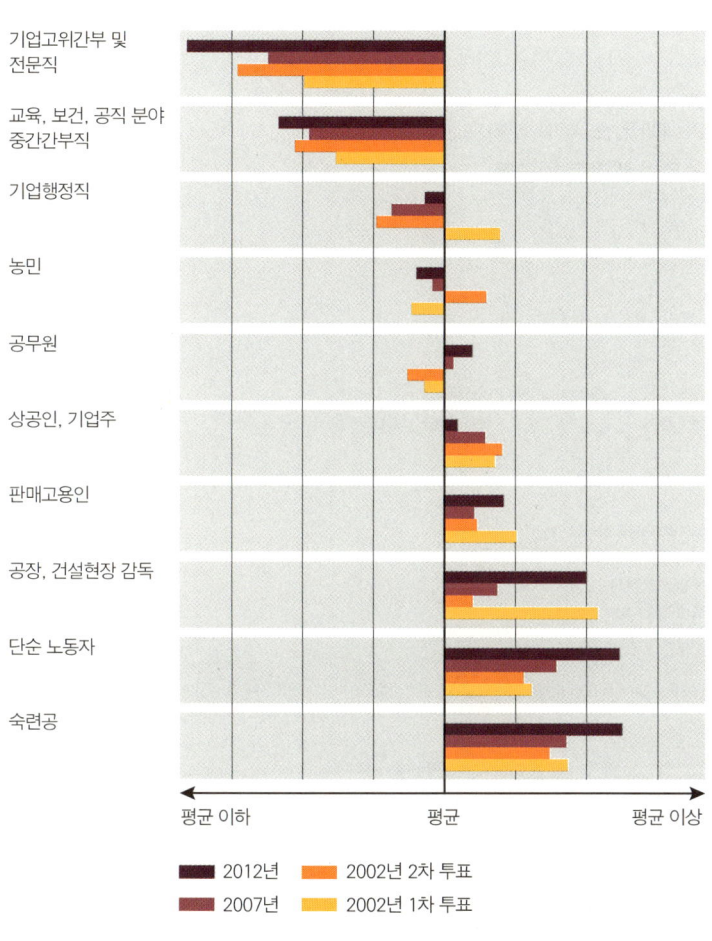

마니에르 드 부아 시리즈 3
극우의 새로운 얼굴들

1판 1쇄 발행 2016년 5월 31일
지은이 세르주 알리미 외

펴낸이 성일권 • **편집인** 이현웅 • **디자인** 김민영
번역감수 이진홍 • **교열** 이현웅 • **독자서비스** 서화열 info@ilemonde.com

인쇄·제작 (주)디프넷

© (주)르몽드코리아
펴낸 곳 (주)르몽드코리아
주소 서울특별시 서초구 사평대로 18길 5 위너스빌 3층
홈페이지 www.ilemonde.com
출판등록 제2014-000119호(2009년 9월)

ISBN 979-11-86596-00-5 94300 | 979-11-954179-1-9 94300 (세트)

©이 책의 한국어판 판권은 (주)르몽드코리아에 있습니다.
저작권법에 따라 보호를 받는 저작물이므로 무단 전재와 복제, 광전자 매체 수록 등을 금합니다.
이 책의 전부 또는 일부를 이용하려면 반드시 (주)르몽드코리아의 동의를 받아야 합니다.

이 도서의 국립중앙도서관 출판시도서목록(CIP)은 e-CIP 홈페이지(www.nl.go.kr/ecip)와
국가자료공동목록시스템(www.nl.go.kr/kolisnet)에서 이용하실 수 있습니다.
CIP 2014035611